Hans Peter Schütz

Wolfgang Schäuble

Hans Peter Schütz

WOLFGANG SCHÄUBLE

Zwei Leben

Ein Porträt

Droemer

Besuchen Sie uns im Internet:
www.droemer.de

Inhalt

Einleitung
»Ich konnte nicht verlangen, dass er sein Leben aufgibt«

Es war das schwerste Gespräch, das Wolfgang Schäuble und seine Frau Ingeborg je geführt haben. Er hatte nach jenem 12. Oktober 1990, dem Tag des Attentats, das ihn für die zweite Hälfte seines Lebens in den Rollstuhl gezwungen hat, mit unglaublicher Energie die dramatische Veränderung akzeptiert. Noch in der Universitätsklinik, in den Tagen, da er wegen seiner Verletzungen im Mundraum nicht richtig sprechen konnte, musste ihm – auf seine schriftliche Bitte hin – seine Frau die Berichte der Tageszeitungen aus den ostdeutschen Bundesländern vorlesen. Irgendeinen Wunderglauben, er könne jemals wieder aus der Gefangenschaft seiner Querschnittslähmung befreit werden, ließ er nie an sich heran. Ehe die Operationswunden auch nur halbwegs verheilt waren, stürzte er sich zurück ins politische Leben. Nur kein Mitleid zulassen, Selbstmitleid schon gleich gar nicht.

Ingeborg Schäuble tat sich mit dem gemeinsamen Schicksal viel, viel schwerer. In ihr Gedächtnis hatte sich der Satz tief eingebrannt, den ihr Mann irgendwann in den ersten Stunden nach der Einlieferung in die Klinik geflüstert hatte und an den er sich später nicht erinnerte, wohl auch nicht mehr erinnern wollte: »Warum habt ihr mich nicht sterben lassen?« In jener Zeit konnte auch er sich ein Leben im

Rollstuhl und in der Politik mit der Behinderung einer Querschnittslähmung nicht vorstellen.

Noch jahrelang hat Ingeborg Schäuble die Hoffnung nicht aufgegeben, die Mühsal des Rollstuhls lasse sich vielleicht doch noch eines Tages lindern. Sie musste mit ansehen, wie ihr Mann sich in der Bonner Politik ohne jede Rücksicht auf sich selbst wieder einspannen ließ. Sie kannte die Probleme genauer als seine politischen Weggefährten. »Ich habe gesehen, wie es ihm wirklich ging und welche Probleme da waren.« Und nächtelang saß sie zu Hause und schrieb Briefe an Menschen, die ihr immer wieder mitteilten: Mir ist auch so was passiert, und ich bin heute nicht mehr gelähmt.

Ingeborg Schäuble studierte die medizinische Fachpresse in der Hoffnung, dass sich irgendwo in der Wissenschaft neue Wege der Rehabilitation öffneten. Sie suchte – gegen den Widerstand ihres Mannes – Kontakte mit allen möglichen Experten. Doch das Einzige, bei dem er mitzog, waren Besuche bei einem Akupunkteur. Sie räumt heute offen ein: »Für mich innerlich uneingeschränkt ja zu sagen zu dieser Behinderung, das habe ich erst nach etwa fünf Jahren geschafft.« Da gab sie die Hoffnung auf, es ließe sich eine Verbesserung seines Zustandes erreichen, wenn er sich mehr Zeit für sich und seinen Körper nähme.

Die grundlegende Lebensentscheidung war zwischen Wolfgang und Ingeborg Schäuble allerdings schon weit früher gefallen. In einem Gespräch, gut ein Jahr nach dem Attentat, das sie heute noch das schwerste ihres Lebens nennt. Da stellte sie ihrem Mann die Frage, ob er sich denn wegen des Rollstuhls auch ein Leben ohne Politik vorstellen könne? Seine Antwort war: »Willst du wirklich, nachdem ich diese dramatische Veränderung in meinem Leben verkraften muss und die du auch aushalten musst, denn du musst mich ja ertragen, eine zweite dramatische Veränderung aushalten, nämlich ein Leben ohne Politik? Und willst du, dass ich in ein sehr zurückgezogenes Leben umsteige, mit der Gefahr, dass die Unzufriedenheit wächst? Wäre das gut für dich und die Familie?« Sie verstand die darin versteckte Antwort: Wenn ihr Mann wegen seiner Querschnittslähmung der Politik entsagen müsse, dann würde seinem zweiten Leben nach dem Attentat der Lebenskern fehlen.

»Ich konnte nicht verlangen«, sagt sie seither, »dass er sein Leben aufgibt. Der Politik war er schließlich schon in den Tagen verbunden, als er noch ein Bub war.« Leicht ist dieser Lebensweg der Frau nie gefallen, die sich als Lebenspartner stets einen Professor oder Richter erträumt hatte. Ingeborg Schäuble steht jedoch fest zu der Entscheidung jener Tage. »Ich unterstütze ihn in allem, was er tut.« Die große Befriedigung, die ihr Mann bis heute in der Politik findet, hat ihr geholfen, die Gefahr zu überwinden, »dass man in eine von Mitleid überladene Beziehung rutscht«.

Dem Leben, von dem die Studentin Ingeborg Hensle geträumt hatte, ehe sie ihren Wolfgang im Studium kennenlernte, einem Leben mit einem Mann, der die Chance gehabt hätte, sehr viel zu Hause zu arbeiten, ist sie nie nahe gekommen. Doch nun blickt sie gelassen auf das beschwerliche Leben an der Seite eines Mannes im Rollstuhl zurück: »Jedes Leben ist lebenswert. Für uns alle ist es ganz wichtig, dass er da ist. Aber ich denke, auch für ihn ist das ganz schön.« Zu lange, räumt Ingeborg Schäuble ein, habe sie sich bei dem Gedanken an das Attentat und die Veränderungen, »die dadurch in unserem Leben entstanden sind, selbst blockiert«. Sie habe sich immer Sorgen gemacht und

»mich nur noch mit uns selber beschäftigt«. Jeden Tag telefonierte sie mit ihrem Mann und stellte die Frage: »Wie
geht's? Wie wird es weitergehen?« Das wollte sie aufbrechen. Sie hat daher organisiert, was sie ihr »drittes Leben«
nennt. Sie ließ sich engagieren als Präsidentin der Deutschen Welthungerhilfe. Sie wolle etwas für sich selber finden, was sie ausfülle, »was mich auch fordert und für mich
Sinn hat«.

Der Satz von einst, den Ingeborg Schäuble oft zu ihm
gesagt hat, »Mensch, komm, mach mal was anderes«, kommt
ihr heute nicht mehr in den Sinn. Sie hat akzeptiert, was ihr
Mann, bezogen auf sein Schicksal, einmal festgelegt hat:
»Dem Rollstuhl kann man nicht entkommen.« Und einer
Lebensplanung unter dem Diktat der Politik wird und will
sich Wolfgang Schäuble nicht entziehen. Wer bei Ingeborg
Schäuble das hinterfragen will, erntet ein freundliches Lä-
cheln und hört den Satz: »Der ändert sich auf seine alten
Tage nicht mehr.«

Wohl wahr. Journalisten, die Wolfgang Schäuble dieser
Tage befragen, wie es denn politisch mit ihm weitergehen
soll und ob er noch nach anderen Stationen Ausschau halte,
müssen mit Antworten rechnen, wie sie so barsch nur einem Schäuble mit der badischen »Schwertgosch« einfallen
können. Dem Magazin »Cicero« und dessen Autor Hart-
mut Palmer antwortete er im März 2012: »Wenn Sie keine
gescheiteren Fragen haben, ist das fast Ihre letzte.« Und mit
jenem Schäuble-Lächeln, das viele für zynisch halten, fügte
er dann noch hinzu: »Die letzte Station ist der Friedhof.«

1. Kapitel
Zwischen zwei Leben:
Das Attentat

Freitag, 12. Oktober 1990, 22.04 Uhr in der Gaststätte »Brauerei Bruder« im badischen Oppenau bei Offenburg.

»Passt es neun Uhr früh? Geh'n wir doch erst mal raus hier«, sagt Wolfgang Schäuble zu mir, »dann können wir in Ruhe besprechen, was wir morgen machen.«

20 Sekunden später liegt er auf dem verschlissenen, schmutzigen Teppichboden des Gasthauses. Niedergestreckt durch zwei Revolverschüsse des 36-jährigen Dieter Kaufmann. Blut läuft aus Schäubles Mund und Nase. Eine Frau schreit: »Mein Gott, er darf nicht sterben! Er darf nicht sterben! Er muss durchkommen!«

»Ich kann meine Beine nicht mehr spüren«, flüstert Schäuble noch, ehe er das Bewusstsein verliert.

Ein bisschen joggen wollten wir am kommenden Samstagmorgen, dann vielleicht Tennis miteinander spielen und schließlich über Bonner Politik sprechen, zumal über die Rolle, die für Wolfgang Schäuble im nächsten Jahrzehnt darin vorgesehen ist.

Ein Porträt im »Stern« war geplant – Arbeitstitel: »Kohls Kronprinz«. Als ich ihm unsere Absicht vortrage, lacht er: »So ein Quatsch!« Aber ausgesehen hat Schäuble dabei so selbstbewusst, als sei da schon was dran. Schließlich hatten ihn soeben die Delegierten des ersten gesamtdeutschen CDU-Parteitags in Hamburg mit einer Ovation gefeiert und ihn dann mit dem weitaus besten Ergebnis aller Bewerber in den Parteivorstand gewählt. Die CDU hat einen neuen Liebling. Und im Kanzleramt sagt einer, der weiß, was Helmut Kohl denkt: »Er ist der tüchtigste, der begabteste, energischste und intelligenteste Mitarbeiter des Kanzlers.«

Mein Kollege Cornelius Meffert sollte ihn fotografieren. Zusammen mit Ehefrau Ingeborg und den vier Kindern Christine, 19, Hans-Jörg, 16, Juliane, 14, und Nesthäkchen Anna, 9, im Haus der Familie am Hang hoch über dem Schwarzwaldstädtchen Gengenbach. Beim Sport, den er liebt und der viel zu kurz kam, seit die Probleme der deutschen Einheit den Bundesinnenminister 18 Stunden täglich auf Touren halten. Auch der Hund sollte ins Bild, den er auf seine in letzter Zeit seltenen ausgedehnten Wochenendwanderungen durch die Wälder seiner Heimat gerne mitnimmt.

Anderthalb Stunden redet der Wahlkämpfer Schäuble am Freitagabend in der »Brauerei Bruder«. Ein Heimspiel. Die Oppenauer mögen den Wahlkreisabgeordneten, der ihre Interessen seit 18 Jahren in Bonn vertritt. Und mächtig stolz sind sie darauf, dass der »Wolf«, wie viele ihn nennen, jetzt Minister und Helmut Kohls wichtigster Mann ist.

Der Bundesinnenminister ist müde. Tagsüber war er in Berlin von Termin zu Termin gehetzt, und auf dem Weg zum Flugplatz ist er mal wieder im Stau hängengeblieben. Die Wahlplakate im Gaststättensaal zeigen ein jüngeres Gesicht, als Cornelius Meffert es zu sehen bekommt, wenn er den Redner mit dem Teleobjektiv der Kamera zu sich heranholt. Noch sieht man Schäuble seine 48 Jahre zwar nicht an, aber über den Augen kerben sich erste Linien ein, und das straff gescheitelte Haar beginnt grau zu werden. Er hält seine Standardrede, mit sehr viel weniger Polemik, als er bieten könnte. Denn er hat, wie hier die Leute respektvoll sagen, eine »Saugosch«, wenn er nur will. Den Kanzlerkandidaten der SPD, Oskar Lafontaine, allerdings nimmt er hart ran. Ihn hat Schäuble wenige Tage zuvor, in der Nacht der deutschen Einheit, vor dem Berliner Reichstag genau beobachtet. »Wenn einer Kanzler werden will, der beim Deutschlandlied die Lippen nicht einen Millimeter auseinanderbringt, dann ist er vielleicht doch nicht der richtige Kandidat für diese Zeit.«

Das Publikum, etwa 250 Menschen, ist begeistert. Der CDU-Ortsvorsitzende Gerd Hoferer dankt dem Redner mit einer Flasche Kirschwasser: »Möge das Wahlergebnis im Dezember so viele Prozent haben wie dieser Schnaps – nämlich 50.«

Bundesweit, kontert Schäuble, wäre ihm ein solches CDU-Ergebnis bei den ersten gesamtdeutschen Bundestagswahlen am 2. Dezember 1990 schon recht, im Wahlkreis allerdings zu mickrig. Er hat in Oppenau beim letzten Mal 67 Prozent der Erststimmen geholt.

Für Bärbel Doll, eine Bürgerin aus Oppenau, die in der Saalmitte sitzt, ist die Lafontaine-Kritik ein Stichwort. So ein Attentat, wie eine verrückte Frau es am 25. April 1990 gegen den SPD-Politiker verübt habe, sagt sie über den Tisch hinweg zu ihrer Freundin, wäre in ihrer Stadt unmöglich. »Das kann hier nicht passieren.«

Weiter hinten im Saal, am zweitletzten Tisch, sitzt ein mittelgroßer, dunkelhaariger Mann mit einer schwarzen Lederjacke. Den ganzen Abend hat er Schäuble ruhig zugehört. Martin Springmann, dem Ortsvorsteher der Schwarzwaldgemeinde Ibach, fällt an dem Fremden vor ihm nur eines auf: »Geklatscht hat er nicht, nur ab und zu in den CDU-Prospekten geblättert, die er vor sich liegen hatte.«

Der Minister spricht am Schluss der Veranstaltung im Stehen noch ein paar Worte mit Parteifreunden und gibt Autogramme. Dann gehen wir zum Ausgang. Die Menschen bilden auf dem Weg zum hinteren Teil des Saals ein Spalier und klatschen freundlich. Zwei Schritte vor der Tür wartet rechts der Mann in der Lederjacke. Als Schäuble und sein dicht folgender hünenhafter Bodyguard Klaus-Dieter Michalsky ihn fast passiert haben, macht er eine schnelle Bewegung, schiebt den rechten Arm von oben zwischen Michalsky und Schäuble. Es knallt zweimal kurz hintereinander, hell und schmerzhaft laut, dann ein drittes Mal. Menschen fallen übereinander, reißen Bilder von der Wand, Glas scheppert. Ein dummer Scherz mit Knallkörpern, denken die Leute im Saal zunächst. Oder hat jemand die CDU-Luftballons im Eingang platzen lassen? Nur wenige erkennen die Situation. Sie verkriechen sich unter den Biertischen.

Olga Biess hat direkt am Ausgang auf Schäuble gewartet. Die Deutschrumänin, erst vor sechs Monaten nach Oppenau übergesiedelt, wollte ein Autogramm. Als sie sieht, was wirklich geschehen ist, ruft sie schrill: »Nein, nein, nein!«

Zwei Schritte weiter steht Christine Schäuble, die mit dem Vater nach der Veranstaltung nach Hause, hinüber in das nahe Gengenbach, fahren will. Jetzt begreift auch sie, dass es ihr Vater ist, der da auf dem Rücken in der Tür liegt. Sie schreit auf und will zu ihm. Sie hält den Vater für tot. Zwei Freunde aus dem »Team Schäuble«, einer Gruppe junger Leute, die für ihn Wahlkampf machen, halten sie zunächst zurück. Sie läuft dann doch nach draußen, wo zwei Polizisten stehen, die gar nicht mitbekommen haben, dass im Saal geschossen worden ist. Christine ruft ihre Mutter an, sie möge doch sofort nach Oppenau kommen.

Es ist vier Minuten nach 22 Uhr. Aus einer Einschusswunde zwischen rechtem Ohrläppchen und Kinnwinkel sickert Blut über den Hemdkragen des Schwerverletzten. Böse sieht die Verletzung aus, tief, breit und blaurot. Hoferer und zwei Helfer wollen irgendetwas tun, aber sie wissen nicht, was. Dass es auf Leben und Tod steht, das sehen sie. Vorsichtig drehen sie schließlich Schäuble in Seitenlage, denn sein Mund ist voller Blut. Auf dem Rücken wird dabei eine zweite Einschusswunde sichtbar, umgeben von einer runden, grauen Schmauchspur.

»Holt doch endlich einen Arzt«, ruft einer. Verzweifelt versucht jemand mit einem Papiertaschentuch das Blut in Schäubles Gesicht abzutupfen. Es ist duster am Saalausgang. Eine Taschenlampe wird geholt. In ihrem Schein öffnet der Verletzte kurz die Augen. »Ich habe kein Gefühl mehr in den Beinen«, flüstert er. Nach zehn Minuten, einer Ewigkeit, kommt dann endlich der Oppenauer Bereitschaftsarzt Wolfgang Keller und spritzt ein Kreislaufmittel. »Schnell, schnell«, ruft er, »die sollen endlich eine Trage bringen.«

Drei Meter weiter rechts, im Durchgang zum Biertresen, liegen zur gleichen Zeit drei Männer auf dem Attentäter und pressen ihn platt auf die Erde. Im Liegen durchsuchen sie seine Taschen. Außer dem Revolver trägt er keine Waffen bei sich. Ein kleiner weißer Kamm. Eine verbeulte Blechschachtel für Zigarillos. Marke »Dannemann«. »Aua, aua«, jammert der Mann. »Halts Maul, du Sau«, schimpfen die Umstehenden. »Verdammt, hat hier denn keiner Handschellen.«

Klaus-Dieter Michalsky steht daneben. »Dass uns das passieren muss, oh, was für eine Scheiße«, stöhnt er und presst den Unterarm auf seinen Bauch. Sein Jackett ist dort dunkel gefärbt. »Ich habe einen Streifschuss«, sagt er leise mit kreidebleichem Gesicht. Er hat sich in den dritten Schuss geworfen und muss sich nun anhören, wie einer draußen im Saal laut kommentiert: »Die haben geschlafen, die Leibwächter!« Am Tag danach verteidigt sich die Polizei mit der Erklärung, es seien an diesem Abend die bei einem Politiker der höchsten Gefährdungsklasse wie einem Innenminister »üblichen« Sicherheitsvorkehrungen getroffen worden. Allerdings: Leibesvisitationen der Zuhörer gehörten nicht dazu.

Es dauert und dauert, bis der Attentäter endlich abgeführt wird. Die Lederjacke hat man ihm heruntergerissen, ebenso die Hose. »Totschlagen sollte man dich!«, rufen ihm die Menschen hinterher, als zwei Polizisten den Mann im Laufschritt wegbringen.

Schäuble liegt immer noch in seinem Blut. Der Rettungswagen habe schon Oberkirch passiert, meldet jemand. Tröstlich ist das nicht. Noch zehn kurvenreiche Kilometer das Renchtal hinauf sind es von dort, weitere gut zehn Minuten. Genau eine halbe Stunde nachdem ihn die Kugeln getroffen haben, trägt man den Verletzten endlich in den Rettungswagen hinaus.

Stumm bleiben die Menschen zurück. Das war kein Attentat, wie sie es aus dem Fernsehen kennen, zuletzt zu sehen beim Anschlag auf Oskar Lafontaine. Das hier war live. Geknallt hat es, und Wolfgang Schäuble ist umgefallen. Die Blutlache ist immer noch da. Einer kann es nicht mehr sehen und deckt eine grüne Tischdecke drüber. Es gibt nichts mehr zu tun. »Nur zwei Leibwächter«, klagt einer an. »Warum haben sie ihn nicht besser geschützt?« Bürgermeister Thomas Grieser atmet schwer und sagt: »Ausgerechnet bei uns. Ausgerechnet hier, wo er doch zu Hause ist.«

Wo waren die bei einer Veranstaltung mit einem so stark gefährdeten Politiker wie dem Bundesinnenminister »üblichen Sicherheitsvorkehrungen«? Im Saal selbst saß während Schäubles Rede nur ein einziger Polizist, Armin Schneider aus Oppenau, und der war privat gekommen. Zwei Ortspolizisten waren kurz nach dem Attentat nur deshalb vor Ort, weil sie auf Streifenfahrt zufällig an der »Brauerei Bruder« vorbeigefahren waren. Ehe die Spurensicherung ans Werk geht, vergehen zwei Stunden, obwohl bis dahin die Frage noch offen war, ob der Attentäter einen Helfershelfer hatte.

Die Wahrheit ist, dass überhaupt keine Vorkehrungen getroffen worden waren, weil die Polizei einfach nicht damit gerechnet hatte, es könnte – ausgerechnet – in Oppenau Schäuble etwas passieren.

Er selbst vermutlich auch nicht, denn rund um Gengenbach fühlte er sich sicher, selbst dann, wenn er mal – wie so oft – ohne Personenschutz unterwegs war. Am vorletzten Wochenende war Schäuble erst abends und viel später als angekündigt auf dem Löcherhansenhof eingetroffen, der hoch oben im Schwarzwälder Peterstal liegt. Er hatte sich im Wald verlaufen. »Hend Se denn koi Angst so ganz alloi?«, hat ihn der Bauer gefragt. »Man muss halt damit leben«, antwortete ihm Schäuble und bedankte sich freundlich für die Fürsorge.

Wir hatten in der Woche zuvor auf einer langen Autofahrt zu Wahlkampfterminen in der Nähe von Leipzig über die Schwierigkeit gesprochen, im politischen Spitzenamt einen kleinen privaten Winkel für sich und die Familie zu retten. Schwer sei das schon, und er sehe auch ein, dass er nicht mehr wie früher am Samstagmorgen über den Gengenbacher Wochenmarkt schlendern könne. »Aber man muss den Menschen doch zeigen, dass ein Minister ein ganz

normaler Mensch ist«, hatte er gesagt und sich bereits auf
die drei Wochen Urlaub über Weihnachten gefreut.

Schäuble fährt seit Jahren nach Österreich, an den Arlberg. Den Sommerurlaub hat er fürs Ringen um den gesamtdeutschen Vertrag opfern müssen: »Eigentlich waren
wir drei Wochen auf Sylt, doch davon habe ich zwei in
Bonn und eine in Berlin zugebracht.« Jetzt fühlt er sich ausgelaugt, wofür er sich nicht leiden kann, »man ist dann so
schnell gereizt«.

Auf dem Rückflug von Leipzig nach Bonn kommen wir
vom Hölzchen aufs Stöckchen, reden über dieses und jenes.
Über den Fußball, dem der Bayern-München-Fan Schäuble jahrelang leidenschaftlich nachjagte, in der Bundestagself
am liebsten als Rechtsaußen. Da konnte er sich den Ball
weit vorlegen und dem Verteidiger zurufen: »Na, was ist,
kommst du mit?« Flink und fit – damit hat er auch politisch
Erfolg gehabt. Erst als Parlamentarischer Geschäftsführer
der Unionsfraktion (1981), dann als Kanzleramtsminister
(1984) und jetzt als Innenminister (seit April 1989). In Kohls
Team spielt er längst den Libero, ohne den das Spiel nicht
läuft. Ein Mann für alle Fälle.

Ein Mann auch für den Fraktionsvorsitz nach der Bundestagswahl 1990, anstelle von Alfred Dregger? »Da bin
ich«, antwortet Wolfgang Schäuble, »ganz entspannt. Das
warten wir mal ab.« Innenminister sei er gern, einerseits.
Die Fraktionsarbeit als Parlamentarischer Geschäftsführer,
andererseits, hat ihm auch immer Spaß gemacht.

Wir sprechen über das Terrorismusproblem und den
vorangegangenen Autobombenanschlag auf seinen Staatssekretär Hans Neusel. Die Tat hat ihn daran erinnert, dass
Gefährdete sich nie zu sicher fühlen dürfen. Da die Terroristen der Roten Armee Fraktion (RAF) jedoch jeden persönlichen Einsatz scheuten, halte er das Risiko in seinem

Fall für beherrschbar. Dann zuckt er mit den Schultern und fügt hinzu: »Gegen einen Verrückten kannst du sowieso nichts machen.«

Drei Tage später ist das zu einer schrecklichen Gewissheit geworden. Als Fotograf Meffert nach dem Attentat in der Redaktion die Fotos sah, die er gemacht hatte, war er den Tränen nahe: »Ich kann es noch gar nicht fassen. Dass so was passiert, und ausgerechnet ich muss dabei sein.«

2. Kapitel
Paranoide Schizophrenie: Der Täter

Auf seine Tat bereitet sich Dieter Kaufmann sorgfältig vor. Er duscht ausgiebig, rasiert sich und kleidet sich bedachtsam an. Jacke und Krawatte müssen heute sein, sieht seriöser aus. Er zieht sein bestes Hemd und eine schwarze Stoffhose an. Einen Klacks von Vaters Aftershave klatscht er sich an den Hals. Seine Mutter beobachtet ihn genau und verbindet Hoffnungen mit der sorgfältigen Vorbereitung. »Er war schon lange nicht mehr ausgegangen und hatte sich so feingemacht. Ich dachte, jetzt hat mein Junge endlich mal ein Rendezvous.«

Keine Spur. Ihr Dieter will aussehen wie ein braver, an der CDU interessierter Bürger an diesem Abend des 12. Oktobers.

Dann geht er zum Schrank seines Vaters, nimmt dessen »Chief Special«, eine Smith-&-Wesson-Pistole, heraus, samt der Fangschussmunition, mit der sein Vater Günter Kaufmann, ein leidenschaftlicher Jäger, normalerweise angefahrenes oder angeschossenes Wild zu erlösen pflegt. Dann fährt er mit dem Fahrrad die drei Kilometer zum Bahnhof des Städtchens Appenweier, steigt um 19.26 Uhr in den Bus, der ihn in 20 Minuten nach Oppenau bringt. Er betritt, ohne kontrolliert worden zu sein, den Festsaal der »Brauerei Bruder«, setzt sich in die Mitte der hinteren Stuhlreihen und hört Wolfgang Schäuble zu, der leicht verspätet eingetroffen ist und sofort seinen Vortrag beginnt.

Um 22.04 Uhr, als Schäuble den Saal verlassen will, fallen die drei Schüsse, von denen ihn zwei treffen.

Später erzählt Kaufmann, Schäuble sei ihm während seiner Rede im Prinzip »ganz in Ordnung vorgekommen«. Doch dann habe ihm eine innere Stimme zugeflüstert, wenn dieser Schäuble »doch nur so was nicht machen würde«. Mit »so was« meint Dieter Kaufmann Anschläge »auf mein Innenleben«.

Ein paar Tage zuvor hatte er zufällig das Plakat gesehen, auf dem zu der Veranstaltung mit Wolfgang Schäuble in der Brauereigaststätte eingeladen wurde. Dabei, so berichtet er später, sei ihm blitzartig klargeworden: »Jetzt ist der Mann fällig.« Warum er ausgerechnet auf Schäuble geschossen hat, erklärt er 16 Jahre später so: »Weil er als Innenminister für diesen Staat verantwortlich war, von dem ich mich terrorisiert fühlte. Ich hörte Stimmen in mir, die sich über Parteien stritten oder mir sagten, dass in Deutschland der Faschismus probiert würde.«

Mit den Schüssen auf Schäuble wollte sich Kaufmann, damals kurz vor seinem 37. Geburtstag, rächen an dem Staat, von dem er sich misshandelt fühlte. In seinen Vernehmungen nach dem Attentat beklagte er sich auch über »Psychoterror des Staates« gegen ihn, der von »Stimmen aus dem Staatsterrorfunk« gegen ihn ausgeübt werde. Berichtete von »elektrolytisch erheblichen Schmerzen«, die man ihm im »Zwölffingerdarm und im Kopf« zugefügt habe. Zudem habe dieser Staat »immer wieder versucht, mich sexuell zu erregen«.[1]

Für die Gutachter, die Kaufmann vor Beginn des Verfahrens gegen ihn vor dem Landgericht Offenburg untersuchen, ist der Befund schnell klar: Der Attentäter leidet an paranoider Schizophrenie, an Verfolgungswahn und massiven Störungen im Denken und Fühlen – alles die Folge jah-

relangen Drogenkonsums.[2] Irgendwann in jenen Tagen
fasst er den Entschluss, entweder den Bundeskanzler Helmut Kohl oder aber den Innenminister Schäuble zu töten,
die für ihn die Hauptverantwortlichen für »Drogenpolitik«
und »Haftfolter« sind.

Der Attentäter freut sich nach seiner Verhaftung förmlich auf sein Verfahren, denn er hofft, »dass durch die Ge-
richtsverhandlung Einzelheiten des Psychoterrors gegen
mich einer breiten Öffentlichkeit bekannt werden«. Sein
Wunsch erfüllt sich nicht. Denn die Gutachter waren sich
einig: Der Mann ist schuldunfähig. Sie beantragen seine
Einweisung in ein psychiatrisches Krankenhaus.

Hassgefühle hat Schäuble später nie gegen Kaufmann gehabt. Es habe nie eine Täter-Opfer-Beziehung zwischen ihnen gegeben. »Für mich ist das ein Unglücksfall«, sagte
Schäuble im April 1991 über Kaufmann. »Er soll ja krank
sein. Mir ist etwas passiert, was jedem bei einem Verkehrs-
unfall auch passieren kann. Gefühle wie Rache habe ich
überhaupt nicht.« Er denke mit großer Distanz an den Attentäter. »Ich gebe allerdings auch zu: Allzu viel Mitleid
habe ich mit dem Mann nicht.« Was geschehen sei, »das ist
mein Schicksal, das mich getroffen hat, mit dem ich leben
muss«. Schäubles Konsequenz: »Die ständige Langzeitle-
bensplanung schenke ich mir auch, denn diese Rechnungen
gehen manchmal doch nicht auf.« Wie bei ihm selbst, dem
Mann, der in den Gedanken seiner politischen Lebensplanung so gerne Bundeskanzler geworden wäre.

Mitte der neunziger Jahre hat Dieter Kaufmann Schäuble
einen Brief geschrieben, in dem er um Verzeihung bat.
Schäuble hat nicht geantwortet, obwohl Kaufmann gehofft
hatte, »dass er mir vergibt. Es würde mir viel bedeuten. Für
mich ist das heute selbst ein Rätsel, wie sich der Kopf eines

Menschen selbständig machen kann. Ich war krank. Ich wollte das doch nicht.«

Das war eine Tonlage, von der Kaufmann unmittelbar nach dem Attentat unendlich weit entfernt war. Von Reue zu jener Stunde kein Wort. Stattdessen sagte er: »Der Mann kann von Glück sagen, dass ich ihn nicht richtig erwischt habe, denn wenn ich einmal marschiere, dann hält mich nichts mehr auf.« Nur dass er auch Schäubles Leibwächter Klaus-Dieter Michalsky mit einem Streifschuss am Bauch verletzt hatte, bedauerte er wortreich. Auf einen Unschuldigen habe er nicht schießen wollen.

Kaufmann hat später, nach seiner Entlassung aus der Haft im Jahr 2004, beim Arbeiter-Samariter-Bund gearbeitet und Menschen gepflegt. Er wisse, was das bedeutet. Und mit Blick auf Schäuble sagte er: »Ich leide genauso unter meiner Tat wie er. Auch mein Leben ist zerstört.«

Ausgeprägtes Selbstmitleid prägte den Charakter des am 20. Oktober 1953 geborenen Dieter Kaufmann. Er kam als Sohn und ältestes Kind des Bau- und Vermessungstechnikers Günter Kaufmann und dessen Ehefrau Emilie in Appenweier auf die Welt, einem Kleinstädtchen nahe Offenburg. Der Vater, ein SPD-Mann, der zuweilen sehr autoritär aufgetreten sein soll, schaffte es 1969, Bürgermeister von Appenweier zu werden. Dieter Kaufmann wächst zusammen mit zwei Schwestern auf, liebevoll betreut von seiner Mutter, einer strenggläubigen Protestantin.

Die Eltern berichteten später, mit dem Sohn habe es allerdings schon früh Probleme gegeben. Ein Einzelgänger sei er gewesen, verschlossen und schwierig, sagt der Vater. Nach der mittleren Reife kommt es zu den ersten schweren Konflikten zwischen Vater und Sohn. Der weigert sich, einen technischen Beruf zu erlernen, wie es der Vater gerne

sehen würde. Er lässt sich die Haare lang wachsen, was den
Vater, soeben zum Bürgermeister gewählt, zu wütenden
Kommentaren verführt und den Sohn zu ebenso zornigen
Antworten gegen dessen Gängelei. Der Vater besorgt ihm
eine Praktikumsstelle in einem Heim für schwererziehbare
Jugendliche.

Ausgerechnet, denn dort begegnet Dieter Kaufmann einer Welt, von der er sich nur zu gerne verführen lässt. Hier
beginnt er, Hasch zu rauchen, und bald nimmt er auch här-
tere Drogen. Nach einem Beschaffungseinbruch in einer
Apotheke wird er zu einem Jahr Jugendstrafe auf Bewährung verurteilt und kommt danach ins Elternhaus zurück.
Doch es ändert sich nichts. Der Sohn liegt meist untätig in
seinem Zimmer, raucht weiter Haschisch und blickt apa-
thisch auf ein großes Poster von Che Guevara über seinem
Bett. Eines Tages ist er verschwunden. Die Eltern haben
keine Ahnung, wohin, bis sie einige Wochen später aus der
afghanischen Stadt Kabul, auch damals schon ein Drogen-
paradies, den Hilferuf des Sohnes empfangen: »Helft mir«,
schreibt er ihnen, »ich brauche Geld, sonst komme ich hier
nicht mehr raus.«

Zurück bei den Eltern, geht Dieter Kaufmann auf Ent-
zug. Die Eltern sehen ihn auf gutem Weg zurück in ein bürgerliches Leben. Doch an seinen Versagensängsten gegenüber der Familie hat sich nichts geändert. Er betäubt sie,
indem er wieder zum Hasch greift und sich mit Alkohol
zuschüttet. In Karlsruhe, wo er sich mit Gelegenheitsjobs
durchschlägt, verliebt er sich zum ersten Mal. Aber das
Mädchen weist ihn ab. Er betrinkt sich und versucht dann,
sich in seinem Auto mit Abgasen das Leben zu nehmen.
Kaufmann wird gerettet und kommt in die geschlossene
Abteilung des Psychiatrischen Landeskrankenhauses in
Wiesloch. Seelisch behandelt wird er dort nicht, klagt spä-

ter der Vater. »Die haben ihn nur mit Psychopharmaka vollgepumpt und ruhiggestellt.«

Zwei Monate später beginnt der endgültige Abstieg des Dieter Kaufmann. Mit seinem Freund Rainer und der Unterstützung des Vaters eröffnet er in der Nähe von Bruchsal eine Bierbar namens »Raidie« – was für Rainer und Dieter steht. Doch die beiden geben das Geld schneller aus, als sie es einnehmen. Dieter legt sich einen teuren Mercedes zu, mit dem er seinem Vater den erfolgreichen Aufstieg zum soliden Geschäftsmann beweisen will. Doch tatsächlich ist er wieder ins Drogengeschäft zurückgekehrt. Er leiht sich 20 000 Mark, reist nach Marokko und kauft 20 Kilogramm Haschisch. Im Spätsommer 1982 wird er auf der Rückreise in der spanischen Exklave Melilla, die an der nordafrikanischen Küste liegt, verhaftet. Der Vater kauft ihn aus der Haft frei, indem er dem Gefängnisdirektor 35 000 Mark bezahlt. Aber sein Sohn wird erneut verhaftet, als er bei Kehl über die Grenze nach Deutschland zurückkehren will.

Es folgen fünfeinhalb Jahre Gefängnis wegen Rauschgifthandels, zu denen Dieter Kaufmann im Frühjahr 1983 verurteilt wird. Das bringt ihn endgültig um sein seelisches Gleichgewicht. »Andere werden wegen Totschlags zu dieser Strafe verurteilt«, klagt er wütend, »ich musste wegen ein paar Pfund von dieser Baby-Droge dran glauben.« Seine ohnmächtige Wut auf alles, was ihn an staatliche Instanzen erinnert, wächst dramatisch. Eine Schreinerlehre im Mannheimer Gefängnis bricht er ab, prügelt sich mit Mitgefangenen und kommt in Einzelhaft. Zweimal wird er von dort in die Psychiatrie des Vollzugskrankenhauses Hohenasperg nahe Ludwigsburg verlegt, wo er die letzten Monate seiner Haft verbringen muss, ehe er im August 1986 auf Bewährung vorzeitig entlassen wird.

Die Kaufmanns klagen die Verantwortlichen der Psychiatrie Hohenasperg nach der Rückkehr des Sohnes massiv an: »Unser Sohn hätte therapeutische Hilfe gebraucht, stattdessen wurde er dort ruhig gespritzt und innerlich total kaputtgemacht.«[3] Der Vorwurf scheint nicht unberechtigt gewesen zu sein. Denn auch die Grünen im Stuttgarter Landtag beklagten Mitte der achtziger Jahre, dass in der Psychiatrie auf dem Hohenasperg gerne »Beton-Spritzen« gesetzt wurden. Das waren Langzeit-Depotinjektionen des dämpfenden Psychopharmakons Lyogen. Das Stuttgarter Justizministerium hat jedoch eine medikamentöse Zwangs-behandlung als Disziplinierungsmaßnahme stets energisch bestritten.

Psychopharmaka würden nur mit »therapeutischem Ziel« verabreicht. Ein Anstaltspsychologe bestätigte indes gegenüber dem »Stern«, dass es sehr wohl eine Grauzone gegeben habe, in der Psychopharmaka missbräuchlich ver-abreicht worden seien und nicht nur bei »schwerwiegender Gesundheits- und Lebensgefahr«. Ein Betreuer räumte auch ein: »Die Spritzen sind grauenhaft, aber die Regel.« Die Häftlinge seien dann wie Zombies durch die Gegend gelaufen, hätten kaum mehr sprechen können und an Läh-mungserscheinungen an Händen, Füßen und im Gesicht gelitten. Kaufmann selbst beschwerte sich später beim Ver-hör, es sei ihm egal, ob er außer- oder innerhalb eines Ge-fängnisses vom Staat terrorisiert werde.

Die Haftstrafe auf dem Hohenasperg machte Kaufmann endgültig zum psychischen Wrack. Es fehlte dort schlicht-weg an geeignetem Personal. Von den Häftlingen in den baden-württembergischen Gefängnissen kamen jährlich rund 1000 dorthin in die Psychiatrie. Haftkoller war weit verbreitet. Die Behörden haben dennoch später energisch der Behauptung widersprochen, Kaufmanns Persönlichkeit könnte dort vollends zerstört worden sein.

Davon zu sprechen sei »schlicht unwahr«. Tatsache sei, »dass er durch die Behandlung ausgeglichener und stabiler« geworden sei. Keineswegs habe man ihm Psychopharmaka verabreicht. Der psychiatrische Gutachter Professor Achim Melcher, der vom Gericht beauftragt wurde, den Geisteszustand Kaufmanns zu klären, wies allerdings beim Blick auf den Hohenasperg darauf hin, dass dort ein »unüberbrückbarer Gegensatz zwischen Psychiatrie und Strafvollzug« existiere. Der Mann muss als Kenner der Praxis akzeptiert werden. Er war bis 1979 stellvertretender Leiter des Vollzugskrankenhauses Hohenasperg.

Dieter Kaufmann war nach seiner Rückkehr vom Hohenasperg zunächst jähzornig, brauste gegenüber seinen Eltern wegen jeder Kleinigkeit auf und fing danach an, heftig zu zittern. Als er in der Zeitung über die wachsende Zahl von Asylbewerbern las, schimpfte er: »Die bekommen von allen Seiten Puderzucker in den Hintern geblasen, aber Leute wie ich kriegen nie eine Chance.« Im Frühjahr 1990 wurde Kaufmann ruhiger, umgänglicher, mied den Alkohol und begann ein Fernstudium zum Heilpraktiker an der Paracelsus-Schule in Freiburg. Nebenbei fing er an, als Vermessungsgehilfe zu arbeiten. Die Familie war glücklich darüber, »dass wir ihn wieder so hingekriegt haben, so ganz ohne die Hilfe eines Psychologen«.

Was niemand ahnte: dass Dieter Kaufmann zu diesem Zeitpunkt bereits fest entschlossen war, entweder Helmut Kohl oder Wolfgang Schäuble zu töten – »weil ich innere Schmerzen habe«, wie er später seinen Entschluss einmal begründete.

Die Frage, ob denn beim Mordanschlag auf Schäuble das Einmaleins des Personenschutzes sträflich missachtet worden sei, wurde im Nachhinein nie gründlich beantwortet. Heute werden Termine für Auftritte politischer Prominenz möglichst lange verschwiegen. Zugangskontrollen sind obligatorisch, in Oppenau gab es keine, Metalldetektoren sowieso nicht. Jedermann konnte sich Schäuble beim Verlassen des Saales ungehindert nähern, um ein Autogramm zu erbitten. Es gab keine ärztliche Vorsorge für den Notfall, die örtliche Polizei war nicht im Saal anwesend. Die Zuhörer durften bis auf zwei Meter Entfernung vor dem Rednerpult sitzen. Dennoch behauptete das Kanzleramt hinterher kühn: »Schäuble war hervorragend geschützt. Besser ist ein Mann nicht zu bewachen.« Dass sich der im September 2004 an Krebs verstorbene Leibwächter Klaus-Dieter Michalsky mit hohem persönlichem Mut schützend in den dritten Schuss warf, hat Schäuble vermutlich das Leben gerettet. Michalsky wurde später zum Polizeimeister befördert.

Die Sicherheitslücken waren umso unverständlicher, als es wenige Monate zuvor zu einer Messerattacke auf Oskar Lafontaine gekommen war. Dabei hatte die ebenfalls psychisch kranke Adelheid Streidel den SPD-Politiker mit einem Messer in den Hals gestochen. Erst nach dem Attentat auf Schäuble teilten die Fachleute im Innenministerium mit, die Anschläge auf Schäuble und Lafontaine hätten »deutlich werden lassen, dass neben der Bedrohung durch Terroristen für gefährdete Personen auch erhebliche Sicherheitsrisiken durch andere Tätertypen bestehen«. Mit Blick auf Oppenau bescheinigten sich die Sicherheitsbehörden zugleich einen »im internationalen Vergleich hohen Standard« beim Personenschutz.

3. Kapitel
Der Vertrag:
Arbeit am Krankenbett

D er 1. November 1990 ist für Dirk Koch immer noch ein unvergessener Tag. Da klingelt bei ihm, dem Leiter der Bonner »Spiegel«-Redaktion, das Telefon, und Helga Heyden, damals Sekretärin Wolfgang Schäubles, fragt im Auftrag ihres Chefs, was denn jetzt aus dem gemeinsam vereinbarten Buch über die Genesis des Einigungsvertrags zwischen der Bundesrepublik und der DDR werde. »Haben Sie denn noch Interesse daran?«

Koch konnte es kaum glauben. Das Attentat auf Schäuble lag gerade mal 18 Tage zurück, und da ließ das Opfer, das noch immer auf der Intensivstation des Klinikums der Freiburger Universität lag, anfragen, was denn aus dem Buch werde, das er zusammen mit seinem Spiegel-Kollegen Klaus Wirtgen am 1. Oktober am Rande des Hamburger CDU-Parteitages mit Schäuble verabredet hatte, um aus dessen erinnerungsfrischer Sicht »ein wichtiges Stück deutscher Geschichte zu sichern«.

Schon die Autorenwahl war bemerkenswert. Wirtgen und Koch galten in der Politszene Bonns seit 20 Jahren als die »Blattschuss-Brothers«, vor denen man mehr zu zittern gewohnt war, als mit ihnen zu kooperieren.

Koch hatte die Kontakte zu Schäuble bereits zu dessen Zeiten als Kanzleramtsminister sorgfältig gepflegt. Daher hatte er ihn in Hamburg gefragt, ob man nicht gemeinsam das Buch über den Weg zur deutschen Einheit machen könne, er und Wirtgen als Schreiber, Schäuble als Herausgeber.

Ziel des Buchs sollte sein, so Koch: »Hier kommt einer der Hauptakteure der deutschen Einigung zu Wort, der eigentliche Vollstrecker, der Manager der Einheit.«[1] Das Drehbuch dazu habe schließlich Schäuble als Innenminister geschrieben, zuständig für den Beitritt der DDR zur Bundesrepublik gemäß Artikel 23 des Grundgesetzes. Schäuble sei es vor allem gewesen, so die »Spiegel«-Autoren, der früher als Helmut Kohl gesamtdeutsche Wahlen habe kommen sehen, der früher als andere vor allem in der CDU auf Zusammenarbeit mit den Kräften des ehemaligen DDR-Regimes gedrängt habe, um Blutvergießen zu vermeiden.

Das Buch »Der Vertrag. Wie ich über die deutsche Einheit verhandelte« entstand dann in vielen Gesprächen, insgesamt 23 Tonbandspulen lang, ausgeschrieben mehr als 800 Seiten, von Schäuble am Ende selbst autorisiert und dabei von Wighard Härdtl unterstützt, damals Planungschef des Bundesinnenministeriums, der die Vertragsakten zulieferte. Die Umsetzung der Informationen in eine »Spiegel«-Story war von vornherein ausgeschlossen worden.

Die Gespräche mit Schäuble, der das Attentat dabei immer nur als »ein Unglück« ansprach, fanden in der Rehaklinik in Langensteinbach statt, wohin er aus der Freiburger Klinik verlegt worden war, um das Leben im Rollstuhl zu lernen. Die Treffen in Langensteinbach, erinnert sich Koch, waren am Anfang »ganz schrecklich«. Schäuble lag in seinem Bett, noch war unklar, ob er den Rest seines Lebens liegend gelähmt sein würde. Wegen implantierter Haken im Mundraum, mit deren Hilfe der von einem Dumdumgeschoss schwerverletzte Unterkiefer fixiert wurde, fiel ihm das Sprechen schwer. Mit einem Metallapparat musste der Öffnungswinkel seines Mundes aufgebogen werden. Immer wieder sackte Schäuble während der jeweils dreistündigen Sitzungen weg, klagte über die Kälte in dem völlig überheizten Zimmer, und immer wieder kamen ihm die Tränen.

Ingeborg Schäuble litt zunächst mit, wenn sie sah, wie sich ihr Mann mit diesem Buch quälte. Sie war dagegen, sah aber bald ein, dass diese Arbeit für ihn ein Halteseil ans Leben war. Koch: »Das war ganz klar. Schäuble hat sich daran geklammert, um über das Sichern seines Lebenswerks, seines größten politischen Erfolges, auch eine Grundlage für das Weiterleben zu schaffen.«[2] Man habe gesehen, wie dieser zerschossene Mensch kämpfte. »Er wollte nicht«, so Koch, »dass Helmut Kohl als Kanzler der Einheit allen Ruhm für sich in Anspruch nimmt, nachdem der sich um die entscheidenden Einzelheiten nicht gekümmert hatte.«[3]

Die Journalisten fragten die vorgegliederten Kapitel ab, und Schäuble antwortete, die ganze Zeit lief ein Tonband mit. Am Anfang, als er noch flach liegen musste, wurde Schäuble dabei ab und an ohnmächtig. Er machte aber rasch Genesungsfortschritte, als er sich wieder aufrichten konnte. Wenn Kohl zu Besuch aus seinem nicht weit entfernten Privathaus im rheinland-pfälzischen Oggersheim kam und dann Schäuble im Rollstuhl herumschob und sich dabei fotografieren ließ, habe sich Schäuble furchtbar geärgert, erinnert sich Koch.

Erstaunlich sei gewesen, wie sehr die Bucharbeit Schäuble bei seiner Genesung geholfen habe. Am Ende brachten ihm die »Spiegel«-Journalisten Pfeil und Bogen im Spielzeugformat, mit dem er dann gerne durch die Gegend schoss. Und noch lieber führte er vor, wie er mit zwei Kilogramm schweren Hanteln täglich die Muskeln seiner Oberarme trainierte.

Bei der Autorisierung des redigierten Textes hat Schäuble

wenig geändert. Mit einer bemerkenswerten Ausnahme: Hatte er zunächst an zahlreichen Stellen seine Zusammenarbeit mit seinem DDR-Partner Schalck-Golodkowski in höchsten Tönen gelobt, strich er dann alle diese Passagen konsequent. Am Ende blieb in dem Buch nur noch eine einzige namentliche Erwähnung Schalck-Golodkowskis stehen.

Zur Unperson geriet bei der Arbeit an den Textpassagen auch Helmut Kohl, über den Schäuble sich bei den Arbeitsgesprächen immer wieder massiv beklagte, wie sich Koch erinnert. Die chaotische Art, in der Kohl regiere, sei nur schwer zu ertragen. Schon in jenen Tagen habe sich Schäuble im Vergleich mit Kohl für den eindeutig besseren Mann gehalten.

Das letzte Kapitel »Historische Chance«[4] kam unter denkwürdigsten Umständen zustande. Schäuble war querschnittsgelähmt ans Bett gefesselt, Koch hatte über dem Stress der Doppelbelastung als Journalist und Mitautor einen schweren Hörsturz erlitten, sein Kollege Wirtgen lag mit gebrochenem Bein ebenfalls aktionsunfähig im Bett.

Richtig guter Dinge war am Ende eigentlich nur Schäuble selbst. Wenn ein Besucher dem Rollstuhlfahrer allerdings Tätigkeiten abnehmen wollte, die er sich bereits zutraute, etwa das Öffnen und Schließen von Türen, wurde er richtig grantig. »Das kann ich schon allein«, schimpfte er. Ingeborg Schäuble, die zunächst gefürchtet hatte, die Arbeit an dem Buch könnte ihren Mann zu sehr belasten, räumte am Ende ein, die Sitzungen hätten ihn stets aufgemuntert, ihn in der Hoffnung bestärkt, dass er den Weg zurück in die Politik tatsächlich schaffen könne.

4. Kapitel
Leben mit dem Rollstuhl:
Interview mit
Ingeborg Schäuble

Bevor Ingeborg Hensle Wolfgang Schäuble im Mai 1969 heiratete, hatte sie einen sehr persönlichen Lebenstraum. »Ich wollte immer ein gemütliches Leben haben. Die Kinder wollte ich nicht allein aufziehen. Ich wollte, dass wir mehr private gemeinsame Zeit haben.«[1] Sie träumte von einem Amtsrichter Schäuble oder einem Beamten.

Die Politik hat jedoch nicht zur frühen Lebensplanung dieses 1943 in Freiburg geborenen zweiten Kindes eines Lehrers gehört. Ingeborg Hensle hatte nach dem Abitur Medizin studieren wollen, was ihr die Eltern jedoch nicht erlaubten. Die wollten, dass auch die Tochter Lehrerin werde. Doch die gutaussehende, schwarzhaarige Frau entschied sich für das Studium der Volkswirtschaft an der Universität Freiburg, das sie mit gutem Erfolg absolvierte.

Kurz vor dem Examen besuchte sie mit einer Freundin die Cafeteria in der Mensa der Freiburger Uni. Am Nebentisch saß eine Gruppe Studenten, deren Wortführer unüberhörbar Wolfgang Schäuble war. Ihn kannte die Freundin. Man kam zusammen, es knisterte sehr schnell zwischen Ingeborg und Wolfgang. Er lud sie zu einer Skitour auf den nahe Freiburg gelegenen Feldberg ein, und schon nach dem zweiten Rendezvous gestand er ihr, dass er sie heiraten wolle.

Ingeborg Schäuble: »Ich war überrascht. Aber er war schon immer ein Mann, der gerne Entscheidungen trifft.«

Sie selbst habe »ein bisschen länger gebraucht«, räumt sie ein, und habe außerdem eine Bedingung gehabt. Sie sagte dem jungen Mann, von dem sie wusste, dass er politisch in der Jungen Union und im RCDS sehr aktiv war, dass sie nur ja sagen würde, wenn er nicht länger an eine politische Karriere denke. Ingeborg Schäuble: »Ich wollte nie einen Politiker heiraten, im Leben nicht.«[2]

Schäuble akzeptierte den Vorbehalt. Er räumte später ein, seiner Frau versprochen zu haben, nie ein politisches Mandat anzunehmen. »Sonst hätte sie mich nicht geheiratet.« Sie wäre viel lieber mit einem Professor verheiratet gewesen, der viel zu Hause hätte arbeiten können. »Mensch, komm, mach mal was anderes«, hat sie dann später auch immer wieder zu ihrem Mann gesagt.

Und zeitweilig sah alles ganz so aus, als ob dieser Wunschtraum von einem Leben außerhalb der Politik Wirklichkeit werden könnte. Als sie sich kennenlernten, arbeitete Schäuble gerade an seinem zweiten juristischen Staatsexamen und an seiner Doktorarbeit, »Berufsrechtliche Stellung von Wirtschaftsprüfern in Wirtschaftsprüfungsgesellschaften«. Doktorvater war Professor Rittner, ein Spezialist für Wirtschafts- und Handelsrecht und zugleich Leiter des Akademischen Auslandsdienstes. Nachdem Schäuble Ende 1970 sein zweites Examen mit einem »gut« abgelegt und den Doktortitel mit »Magna cum laude« erworben hatte, trat er in die baden-württembergische Finanzverwaltung ein. Er amtierte bald als Regierungsrat beim Freiburger Finanzamt, bei der Oberfinanzdirektion, am Finanzgericht und nebenbei als Hilfsassistent an der Universität. Beamter auf Lebenszeit war Schäuble bereits. Das Finanzamt Freiburg wollte ihn unbedingt behalten. Ingeborg Schäubles Lebenstraum schien immer noch auf bestem Wege.

Doch dann lagen eines Tages verlockende Angebote auf Wolfgang Schäubles Schreibtisch: Er könne Leiter des Büros des Stuttgarter CDU-Innenministers Karl Schiess werden. Und eine Offenbacher Rechtsanwaltskanzlei, bei der er sich beworben hatte, lockte ihn, als Wirtschaftsprüfer einzusteigen. Beide Angebote hat er jedoch abgelehnt. Die beruflichen Aufstiegschancen außerhalb der Politik schienen jedoch gut gesichert zu sein, wenngleich für Ingeborg Schäuble das Angebot aus Stuttgart schon viel zu nahe an der Politik angesiedelt war.

Sie selbst hatte ihren ersten Job als Diplomvolkswirtin gefunden, war Marktforscherin in einem Freiburger Unternehmen. Alles schien ausgerichtet zu sein auf ein ganz normales, sehr bürgerliches Leben. Zwar engagierte sich Wolfgang Schäuble, seit 1965 CDU-Mitglied, noch immer eifrig in der Jungen Union (JU) und in der Freiburger Hochschulgruppe des Rings Christlich-Demokratischer Studenten (RCDS), der damals im Bundesverband der CDU-Nachwuchsorganisation als extrem links galt und dessen Vorsitzender er für ein Semester war, ehe er sich intensiv der JU in Freiburg zuwandte; bald wurde er deren Kreisvorsitzender. 1969 rückte er sogar zum Chef des baden-württembergischen Landesverbandes der Jungen Union auf. Das immer stärker ausgeprägte politische Engagement ihres Mannes beunruhigte Ingeborg Schäuble allerdings nicht wirklich. Sie sah ihn auf dem Lebensweg, den sie sich mit ihm zusammen wünschte.

Bis dann an einem Freitagabend im Spätsommer 1972 in der Wohnung der Familie Schäuble das Telefon klingelte. Die südbadische CDU bot ihm über den Offenburger Kreisvorsitzenden der Jungen Union, Hans Göppert, die

Bundestagskandidatur für den Wahlkreis Offenburg an. Man räumte ihm eine Stunde Bedenkzeit ein.

Wenig Zeit für seine Frau, einmal mehr ihre Bedenken gegen den totalen Einstieg ihres Mannes in die Politik geltend zu machen. Dass er sehr angetan war von dem Angebot, war ihr sofort klar. Doch sie glaubte ihm, als er sie mit dem Satz beruhigte, die Chancen auf die Eroberung des Mandats seien gleich null. Unfreiwillig hatte sie ihm die Entscheidung zuvor schon erleichtert, weil sie das frühere Schiess-Angebot mit dem Satz kommentiert hatte: »Wenn du jetzt nach Stuttgart gehst, kannst du auch gleich nach Bonn in den Bundestag.«[3]

Nun übernahm die Politik im Leben des Wolfgang Schäuble das Szepter. Was Ingeborg Schäuble bei dieser Entscheidung unterschätzt hatte: Wie ausgeprägt die Eigenschaft ihres Mannes war, stets gewinnen zu wollen.

Einmal noch kehrte die Diskussion über ein Leben mit oder ohne Politik hart ins Leben des Ehepaars Schäuble zurück: nach dem Attentat. Ingeborg Schäuble ließ in der ersten Zeit des Lebens ihres Mannes im Rollstuhl den Wunderglauben an sich heran, es könne sich mit seiner Querschnittslähmung wieder zum Besseren wenden. »Ich habe gedacht, dass wir eine Verbesserung seines Zustandes erreichen könnten, wenn er mehr Zeit hätte für sich und seinen Körper.« Zuweilen setzte sie sich damals selbst in den Rollstuhl, um als »Fußgänger«, wie Querschnittsgelähmte Menschen nennen, die auf zwei Beinen stehen können, zu lernen, wie die Welt von unten aussieht.

Eines Tages akzeptierte das Ehepaar gemeinsam die Situation. Seine Frau schlug ihm vor, mit der Politik unter der Mühsal einer Querschnittslähmung Schluss zu machen. Doch Schäubles Antwort war: »Willst du wirklich, nachdem ich diese dramatische Veränderung in meinem Leben verkraften muss und die du auch aushalten musst, denn du musst mich ja ertragen, eine zweite dramatische Veränderung aushalten, nämlich ein Leben ohne Politik? Und ich in ein sehr zurückgezogenes Leben umsteige, mit der Gefahr, dass die Unzufriedenheit wächst. Wäre das gut für dich und die Familie?« Ingeborg Schäuble hat diese Antwort akzeptiert, damals schweren Herzens.

Heute hat er längst ihr Einverständnis, mit der politischen Arbeit fortzufahren. Entschlossen dazu ist er, zumal er sich dazu gesundheitlich wieder rundum in der Lage fühlt, anders als im Herbst 2010, als er zum ersten Mal ans Aufhören dachte.

Dem Leben, das sich Ingeborg Schäuble einst erträumt hatte, ist sie nie sehr nahe gekommen, nicht nur, weil auch für sie galt, was ihr Mann bezogen auf sein Schicksal einmal gesagt hat: »Dem Rollstuhl kann man nicht entkommen.« Nur selten gewährte sie tieferen Einblick in ihr Seelenleben während ihres zweiten Lebens, zu dessen Einschränkungen und immerwährenden Belastungen die Schüsse auf ihren Mann auch sie verurteilt hatten. Einen ihrer eigenen Lebensträume hat sie sich dann doch noch erfüllen können, als sie zur Vorsitzenden der Welthungerhilfe gewählt wurde. Auf mehr als 20 Reisen in 26 Länder hat sie in den zwölf Jahren in diesem Ehrenamt weder körperliche Risiken noch schwierige Sicherheitslagen in Krisengebieten gescheut. Für ihren Einsatz wurde sie im März 2005 mit dem Bundesverdienstkreuz ausgezeichnet. Die »Bunte« kürte sie 2006 zur »Frau des Jahres«.

Doch das zweite Leben der Ingeborg Schäuble, das auch sie lernen und meistern musste, hat sie auch in diesem Amt eng begleitet, wie sie in einem langen Gespräch 1997 mit dem Autor erkennen ließ, das sie in der Hoffnung führte, in

»ihrem dritten Leben«, wie sie sagte, »nicht mehr nur ständig im Kreis zu denken und mich zu sorgen, wie es werden
soll, zumal man die Zukunft doch nicht planen kann«.

*12. Oktober 1990, der Tag des Attentats: Wie lange haben
Sie gebraucht, um diese dramatische Veränderung in Ihrem
Leben zu bewältigen?*
Sehr lange. Ich habe am Anfang immer geglaubt, er könne
noch Fortschritte machen, und habe darauf meine ganze
Energie gerichtet. Ich habe ihn zu allen möglichen Leuten
schleppen wollen, obwohl er sich dagegen gesperrt hat. Das
Einzige, was er mir zugestand, war Akupunktur. Ich wollte
mich eigentlich für den Rest meines Lebens mit meinem
Mann und seiner gesundheitlichen Verfassung befassen. Als
fünf Jahre vorbei waren, da habe ich mir gesagt, es ist so,
und jetzt müssen wir uns damit einrichten. Für mich innerlich ja zu sagen zu dieser Behinderung, das habe ich erst
nach etwa fünf Jahren geschafft.

*Das heißt, Sie haben wesentlich länger gebraucht als er. Er
hat den Wunderglauben nicht an sich herangelassen?*
Ja. Ich habe es mir sehr schwergemacht. Mein Mann hat
seine Arbeit gehabt. Der hatte nicht so viel Zeit zum Nachdenken wie ich, wollte das auch nicht und hat sich darauf
konzentriert, das Beste aus der Geschichte zu machen. Bei
mir war es nicht so einfach, weil ich immer mit Bangen zugesehen habe, wie er sich wieder total einspannen ließ und
sich selber wieder voll eingebracht hat. Das ging ja nicht
von Anfang an so völlig glatt. Ich habe gesehen, wie es ihm
wirklich geht und welche Probleme es gab, und habe das
alles mitgelitten.

Hätte Ihr Mann nach dem Attentat mit der Politik aufhören sollen, wenn es nach Ihnen gegangen wäre?
Von mir aus, ja. Aber das hängt auch damit zusammen, dass ich gedacht habe, wir könnten noch eine Verbesserung seines Zustandes erreichen, wenn er mehr Zeit hätte für sich und seinen Körper.

Wie hat das Attentat Ihren Mann verändert?
In seinem Wesen hat er sich nicht verändert. Das wäre ja auch merkwürdig, zumal er seine Erfüllung in seinem Beruf gefunden hatte. Er sitzt ja nicht zu Hause und wartet ab, bis es Abend wird, sondern er arbeitet den ganzen Tag. Und da Arbeit für ihn nichts Schlimmes ist, vielmehr etwas ganz Wichtiges in seinem Leben, ist er auch nicht in der Gefahr, verbittert zu werden, was ja doch bei manchen in so einer Situation passieren kann. Er ist nicht gerade geduldiger geworden, weil natürlich alles im Rollstuhl langsamer geht. Und Zeit kann man nicht wieder einholen, daher muss man es ertragen, wenn er manchmal ungeduldig wird. Das ist eigentlich die größte Veränderung bei meinem Mann.

Würden Sie so weit gehen, dass Sie sagen, Ihr Mann sei unerbittlich gegen sich selbst?
Er war immer schon ein Mensch, der unglaublich diszipliniert war und der sich für eine Sache mit Leib und Seele einsetzen konnte. Ich weiß noch genau, wie er auch früher schon Nächte gesessen hat, um etwas für seinen Kanzler gut zu machen. Er war im Grund immer schon sehr, ja, mehr als pflichtbewusst.

Aber Sie können verstehen, dass in der Öffentlichkeit das Bild eines Menschen entstanden ist, der unerbittlich hart gegen sich selbst ist?

Ja. Natürlich hat er früher zum Beispiel mit Sicherheit mehr gelacht, als er das heute tut, einfach deshalb, weil das Leben heute beschwerlicher ist. Viele Dinge, die schön sind im Leben, sind eben nicht mehr möglich. Manchmal hätte er vielleicht gerne schlechte Laune und übertüncht das dann. Das kostet Kraft.

Hat sich das Verhältnis zwischen den Kindern und Ihrem Mann durch die Behinderung verändert?
Ich glaube, dass die Kinder den Papa als sehr menschlich und nicht mehr als so übermächtig ansehen. Die Kinder haben ihm gern geholfen. Und er hat ihre Hilfe als selbstverständlich angenommen. Das hat überhaupt keine Probleme gemacht. Ich finde, dass der Rollstuhl die Familie hat näher zusammenrücken lassen.

Bald nach dem Attentat hat Ihr Mann Sie gefragt: »Willst du wirklich, nachdem ich diese dramatische Veränderung in meinem Leben verkraften muss und die du auch aushalten musst, dass ich eine zweite dramatische Veränderung aushalte, nämlich ein Leben ohne Politik? Wäre das gut für dich und die Familie?« Wie haben Sie denn damals reagiert?
In der Frage steckte ja drin, dass es nicht gut wäre für uns, wenn er in diesem Zustand der Politik entsagen würde, weil ihm dann etwas ganz Wichtiges in seinem Leben fehlen würde. Das konnte nun wirklich nicht meine Absicht sein.

Ist es schwer, vom Mitleid loszukommen, das man mit dem Partner hat, der im Rollstuhl sitzen muss? Muss man erst lernen, wie man wieder Distanz zulässt zwischen dem Partner und sich selbst?
Die Gefahr ist natürlich da, dass man in eine von Mitleid überlagerte Beziehung rutscht. Bei uns konnte das aber so

nicht entstehen, weil mein Mann sehr viel weg ist. Ich muss ihn auch nicht ständig bemitleiden, weil er das gar nicht nötig hat, weil er eine große Befriedigung in seiner Arbeit findet.

Stimmt es, dass Sie Nachhilfestunden in der Klinik genommen haben, ehe Ihr Mann aus der Rehaklinik Langensteinbach nach Hause gekommen ist? Man muss ja auch lernen, mit Behinderten umzugehen.
Das machen alle Angehörigen. Man muss bestimmte Handgriffe lernen, die es einem erleichtern. Und da lernt man in der Klinik, den Betroffenen zu drehen oder beim Umsetzen zu helfen. Am Anfang hat man furchtbar Angst und macht auch viel falsch.

Sie haben sich öfter selbst in einen Rollstuhl gesetzt, um überhaupt mal zu begreifen, wie die Welt von da unten aussieht. Wie sieht sie denn aus?
Ich käme sehr schwer zurecht. Man ist eben klein, man ist relativ unbeweglich und kann kaum anderen Menschen ausweichen. Man ist irgendwo hilflos, man ist ausgeliefert. Dass man so klein ist, das finde ich am schlimmsten.

Ihr Mann empfindet ähnlich. Er besucht ungern Stehempfänge.
Sie sehen alles aus der Perspektive eines Kindes. Man muss sich zu Ihnen runterbeugen, oder Sie müssen hochgucken. Das ist nicht sehr angenehm und sieht auch nicht gut aus. Außerdem würde ich überall an allen Ecken und Kanten anstoßen. Man braucht Geduld, dass man um die Ecken kommt. Man muss den Wendekreis berechnen.

Tat sich Ihr Mann schwer, mit der Abhängigkeit von Ihnen leben zu lernen?
Nein, und zwar weil er ein Mensch ist, der sagt, wenn er etwas haben will oder Hilfe haben möchte. Das erleichtert es für mich unheimlich. Ich bin nicht mit irgendwelchen Wünschen konfrontiert, die ich gar nicht richtig erahne. Das finde ich eine sehr angenehme Eigenschaft, die das Leben leichter macht.

Kann man sich noch richtig streiten?
Also, es ist schwieriger. Ich glaube auch nicht, dass man sich bis zu Ende streiten könnte. Ich habe es auch nie ausprobiert.

Aber vorher haben Sie mal gestritten.
Natürlich. Wir sind doch normale Menschen.

Das Leben mit der Querschnittslähmung: Wie lebenswert ist es?
Jedes Leben ist lebenswert, wenn es bewusst sein kann. Für meinen Mann ist das Leben sehr lebenswert. Und für uns alle ist es ganz wichtig, dass er da ist. Aber es gab auch mal eine Zeit am Anfang, als es wirklich sehr mühsam war. Da hat er mal gesagt: Warum habt ihr mich nicht sterben lassen? Weil er sich das Leben mit einer solch schweren Behinderung gar nicht vorstellen konnte.

Was ist denn bei Ihnen die größte Veränderung in Ihrem Lebensgefühl durch dieses Ereignis gewesen?
Was mir sehr fehlt, ist, einen Partner zu haben für jegliche Art von Bewegung. Ich bin ein Mensch, der Bewegung liebt, alle Arten von Bewegung, Joggen, Wandern, Tanzen, Schwimmen, Skifahren. Wenn mein Mann früher heimkam,

hat er sich umgezogen, und wir sind sofort stundenlang stramm gelaufen und haben uns dabei alles erzählt, was in der Woche wichtig war. Das fehlt mir heute schon. Außerdem sind wir nicht mehr so unternehmungslustig wie früher.

Welche Rolle spielt Selbstmitleid in Ihrer Situation?
Am Anfang natürlich eine große. Ebenso das Grübeln: Wieso? Wie es allen Menschen geht, die einen Schicksalsschlag erleiden. Da fragt man sich immer: Wieso? Wie konnte es dazu kommen? Warum trifft's gerade uns? Da muss man am Anfang aufpassen, dass man nicht ertrinkt im Selbstmitleid. Da habe ich zunächst schon große Probleme gehabt.

Muss man auch lernen, dass man sich sagt: Bloß keine Schonung des Partners?
Ja, das muss man lernen. Das heißt: Nicht immer sofort springen, wenn mal was runterfällt.

Hat Ihr Mann sein Schicksal voll akzeptiert?
Letztendlich müssen Sie ihn das fragen. Ich meine, dass er es angenommen hat, auch weil er ein gläubiger Protestant ist.

Und Sie selbst? Die Frage nach dem Warum. Weiß man, dass diese Frage nicht zu beantworten ist, und stellt sie sich trotzdem?
Ja. Man stellt sich solche Fragen immer wieder und findet natürlich keine Antwort.

Wenn zehn Jahre früher passiert wäre, was geschehen ist …
… dann wäre es noch härter gewesen. Wenn ich mir vorstelle, zehn Jahre vorher – mein Gott, da wären wir so mit-

tendrin gewesen mit unserer Familie, mit allem, was das
Leben schön macht. Insofern hatten wir immerhin einen
Teil unseres Lebens schon gelebt.

Was können Sie denn heute noch gemeinsam machen?
Wir sind sehr häufig in Straßburg bei Konzerten. Wir lieben
es, schön essen zu gehen und einen Wein hier aus der Gegend zu trinken. Ansonsten genießen wir die Familie, und
das ist es dann. Viel mehr Zeit haben wir auch gar nicht.

*Macht es Ihnen zu schaffen, dass er Sie nicht mehr verwöh-
nen, Ihnen nicht mehr zur Hand gehen kann.*
Ach, manchmal schon. Manchmal träume ich, wie schön es
wäre, wenn. Das fehlt mir schon mal. Ich denke, vielleicht
können wir uns leichter arrangieren, wenn er nicht mehr
arbeitet, dass wir manches ein bisschen besser teilen können, als es jetzt der Fall sein kann.

*Sie haben einmal burschikos gesagt: »Seine Seele wird nicht
extra gepflegt.«*
Ja, wir müssen zusehen, dass wir ihn nicht zu arg verwöh-
nen.

Warum?
Wir haben vorhin über das Mitleid gesprochen. Da muss
man schon aufpassen, dass man mit dem, der behindert ist,
nicht automatisch Mitleid hat. Das wäre ganz fatal. Ich
muss mich davor hüten, und ich weiß das auch und mache
das ganz bewusst, dass ich nicht immer Mitleid habe mit
ihm. Es geht sonst einfach nicht. Das wollen wir beide nicht
haben, ich nicht, er aber noch weniger. Da muss man ihn
eben manchmal fordern.

Wenn Sie noch einmal an den Oktober 1990 zurückdenken: Wie lange hat es gedauert, bis Sie und die Familie über das Ereignis richtig sprechen konnten.

Es hat lange gedauert, bis wir mit meinem Mann zum ersten Mal darüber sprechen konnten. Wir saßen nach zwei Jahren am Jahrestag des Attentats am Abend zusammen, und jeder hat erzählt, wie er diese Nacht erlebt hatte. Für meinen Mann war das ganz neu, weil er das alles ja gar nicht wusste, denn das alles war zunächst tabu, in jedem von uns verschlossen. Mit der Zeit verliert man die Scheu, darüber zu reden. Ich weiß nicht, ob das bei anderen Menschen auch so ist. Es war sicher ein Trauma. Wir wollten dieses schreckliche Geschehen nicht ans Licht zerren, nicht dauernd hochkommen lassen.

Ihre Tochter Christine war Augenzeugin des Attentats. Was hat sie eigentlich damals gemacht?

Christine hat mich angerufen vom Autotelefon aus und gesagt: Ich glaube, der Papa ist tot.

Ihr Mann hat ein Gespräch mit dem Attentäter abgelehnt. Was würden Sie empfinden, wenn Sie ihm eines Tages begegnen würden?

Ich habe auch nicht das Bedürfnis, mit ihm Kontakt aufzunehmen, weil ich weiß: Wenn er schizophren ist, haben wir ihm nichts zu verzeihen, dann war es eben eine unglückliche Fügung. Ich möchte ihn aber nicht sehen und mich nicht damit belasten.

Sie haben zufällig ein Interview mit ihm im Radio gehört. Wie hat Sie das berührt?

Da war ich sehr wütend und aufgewühlt. Ich fuhr im Auto nach Freiburg, glaube ich, und es war genau an einem

Jahrestag des Attentats. Es hat mich so geärgert, dass ich
fast in den Straßengraben gefahren bin, dass man diesem
Menschen die Möglichkeit gegeben hat, nur weil das Opfer prominent war, sich in der Öffentlichkeit zu äußern.
Es ist sonst nicht gerade üblich, dass einer, der im Gefängnis sitzt, übers Radio die Chance bekommt, sein Opfer
aufzufordern, ihm zu verzeihen, und auf Freilassung zu
hoffen.

*Spricht man auch über die Frage, ob man als Ehepaar mög-
licherweise aus Mitleid zusammenbleibt?*
Man heiratet doch nicht nur mit der Absicht, zusammen-
zubleiben, wenn es einem gutgeht. Ich nehme schon
mein Versprechen ernst, das ich gegeben habe, als wir geheiratet haben: in guten wie in schlechten Zeiten. Und ich
würde es bei meinem Mann eigentlich auch voraussetzen,
dass er im umgekehrten Fall auch bei mir bleiben würde.
Ich sehe das Eheversprechen schon als etwas Bindendes
und Verpflichtendes an. Außerdem haben wir Kinder, wir
haben ein gemeinsames Leben. Es wäre für mich unvorstellbar.

*Weshalb haben Sie sich bei der Deutschen Welthungerhilfe
engagiert?*
Es ist im Laufe meiner Zeit als Ehefrau von Wolfgang
Schäuble natürlich immer mal wieder bei mir angefragt
worden. Ich wollte mir aber nie etwas Zusätzliches zur Erziehung meiner vier Kinder aufladen. Jetzt bin ich in meinem dritten Lebensabschnitt, und da wollte ich etwas tun,
was ich für wichtig halte und was mir auch Spaß macht.

Weshalb engagierten Sie sich nicht bei einer Behinderten-organisation?
Überlegt habe ich das. Mein Mann und ich haben dann ent-schieden, dass wir sozusagen nicht in eigener Sache arbeiten und um Unterstützung werben wollen.

Wollten Sie in Ihrem Leben stärker, als es in der Vergangen-heit möglich war, eigene Akzente setzen?
Vielleicht haben einige gedacht, ich würde diese Aufgabe übernehmen, weil ich mich als Frau eines Politikers auch mit irgendetwas schmücken wollte. So war es nicht. Ich habe eine Aufgabe gesucht, bei der ich etwas bewirken kann und bei der ich die Vorteile, die ich durch die Ehe mit mei-nem Mann habe, auch einbringen kann.

Spannen Sie Ihren Mann beim Spendensammeln ein?
Ja, das versuche ich natürlich. Er verlangt ja auch keine Ho-norare für seine Vorträge, sondern weist manchmal darauf hin: »Wenn ihr wollt, könnt ihr was an die Welthungerhilfe spenden.«

Sie haben einmal gesagt: »Ich will nicht mehr nur ständig im Kreis denken und mich sorgen, wie es werden soll, zumal man die Zukunft doch nicht planen kann.« Wie muss man diesen Satz konkret verstehen?
Besonders nach dem Attentat auf meinen Mann und durch die Veränderung, die dadurch in unserem Leben entstanden ist, habe ich mich selbst blockiert, mir immer Sorgen ge-macht und mich nur noch mit uns beschäftigt. Jeden Tag habe ich mit meinem Mann telefoniert und gefragt: »Wie geht's? Wie wird es weitergehen?« Ich war lange Zeit wie gelähmt. Ich habe mich davon total einfangen lassen. Das wollte ich aufbrechen. Ich musste etwas für mich selber fin-

den, was mich ausfüllt, was mich auch fordert und für mich Sinn macht.

Sie sind jetzt vielfach in Gegenden gewesen, wo man nicht auf der Butterseite lebt, in Nordkorea, in Äthiopien, in Benin, im Senegal und in Afghanistan. Was lernten Sie dabei fürs eigene Leben?
Das Wichtigste, was man lernen kann, ist, dass es nicht darauf ankommt, wie viele materielle Güter man besitzt, um glücklich oder fröhlich zu sein, sondern dass das von ganz anderen Dingen abhängt. Jeder, der in Entwicklungsländer kommt, ist überrascht, wie fröhlich und freundlich Menschen sein können, die in großer Armut leben.

Ärgert es Sie, wenn Sie sozusagen über Ihren Mann definiert werden? Manche Politikerfrauen – zum Beispiel die Frau von Gerhard Schröder – sehen sich und ihren Mann als eine Art Team.
Nein, wir sind kein Team, das Karriere machen will. Das war meine persönliche Entscheidung.

Vor Ihrem Engagement bei der Welthungerhilfe hat es Sie in der Öffentlichkeit gar nicht gegeben.
Es hat mich in der öffentlichen Wahrnehmung nicht gegeben. Ich war eine Mutter mit vier Kindern, das hat mich ausgelastet und befriedigt.

Ist der Umgang mit Öffentlichkeit für Sie eine Last? Sie waren früher nur ganz selten in Bonn.
Ich bin das früher oft gefragt worden: Warum kommen Sie nicht häufiger nach Bonn? Meine Antwort war: Ich habe vier Kinder, und da überlegt man schon: Soll ich jetzt wegen eines Empfangs nach Bonn fahren, und die Kinder sind

zu Hause, und dann üben sie nicht Geige und üben nicht Klavier und machen ihre Hausaufgaben nicht richtig? Für mich hatte die Familie immer Vorrang. Bonn und sein Betrieb waren mir nicht so wichtig. Ich fand auch nicht, dass ich mich als Politikerfrau und als Frau eines Bundesministers darstellen müsste. Ich bin schließlich keine Landesmutter, die selbstverständlich öffentliche Auftritte hat.

Wie halten Sie heute Kontakt zueinander?
Wir telefonieren zweimal täglich. Mein Mann versucht, sich den Sonntag freizuhalten. Das klappt natürlich nicht immer. Aber wir nützen einfach intensiv die freie Zeit mit der Familie, wenn wir zu Hause sind. Die Kinder kommen alle gern heim.

Sie haben mehrfach gesagt, Sie möchten nicht, dass Ihr Mann Kanzler wird. Warum wollten Sie das nicht?
Weil ich fand, dass das ein Amt ist, das unheimlich viel Kraft kostet und ihm noch weniger Spielraum lassen würde. Ich glaubte im Übrigen auch, dass es nicht leicht wäre, der Öffentlichkeit das Bild eines Kanzlers im Rollstuhl zu vermitteln. Ich hatte da sehr große Bedenken.

Was treibt Ihren Mann an, dass er sich die Last der politischen Karriere im Rollstuhl zumutet?
Ich nehme an, als das Attentat passiert ist, war Deutschland in einer Situation, wo er sich gar nicht vorstellen konnte, nicht dabei zu sein. Die Wiedervereinigung war für meinen Mann ein so überwältigendes Ereignis, dass es ihn selbst in den Tagen beschäftigt hat, in denen er gar nicht richtig bei Bewusstsein war, nämlich ein oder zwei Tage nach dem Attentat. Er konnte damals noch nicht sprechen, wir haben uns schriftlich verständigt. Ich habe ihm die Ereignisse aus

der ehemaligen DDR vorlesen müssen. Was da geschah, war für ihn das Allerwichtigste, weil er schon vorher so viel Zeit und so viel Kraft und so viel Engagement investiert hatte.

Ein geradezu faustischer Pakt mit der Politik. Er hat sich ihr komplett ausgeliefert. Hat er sich denn bisher jemals ernsthaft ein Leben außerhalb der Politik überlegt?
Ich glaube im Kern eigentlich nicht. Obwohl er beispielsweise ein phantastischer Richter geworden wäre. Das hätte ich mir sehr gut vorstellen können.

Die Frage aller Fragen: Sind Sie glücklich heute?
Eine schwierige Frage. Glück ist ja, wie Sie wissen, ein flüchtiger Zustand. Ich bin glücklich, wenn es meinen Kindern und meinem Mann gutgeht, wenn unsere Kinder sich gut entwickeln, so wie wir uns das vorstellen, und sie selber zufrieden sind mit ihrem Leben. Ich bin froh, wenn mein Mann ausgefüllt ist und ich auch. Das ist, glaube ich, ganz wichtig für ein glückliches Leben: ein erfülltes Leben zu haben. Das ist einer der Gründe, wieso ich mich bei der Welthungerhilfe engagiert habe.

5. Kapitel
Nach dem Attentat:
»Voll politikfähig«

Besuch bei Wolfgang Schäuble 1991, der wieder in seinem Büro im Bonner Bundesinnenministerium sitzt. Fast auf den Tag genau fünf Monate nach dem Attentat ist er aus der Klinik hierher zurückgekehrt, gelähmt vom dritten Brustwirbel abwärts. Ein Wiedersehen mit Kloß im Hals. Damals lag er vor mir auf dem schmuddeligen Boden des Gasthauses und flüsterte: »Ich spüre meine Beine nicht mehr.« »Eigentlich habe ich Glück gehabt«, kommentiert er jetzt sarkastisch seine Worte von damals, denn: »Zwei Millimeter höher und ich säße auch noch mit gelähmten Armen im Rollstuhl.« Geblieben ist ein leichtes Taubheitsgefühl in den Fingerspitzen, weshalb er sie so häufig gegeneinanderreibt. Kleinere Knöpfe zu schließen ist lästiger Puzzlekram.

Aber geschickt bugsiert Schäuble den Rollstuhl, in dem er nun sitzt, durch die schmale Tür zwischen seinem Arbeitszimmer im elften Stock des Ministeriums und der angrenzenden Bibliothek. Ein Zentimeter Platz nur zwischen den Knöcheln an den Handrädern des Rollstuhls und dem Türrahmen. Er operiert äußerst feinfühlig für jemand, der unterhalb der Schulterblätter gelähmt ist. »Na ja«, wehrt er ab, »rollstuhltechnisch bin ich Mittelklasse – höchstens.« Zu früh habe er sich wieder voll in die Politik gestürzt und deshalb zu wenig Zeit auf die Rehabilitation und das Lernen des Lebens im Rollstuhl verwandt. »Aber dafür bin ich

kreislaufmäßig gut drauf, und so wie ich im Rollstuhl sitzen
und arbeiten kann, bin ich viel weiter als die meisten Pati-
enten in vergleichbarer Lage. Viel weiter, als die Ärzte und
ich es für möglich hielten.« Auch wieder voll politikfähig?
Er nickt selbstbewusst. »Heute sitze ich seit 7.30 Uhr ohne
Pause am Schreibtisch, und der Abend geht noch lang.«

Schäuble ist allerdings schmal geworden. Im Rollstuhl
ein neues Leben lernen zu müssen hinterlässt Spuren im
Gesicht, zumal dann, wenn die schnelle Rückkehr ins politische Geschäft wie bei ihm zum zentralen Teil der Therapie erklärt wird. »Wenn ich sage, dass ich mit den Folgen
psychisch bis jetzt gut fertig geworden bin, dann hat dazu
beigetragen, dass ich mich eben sehr früh am politischen
Leben wieder beteiligt habe. Politik ist für mich, bei allem
Ärger und aller Aufregung, auch faszinierend. Diese Faszination hat mir sicher sehr geholfen.«

Am beschwerlichsten waren die Tage Anfang Februar
1991, da hing er physisch und psychisch durch, ausgelaugt
von den Koalitionsverhandlungen zwischen Union und
FDP, in die er sich noch vor Weihnachten gestürzt hatte.
Zusätzlich erschöpft durch die Niederschrift seines »sehr
subjektiven Buches über mich im Jahr der deutschen Einheit«, mit dem er noch auf der Intensivstation begonnen
hatte. Die Beifallsstürme der ersten öffentlichen Auftritte
waren verrauscht, Schäuble musste sich im normalen Alltag
einrichten. »Im Rollstuhl ist man entsetzlich klein. Sie müssen mal als Rollstuhlfahrer zu einem Stehempfang gehen
oder im Bundestag oder in der Fraktion sprechen«, sagt er,
»dann sehen Sie, wie klein Sie sind. Da merken Sie dann
schnell, wie hilflos ebenfalls.«

Das sind Sätze, die verraten, wie sehr es den Willensmen-
schen Schäuble deprimierte, dass der Körper sich nicht so
schnell der neuen Situation anpasste, wie er es sich wünsch-

te. »Aber wenn man am politischen Leben weiter so schnell teilhaben will wie ich, muss man auch bereit sein, sich mit seiner Behinderung und seiner weitgehenden Hilflosigkeit und dem Angewiesensein auf die Hilfe anderer der Öffentlichkeit zu stellen.« Einen Behindertenbonus im täglichen Geschäft erwartet er nicht. »Mitleid ist keine tragfähige Grundlage für politische Beziehungen und Diskussionen.«

Was empfand Schäuble, als er im »Stern« Bilder von sich betrachtete, die unmittelbar nach dem Attentat gemacht worden sind? Ein langes Zögern und eine sehr leise Antwort: »Wenig. Sehr wenig. Erstaunlich. Als ich am Mittwochabend – am Freitag ist es ja passiert – in der Klinik wieder aufgewacht bin, wusste ich sofort: Du bist gelähmt.« Das waren natürlich die schwersten Stunden. »Du liegst da, kannst dich nicht rühren und bist am Ende. Nur gut, dass der Mensch vorher nicht weiß, was er aushalten kann. Das ist ja auch mein Argument zur Wiedervereinigung: Wenn die Menschen wüssten, was es alles gibt. Wenn es dann stattfindet, geht es schon, und hinterher wird es auch einigermaßen gut.« Eine besondere Glücksstunde erlebte er, als der Pfleger, der Nachtwache hatte, ihn fragte: Sollen wir mal die Haare waschen? Schäuble: »Das Gefühl, diese verklebten Haare nach zehn Tagen los zu sein, war unbeschreiblich.«

Technisch-bürokratisch war die Rückkehr ins politische Geschäft schnell bewerkstelligt. Wolfgang Schäuble musste sich trennen von der uralten schwarzbraunen Aktentasche, die er seit Studententagen mit sich herumgeschleppt hatte. Ein festes Diplomatenköfferchen war der Ersatz, denn er brauchte eine Schreibunterlage auf den Knien. Das Rednerpult im Bonner Bundestag wurde umgerüstet. Es konnte dann – wie heute auch in Berlin – hydraulisch auf Rollstuhlhöhe abgesenkt werden. Am Kabinettstisch entfernte der Schreiner für ihn die Schublade und legte auf der Regierungsbank im Bundestag am Stammplatz des Innenministers die Schreibunterlage höher. Dann passten die Armlehnen des Rollstuhls darunter.

Die Seele, räumt Schäuble ein, lasse sich mit der Säge nicht neu zuschneiden. Im Kopf, sagt er, sei ihm schnell klar gewesen, dass er auf Dauer gelähmt sein werde. Irgendeinen Wunderglauben habe er gar nicht an sich herangelassen. Doch er gibt zu, immer wieder habe ihn die Hoffnung heimgesucht, der Rollstuhl müsse nicht für immer sein. »Dass man zwischendurch immer mal wieder dabei ist«, seufzt er tief, »und dass man hofft, es ändere sich doch noch etwas, das ist auch wahr.« Und natürlich habe ihn in vielen Nächten regelmäßig der Traum aller Querschnittsgelähmten aufgesucht. Darin wandere man über Wiesen und Wege und der Hund, ein tibetanischer Hirtenhund, tolle um einen herum. Das Unterbewusstsein, so gestand er dem »Spiegel« nach mehr als 20 Jahren im Rollstuhl, finde sich offenbar nie ganz mit der Behinderung ab. »Im Traum bin ich Fußgänger.«[1]

Vor dem Attentat hatte Schäuble Krankenhäuser nur von außen gekannt. Jetzt muss er sich ständig herumtragen lassen. Eine Krankengymnastin kommt täglich und bewegt seine Beine, um Muskelschwund vorzubeugen. »Hätte man mir das vorher gesagt, ich hätte wahrscheinlich geantwortet, das ist unmöglich, das ist nicht zum Aushalten. Aber wenn du erst mal daliegst, dann bist du sehr glücklich, wenn einer kommt und dich vom Rücken auf die Seite dreht.« Nie habe er sich jemals vorstellen können, »wie froh und dankbar man ist, wenn einem geholfen wird«.

Das alte Leben ist unendlich weit weg. Tennis? Kann er sich noch daran erinnern, wie leidenschaftlich gerne und gut er auf die Filzkugel eindrosch? Natürlich. Aber als ihm, erzählt Schäuble dann mit einem Lächeln, FDP-Justizminister Klaus Kinkel, gegen den er sehr gerne spielte (und meistens gewann), auf der Regierungsbank zugeflüstert habe, er kenne einen Tennisplatz, wo Rollstuhlfahrer spielen könnten, da habe er den Kollegen sehr erstaunt angeguckt und gesagt: »Wissen Sie, wenn ich sonst keine Sorgen habe, dann ist es gut.« Tennis ist nicht mehr wichtig, aufs einst so geliebte Skifahren am Arlberg kann er verzichten. »Ich möchte nur mal wieder spazieren gehen. Oder aufstehen. Aber man weiß, es geht nicht. Und es wird vermutlich auch nie wieder gehen.«

Die Kugeln hätten Schäuble verletzt, aber nicht verändert, schrieb der Journalist Martin Winter in der »Frankfurter Rundschau«, der ein langes Gespräch mit Schäuble nach dessen Rückkehr aus der Klinik geführt hat. Die meisten all jener, die ihn vor und nach dem Attentat kannten, sehen das ebenso. Allenfalls reagiere er heutzutage etwas milder, wenn er sich ärgere. Allerdings nur manchmal, weil sein aggressives Naturell inzwischen durch eine gewisse Altersmilde gedämpft werde.

Schäuble selbst lässt das nicht gelten. »Natürlich bringt die Behinderung auch Veränderungen des Charakters mit sich. Man wird zum Beispiel zur Geduld gezwungen. Nichts geht mehr schnell genug, man muss seine Zeit einteilen.«

Schäuble und Geduld? Er hat es bis heute nicht gelernt. Zwar sagte er damals: »Man wird ein Stück stiller und leiser in meiner Lage.« Aber dennoch haben viele in den Jahren danach bis heute den ungeduldigen, sarkastischen Schäuble mit der badischen »Saugosch« und seiner badischen Direktheit, um nicht zu sagen Grobheit, intensiver kennengelernt, als sie es aushalten konnten.

Immerhin hat der Politiker Schäuble in jenen Tagen neu
reden gelernt. Die Bauchatmung funktioniert nicht mehr
wie früher. Mit der durch die Lähmung beschränkten Lun-
genkapazität muss er haushalten. Hüsteln kann er noch,
aber nicht husten. Laute Töne muss er nach Möglichkeit
beim Reden meiden. Ausholende Gesten sind verboten,
weil er sonst im Rollstuhl nach unten zu rutschen droht.
Der Rolli zwingt zur Haltung: Ellbogen gehören auf die
Armstützen, die Hände verschränkt man am besten vor
dem Körper, denn dann geben sie Halt. Sitzt er am Schreibtisch, muss er sich alle 15 Minuten kurz hochdrücken, um
die Sitzmuskeln zu entlasten.

Seine Frau, gesteht er bei diesem Gespräch, habe ihn vor
kurzem gefragt: »Warum machst du schon wieder so viel?
Muss das denn sein?« Schäuble hat ihr geantwortet: »Politik fasziniert mich weiter. Ist es vielleicht für dich und für
mich und für die Familie nicht besser, wenn ich auf diese
Weise ausgefüllt bleibe, wenn ich ein Stück weit noch abge-
lenkt werde?«

Tagträume mit der Gefahr der Realitätsflucht aus der Behinderung hat Schäuble sich nicht gestattet. Dem Journalisten Winter vermittelte er den Eindruck, »dass Schäuble
der geblieben ist, der er vor dem 12. Oktober 1990 war. Ein
Kopfmensch, dem die Anlage zum Selbstbetrug fehlt und
der aus seinen Analysen effektiv und wenn nötig lautlos
Konsequenzen zieht.«

Zwar erhielt er Hunderte von Briefen und Ratschlägen,
wie die Lähmung zu überwinden sei. Aber vom ersten Tag
an sagte er sich: Gemacht wird nur etwas in Absprache mit
dem behandelnden Arzt. Was in dessen Augen nicht schade
und eine vernünftige Chance der Linderung biete, das könne man ruhig versuchen, etwa die Anwendung homöopa-

thischer Mittel. »Aber den Wunderglauben an phantastische Entdeckungen der Medizin in absehbarer Zukunft, den habe ich nicht an mich herangelassen.«

Inzwischen beherrscht er den Rollstuhl und der Rollstuhl nicht ihn. Dass es eine Art Stunde der Wahrheit ist, wenn man, noch neu im Rollstuhl, die Türe zum Schlafzimmer hinter sich zumacht, räumt er offen ein.

Ein großes belastendes Problem sei vor allem der Umgang mit Darm und Blase gewesen. »Am Anfang gab es Zeiten, da waren die Nächte allerdings lang.« Es liegen Monate harten Trainings hinter ihm.

Zu Hause bei Schäubles in Gengenbach, wo er nach dem Attentat noch lange wohnte; heute lebt er in einer behindertengerechten Wohnung in Offenburg. Nachteiliger für einen Rollstuhlfahrer als sein Gengenbacher Haus konnte sein damaliges Domizil nicht gebaut sein, das begriff jeder mit einem Blick, der ihn hier besuchte. Hanglage, hoch über dem Schwarzwaldstädtchen, die verwinkelten Zimmer auf vier Etagen verteilt. Geplant für ein anderes Leben. Zum Beispiel der Hobbyraum: »Ich habe immer gesagt, er muss so groß sein, dass man Tischtennis drin spielen kann.« Und auf dem Kamin im Wohnzimmer ein Foto vom Skifahren am Arlberg. In der Mitte Wolfgang Schäuble und seine Frau, auf jeder Seite zwei der Kinder. Ein Bild aus dem früheren, unbeschwerten Leben. Vorbei, unwiederbringlich. »Ich habe mich mit meinem Schicksal abgefunden«, sagt Schäuble. Nur wenn die ersten Schneeflocken fallen, wenn die Zeit der Jahreswende näher kommt, dann denke er noch manchmal zurück, wie vergnügt sie immer in die Winterferien aufgebrochen sind, immer nach Oberlech, mit Sack und Pack.

Fünf Minuten dauert die Fahrt im Rollstuhl auf einer Trans-
portplattform am Treppengeländer vom ganz unten gelegenen Arbeitszimmer hinauf in den obersten Stock. Für einen
Mann wie ihn, den immer ein inneres Feuer antreibt, eine
Ewigkeit. Als sei es erst gestern geschehen, erinnert er sich
noch genau daran, wie er auf der Premierenfahrt beim Aus-
klinken des Rollstuhls aus dem Treppenlift umstürzte und
hilflos unten vor dem Arbeitszimmer auf dem Rücken lag.
»Ich hätte heulen können vor Wut«, sagt Schäuble – und
wer ihn kennt und weiß, wie schwer er mit Niederlagen,
welcher Art auch immer, lebt und umgeht, muss es für gewiss halten, dass er es auch tatsächlich getan hat.

Den Traum, sich nach einem Sturz mit dem Rollstuhl
wieder allein aufrichten zu können, wie dies manchen querschnittsgelähmten Spitzensportlern gelingt, diesen Traum
hat er bald drangegeben. »Da hätte ich vier Wochen ununter-
brochen üben müssen, mindestens.« Gelernt hatte er
nach den ersten Monaten im Rollstuhl natürlich längst vieles. Vom Auto in den Rollstuhl umzusteigen, auf eine Bank
zu kommen, allein ins Bett – alles kein Problem. Aber
schnell mal eine neue CD einschieben, rasch ein Buch holen
im Arbeitszimmer, kurz ans Telefon – nein, schnell geht im
Leben des Wolfgang Schäuble vieles nicht mehr. »Niemals
kann ich einmal verlorene Zeit wieder aufholen«, sagt er –
oder klagt er? »Morgens brauche ich eine Stunde, bis ich
adrett im Rollstuhl sitze.« Und dann sind da noch die kleinen alltäglichen Probleme der Rollstuhlfahrer. Was macht
man, wenn einem etwas auf den Boden fällt? Man müsse
immer mehr Zeit einplanen für all die Dinge, über die man
früher nicht nachgedacht habe: »Wie viel Zeit brauche ich
für die Fahrt zur Toilette?«

Vor dem Eingang zum Plenarsaal im Bonner Wasserwerk
gibt es ein Stück Kopfsteinpflaster. »Ein wirkliches Elend

für die Blase von Rollstuhlfahrern ist das«, sagt Schäuble.
Er raucht jetzt schon hin und wieder ein Pfeifchen. Nicht
bekommen ist ihm, dass er auf den Wahlsieg bei der Bundestagswahl am 2. Dezember 1990, die ganz im Zeichen der
Wiedervereinigung stand, einen Schluck Sekt getrunken
hat. Die Balance war danach schnell weg, gesteht er. Mit
Genuss trinke er inzwischen allerdings auch schon mal wieder einen Schluck guten Wein. Es störe seine Balance nicht
mehr. »Die muss man erst lernen, denn es ist bei einer
Querschnittslähmung nicht einfach, einigermaßen ausba-
lanciert zu sitzen, ohne zu verkrampfen.«

Wie weit hat der Rollstuhl für Schäuble die Suche nach
dem Sinn des Lebens verändert? Noch zu früh sei es, wehrt
er ab, diese Frage abschließend zu beantworten. »Aber wer
im Rollstuhl sitzt, gewinnt eine größere Distanz zu vielem,
was einem früher im Alltag unglaublich wichtig erschien.
Der Rollstuhl macht stärker, obwohl man sehr auf fremde
Hilfe angewiesen ist.« Und er mache gelassener. So blickt er
auch seiner weiteren politischen Karriere entgegen: »Der
Gedanke, man könne einen politischen Karriereknick erleiden, ist in meiner Situation nicht mehr sehr aufregend.«

Zwar verfolgt er noch immer aufmerksam, was sich wis-
senschaftlich im Bereich der Rückenmarkforschung tut,
aber den Gedanken an eine Wunderheilung lässt er auch
fünf Monate nach dem Attentat nicht mehr ernsthaft an
sich heran. »Ich habe mich damit abgefunden. Den Rollstuhl kann man nicht besiegen.«

Eine Einsicht, der Wolfgang Schäuble sich im neuen Leben nur sehr ungern beugen wollte.

6. Kapitel
Für Berlin!
Schäuble dreht die Stimmung

Gehört sich denn das? Darf der denn das? Da sitzt der CDU-Vorsitzende Wolfgang Schäuble: vor sich die Linse der Hasselblad eines Fotografen, hinter sich die respektheischende Säulenfront des Reichstags. »Dem Deutschen Volke« steht dort über dem Hauptportal – und Wolfgang Schäuble streckt blitzschnell die Zunge raus. Und grinst frech. Wolfgang, der Lausbub. Sieht man eher selten.

Was die Passanten nicht wissen: Der Zungengruß gilt Ingeborg, der Gattin, die ihn soeben aufgefordert hat: »Nun lach doch mal! Das ist doch ein freudiges Ereignis!«

Als ob er nicht wüsste, welchen Respekt er dem neuen alten gesamtdeutschen Parlament schuldet. Schlips trägt Schäuble sogar an diesem Tag, obwohl er sich richtig wohl nur oben ohne fühlt. Im Anzug trotzt er dem kalt vom Brandenburger Tor herüberblasenden Wind und würde sich doch gerne in die warme Lederjacke mummeln, die im Auto liegt.

Irgendwie ist das ja auch »sein« Reichstag. Daran, dass das deutsche Parlament hierher nach Berlin zurückgekehrt ist, war er mehr als andere beteiligt, Helmut Kohl vielleicht ausgenommen. Jetzt nur nicht patzen. Drei Wochen vor der parlamentarischen Premiere hat er deshalb schon den Ernstfall geprobt: Wie komme ich mit dem Rollstuhl zum Rednerpult? Wie zirkle ich die Ecken im neuen Plenarsaal ab? Alles paletti. Alles behindertengerecht. Nur das Problem mit dem Manuskript ist in Berlin, wie es in Bonn war. Passt es nicht in die Innentasche des Anzugs, muss er es sich ans Rednerpult vorantragen lassen. Zu groß die Gefahr, dass es ihm von den Knien rutscht.

An diesem 19. April 1999, einem Montag, ist der Reichstag nach 66 Jahren wieder Sitz des deutschen Parlaments. »Ich bin froh«, sagt Schäuble, »und ich bin glücklich.« Nur dass auf dem Kanzlerstuhl mit der um zehn Zentimeter höheren Lehne der SPD-Kanzler Gerhard Schröder sitzt, das macht ihn ein bisschen wehmütig. »Das hätte Helmut Kohl mehr als jeder andere verdient gehabt.«

Das Wort von einer »historischen Bedeutung« mag der damalige Oppositionsführer für diesen Tag nicht bemühen. Zu abgenutzt findet er es, zu rückwärtsgewandt. Für ihn steht Berlin für die Geschichte des ausgehenden und des kommenden Jahrhunderts. »Wenn wir ihre Lehren für das Böse und ihre Chancen für das Gute nutzen wollen, dann geht das in Berlin besser als irgendwo sonst«, sagt er.

Die Behauptung, der Umzug von Bonn nach Berlin verändere die Republik und ihre Politik, lässt er so nicht gelten. Der Umbruch, sagt er, der war 1989 / 90. »Europa verändert sich seither, wir verändern uns. Die Bundeswehr beteiligt sich an NATO-Einsätzen – das ist auch eine Folge der neuen Machtverhältnisse.« Natürlich hätten die Veränderungen die Republik auch erreicht, wenn Bonn Sitz von Parlament und Regierung geblieben wäre. »Aber ich glaube, wir meistern diese Aufgabe nirgendwo besser als in Berlin, denn diese Stadt zwingt uns, Veränderungen in Kauf zu nehmen.«

Rückblende. 20. Juni 1991, der Bundestag debattiert die Hauptstadtfrage. »Das Wort hat jetzt der Abgeordnete Wolfgang Schäuble«, sagt Parlamentspräsidentin Rita Süssmuth. Blass, klein und ernst sitzt er in seinem Rollstuhl, und niemand im Bonner Ersatzparlament Wasserwerk kann sich der Faszination dieses Mannes entziehen.

Die helle Ausschussnarbe auf der rechten Wange ist noch deutlich zu sehen. Neun Monate erst sind seit den Schüssen auf ihn vergangen. Schäuble redet leiser als heute, weil er sich noch schwertut mit der neuen Atemtechnik. Er schließt sein 15-minütiges Plädoyer für den Umzug nach Berlin mit den Worten: »Deswegen bitte ich Sie herzlich: Stimmen Sie mit mir für Berlin.«

Sein gewichtigstes Argument: »Ich glaube, in den 40 Jahren, in denen wir geteilt waren, hätten die allermeisten von uns die Frage, wo denn Parlament und Regierung sitzen werden, wenn wir die Wiedervereinigung haben, nicht verstanden und gesagt: Selbstverständlich in Berlin.« Es gehe nicht um Bonn oder Berlin, schon gar nicht um die Frage der Umzugskosten. »Aber in Wahrheit geht es um die Zukunft Deutschlands.« Wer die Teilung überwinden wolle, fuhr er fort, müsse zum Teilen bereit sein. Und Teilen lasse sich nicht nur mit Steuern und Abgaben erledigen, man müsse gemeinsam bereit sein, »die Veränderungen zu ertragen«.

Altkanzler Willy Brandt eilt ergriffen herbei, die Augen tränenschwer, und presst dankbar die Hand des Christdemokraten. Minutenlang brandet Applaus aller Parteien durchs Parlament. Die Fraktionen von CDU/CSU und SPD erheben sich beim Beifall, und auf der Pressetribüne sind sich alle einig – das war's!

Nur vier Tage zuvor hatte eine Befragung aller Abgeordneten noch 267 Stimmen für Berlin, aber 343 für Bonn ergeben.

Das aber war jetzt, Viertel vor elf Uhr, an diesem Donnerstag, die tatsächliche Entscheidung – für Berlin und gegen Bonn, auch wenn erst am späten Abend, um 21.49 Uhr, nach elfstündiger Debatte ausgezählt wurde: 320 Stimmen für Bonn, aber 337 Stimmen für Berlin (später amtlich mit 338 angegeben) und den Antrag »Vollendung der Einheit Deutschlands«, den Schäuble zusammen mit Willy Brandt und anderen eingebracht hatte. Zehn Unschlüssige, mindestens, heißt es später, habe Schäuble mit seiner Rede ins Berliner Lager hinübergezogen.

Es war nicht eigentlich die Kraft der Argumente, es war die Willenskraft des an den Rollstuhl gefesselten Mannes, die den Debattenmarathon mit 107 Rednern entschied. Er, der Architekt der deutschen Einheit, wollte sein Werk vollenden: »Es geht heute nicht um Bonn oder Berlin, sondern es geht um unser aller Zukunft, um unsere Zukunft in unserem vereinten Deutschland, das seine innere Einheit erst noch finden muss.«

Die Bonn-Befürworter taten sich schwer mit der Niederlage. Bestechung sei im Spiel gewesen, auch Bauaufträge und billige Grundstücke in Berlin. Von »Psychoterror«, dem sie ausgesetzt gewesen sei, weil sie an der Bonner Idylle festhalten wollte, sprach die CDU-Abgeordnete Ingrid Roitzsch. Geradezu brutal habe Schäuble den schwäbischen Abgeordneten zugesetzt, die anfänglich mehrheitlich für Bonn plädierten. In Vieraugengesprächen soll er die Landsleute erpresst haben: »Du wirst bei einem Pro-Bonn-Votum nicht wieder aufgestellt!«

Der spätere Fraktionsvorsitzende Volker Kauder, seit 1994 im Bundestag, erinnert sich heute noch genau, wie Schäuble auch ihn auf Linie zu bringen versuchte. Kauder amtierte damals als baden-württembergischer CDU-Generalsekretär und plädierte im Sinne seines Landesverbandes für Bonn. Dann wurde er zu Schäuble einbestellt. Der versuchte, ihn zunächst mit Argumenten davon zu überzeu-

gen, dass Berlin die bessere Entscheidung sei. Als Kauder
weiterhin auf Bonn bestand, wurde Schäuble energisch und
sagte in unmissverständlicher Schärfe und Lautstärke: »Du
bist General der baden-württembergischen CDU, und in
diesem Amt hast du eine Führungsverantwortung für die
Abgeordneten aus diesem Bundesland. Daher kannst du
nicht für Bonn stimmen, sondern nur für die Zukunft, und
die liegt in Berlin. Übe also Führung aus!«[1]

Kauder ist bis heute beeindruckt von der Strenge, mit der
sein Parteifreund damals auf ihn losgegangen ist. »Dass
man Führung auch in einem anderen Sinne ausführen konnte, als er es wollte, auf diese Idee kam er gar nicht.« Heute
sieht Kauder ein, dass Schäuble auf dem besseren Weg war:
»Es war damals richtig, dass wir nach Berlin gegangen
sind.«[2]

Natürlich hat es vor der Abstimmung, bei der die ostdeutschen Abgeordneten ebenfalls eine entscheidende Rolle spielten, Gespräche gegeben. Anders als der lange zaghaft
schwankende Helmut Kohl, der zeitweilig nur halbherzig
für Berlin kämpfte, suchte Schäuble energisch die Entscheidung. Er sah sich als »Antreiber«, er nannte die Gegner
Berlins »kleinkrämerisch«. Er wollte auch Hauptstadtma-
cher sein. Aber Erpressung, Nötigung, Schmiergelder?

»Ja, ja – darüber habe ich viel gelesen. Aber *so* ist es nicht
gewesen«, antwortet Schäuble. Klar, sagt er und grinst, er
habe in der Tat manche Parteifreunde bearbeitet, »aber nur
im Sinn des Austauschs von Argumenten«. Wie hätte man
an diesem Tag für Bonn sein können, nachdem 40 Jahre
lang von allen hergebetet worden sei, dass Berlin wieder die
Hauptstadt des freien und ungeteilten Deutschlands sein
müsse? »Eine solche Lüge hätte lang anhaltende Verletzungen mit sich gebracht.«

Schäuble weiß, dass er damals der Bösewicht war, der die

Bonner Idylle kippte. Die Taxifahrer, die am Bonner Parlamentsbetrieb gut verdienten, wünschen ihm noch heute die Pest an den Hals. Er trägt es mit Fassung. »Dafür gibt es manche in Berlin, die mich lieben.« Etwa all jene Abgeordneten, die jetzt die Chance haben, Politik auch vom »Café Einstein« aus, nahe dem Regierungsviertel gelegen, zu betreiben.

Der Abschied von Bonn musste sein. Und wenn Schäuble im Nachhinein einen Fehler sieht, dann den, »dass wir nicht schon 1990 mit dem Bundestag nach Berlin gegangen sind«. Denn: »Dann hätten die Brüche, die unsere ostdeutschen Landsleute aushalten mussten, auch wir aushalten müssen. Vielleicht hätte das den Prozess der Überwindung der Teilung beschleunigt.«

Jetzt also ostelbisch statt linksrheinisch. Der Bundesadler im Reichstag ist größer geworden, 57,8 Quadratmeter – die Fläche einer Zweizimmerwohnung. 1200 Quadratmeter der Plenarsaal – ein größerer findet sich in Europa nicht. Na und? Ein Symbol neuen deutschen Größenwahns? Irgendwie ist der im Reichstag gelandete Vogel der »fetten Henne« ähnlich geblieben, die auch im Bonner Plenarsaal hing. Mitgekommen ist ebenso die transparente Leichtigkeit des Behnisch-Baus am Rhein. Man sitzt im Reichstag unter dem heiteren Himmel einer Glaskuppel. Dort können die Bürger ihrer politischen Elite aufs Dach steigen und den Blick über Berlin genießen. »Unser Reichseierbecher«, spotten die Berliner, was sich ihnen nun wirklich nicht als teutonische Forschheit ankreiden lässt.

Gerahmte Sätze sind ohnehin viel zu häufig zu hören. Vom »Ende des parlamentarischen Westdeutschlands« wird gesprochen. Von der »Landung des Raumschiffs Bonn auf dem Boden der Bundesrepublik«. Von der »Chance für einen Bewusstseinswandel der Deutschen«. Johannes Groß

hat – unverschuldet – eine fast hysterische Diskussion los-
getreten, als er das Wort von der »Berliner Republik« prägte. Zuweilen kommt der Begriff so grämlich daher wie ein
verregneter Novembertag. Vom Wiedereintritt in die deutsche Geschichte ist die Rede, wobei selbstredend auf ihre
dunkelsten Seiten gezielt wird. Der Mythos eines bösen
Ortes wird beschworen, von dem aus nationalistischer
Größenwahn die Welt verheerte. Der Reichstag als Hort
der Reaktion. Wohin treibe die aus der rheinischen Idylle
vertriebene Republik in Berlin? Geprügelt haben sich die
Abgeordneten im Reichstag! Mit Aschenbechern geworfen! Wohl wahr – nur ging es im Parlament der ersten Bonner Jahre zuweilen auch handgreiflich zu.

Kanzler Schröder traute sich zunächst nur vorsichtig an
die Frage heran, ob in Berlin »die Politik besser wird, wenn
sie krasser mit der gesellschaftlichen Realität konfrontiert
ist«. Schäuble sagte: »Ja, natürlich. Das Regierungsviertel
von Bonn lag irgendwo auf der grünen Wiese zwischen Go-
desberg und Bonn. In Berlin kommt die Politik mitten ins
Leben hinein.« Stil und Inhalte der Politik werden sich verändern, prophezeite er.

Es ist nicht so, dass hinter den sieben Bergen Bonns politische Veränderung verhindert wurde. So lange ist es nicht
her, dass Heiner Geißler von SPD und Grünen im Bundestag niedergeschrien wurde, als er deutsche Vergangenheit
auf den Satz verkürzte, der Pazifismus der dreißiger Jahre
habe Auschwitz erst möglich gemacht.

Bonn ermöglichte spektakuläre Machtwechsel, dort
mussten mehrfach beschwerliche Veränderungen der deutschen Außenpolitik geschultert werden. Von Bonn, nicht
von Berlin aus sind zum ersten Mal seit 1945 wieder deutsche Soldaten in einen Krieg geschickt worden. Und in
Bonn ist auch ein erster Schritt getan worden, das wilhelmi-

nische Staatsbürgerrecht vom völkischen Blutsgedanken zu befreien.

Für Schäuble steht die Bundesrepublik am Tag des Umzugs von Bonn nach Berlin erst am Anfang weiterer dramatischer Veränderungen. »Die politische Klasse wird sehr viel mehr Neues ertragen müssen, sie wird viel mehr Einflüssen ausgesetzt sein als in Bonn. Und es wird nicht nur alles angenehm sein.« Zunächst einmal finde allerdings ein Umzug statt und kein dramatischer Rücksturz in Nationalismus und Größenwahn. Die Republik brauche auch keine neue Verfassung, wie der Zeitgeschichtler Arnulf Baring fordere, für den damals das Grundgesetz seine besten Tage hinter sich hatte.

»Ich halte nichts vom Begriff der Berliner Republik«, sagt Schäuble. Statt zu greinen über deren vermeintliche Risiken, lohne sich Nachdenken über ihre Chancen. Berlin als »Werkstatt der Einheit«? Ja, natürlich, bekräftigt Schäuble, der die Standortentscheidung von 1991 immer als den entscheidenden Schritt in diese Richtung betrachtet hat. Schäubles zentrales Argument in der Bonn-Berlin-Debatte: »Wenn wir die Teilung überwinden wollen, wenn wir die Einheit wirklich finden wollen, brauchen wir Vertrauen und müssen uns gegenseitig aufeinander verlassen können.«

Deutschlands Rolle in der Welt hat sich verändert, sagt Kanzler Gerhard Schröder in seiner ersten Regierungserklärung im Reichstag. Da nickt sein Vorgänger. »Für mich war das ein bewegender Tag«, gesteht später Schäuble und dankt Helmut Kohl dafür, dass er die Einheit erreicht hat. Da lächelt der Altkanzler zufrieden. Vielleicht, so könnte er denken, habe ich es doch nicht so schlecht getroffen: Ich fliege jetzt in die USA und werde in New York vom Ost-West-Institut als »Staatsmann des Jahrzehnts« geehrt und bekomme von Präsident Clinton die höchste amerikanische

Auszeichnung verliehen, die »Medal of Freedom« – und die
Freunde hier müssen sich mit den Problemen plagen, die sie
von Bonn nach Berlin mitgenommen haben.

Schäubles Rede am 20. Juni 1991 war eine historische.
Und sie war seine Rede, mit der er die größte politische
Wirkung erzielte, in einer Bundestagsdebatte, die als einer
der eindrucksvollsten Momente lebendiger Debattenkultur
in die deutsche Parlamentsgeschichte eingegangen ist. Als
Schäuble vom Rednerpult zur Regierungsbank zurückge-
rollt war, sagte er zum neben ihm sitzenden damaligen
FDP-Bundesjustizminister Klaus Kinkel, der auch für Berlin war: Jetzt müssten wir abstimmen, dann würden wir gewinnen.« Doch bis dahin sollten dann ja noch fast zwölf
Stunden vergehen.

Dabei war Schäubles Rede in dieser Form gar nicht ein-
geplant gewesen. In der fraktionsinternen Debatte zuvor
war er zwar der Hauptbefürworter für Berlin gewesen, hatte aber nicht Hauptsprecher für CDU/CSU in Sachen Berlin sein wollen. Doch während der Fraktionssitzung an jenem Morgen ärgerte er sich so sehr über die Fürsprecher
Bonns, dass er mit Peter Kittelmann sprach, dem damaligen
Chef der Berliner Abgeordneten, und ihm anbot: »Wenn
du willst, halte ich die Rede.« Der wollte. Schäuble zog sich
mit einem Kaffee in eine Ecke zurück, rauchte eine Pfeife
und schrieb sich die Stichworte auf. Es wurde »Die Rede
seines Leben«, wie 20 Jahre danach die »Süddeutsche Zeitung« schrieb.[3] Der Untertitel des Beitrags rühmte: »Historische Minuten: Wolfgang Schäuble, der leidende Mensch
am Pult, gewann im Bundestag zu Bonn die Mehrheit für
Berlin«. Der Autor des Beitrags, Heribert Prantl, rückte sie
sogar in den Bereich einer »Sternstunde der Menschheit«,
wie Stefan Zweig sie einmal definiert hat. Das sind Stunden,
»in denen eine zeitüberdauernde Entscheidung auf ein ein-

ziges Datum, eine einzige Stunde und oft auf nur eine Minute zusammengedrängt ist«, so Zweig. Prantls Urteil über diese Rede: »Es ist dies der Beginn des zweiten Lebens dieses Doktors Wolfgang Schäuble, nachdem das erste sein Ende gefunden hatte durch die Geco Revolverpatrone Kaliber 38«.

Die Enttäuschung der Bonn-Befürworter war dramatisch. Der Bonn-Fan Friedbert Pflüger soll Schäuble nach dessen Rede einen »Goebbels im Rollstuhl« genannt haben. Viele Jahre später hat er indes Schäuble gesagt, dass die Entscheidung für Berlin richtig gewesen sei. Schäuble selbst stellt seine Verdienste um die Hauptstadt gerne ein bisschen unter den Scheffel. »Ich glaube, dass die Befürworter von Berlin es bei der Debatte einfacher hatten, zu argumentieren ... Alle haben geholfen, dass die richtige Wahl getroffen wurde.«[4]

Mit dieser Rede ist Berlin Regierungssitz geworden. Aber die CDU hat es ihm nicht gedankt: Als Schäuble zehn Jahre, viele Siege und noch mehr Niederlagen später Bürgermeister in der Hauptstadt werden wollte, zogen es diese Partei und ihre Vorsitzende Merkel vor, einen politisch eher peinlichen Herrn namens Frank Steffel zu nominieren.

7. Kapitel

Kohls Wehner:
Erstmals Fraktionsvorsitzender

Es nieselt an diesem Vormittag, der Wind schiebt Nebelbänke aus dem Rheintal gegen den nassen Schwarzwald. Selbst die Goldfische im Gartenteich des Gengenbacher Hauses der Schäubles drängen schutzsuchend in eine Ecke. Sauwetter vom Feinsten an diesem Spätherbsttag 1997.

Doch Wolfgang Schäuble schwitzt und dampft und lacht, als er im dunkelblauen Sweater schweißgebadet zum Gespräch zurück ins Haus rollt. Er kommt soeben von der Krankengymnastik im Nachbarstädtchen Haslach. 20 Kilometer weit hat er sich über Wirtschaftswege durch die Hügel geplagt, mit »meinem Fahrrad«, wie er das dreirädrige Rollstuhl-Vehikel nennt, bei dem Armkraft die Pedale drehen muss. 14 Gänge hat das Gefährt. Gut in Form, beschleunigt Schäuble auf zwölf Kilometer pro Stunde, Windstille vorausgesetzt. Das trägt ihm auch die Bewunderung seiner Leibwächter ein, die lange daran gezweifelt hatten, ob ihr Chef mit seinem sperrigen Gefährt gut zu Rande kommen würde. Doch jetzt müssen sie auf den Fahrrädern auch ordentlich in die Pedale treten.

Das Rollstuhl-Fahrrad, spottet Schäuble, »dient meiner Resozialisierung«. Darauf arbeitet er den Bonner Politstress aus sich heraus, dem er sich durch die Übernahme des Amtes als CDU / CSU-Fraktionsvorsitzender von Alfred Dregger am 25. November 1991 lange schon wieder selbst ausgeliefert hat, dem Termindruck und den 16-Stunden-

Tagen, der Qual der endlosen Sitzungen, die seine Beine anschwellen lassen. »Sehen Sie«, schnauft er zufrieden und rollt die grauen Socken runter, »ein Tag auf dem Fahrrad, und man sieht es kaum noch.« Schonung gönnt er sich nicht. »Mir geht es doch besser als jedem anderen, der wie ich im Rollstuhl sitzt.«

Nachsicht mit anderen kennt er allerdings ebenfalls nicht. Gott, was nerven ihn zuweilen die Laberer in der CDU/CSU-Fraktion. Jene Dummschwätzer, die in den politischen Gremien fortwährend ihre Rückversicherungen zu Protokoll geben. »Ich habe viel zu tun und muss mit meiner Zeit sparsam umgehen, um den Laden zusammenzuhalten. Da können Sie nicht nur freundlich sein.« Dabei tritt er nicht nur die Kleinen. Auch ein ihm wohlgesinnter Regierungschef wie der baden-württembergische Ministerpräsident Erwin Teufel muss sich ab und zu ein »So ein Scheiß!« anhören. Und zu Stoiber rutscht Schäuble leicht mal eine verbale Watschen raus wie »Der mit seinen Plastikhüllen … und nichts drin«.

Schäuble, der Ab-Kanzler? Schäuble, den der Rollstuhl härter, ungeduldiger, zynischer gemacht und in ihm irgendwie übermenschliche Kräfte freigesetzt hat, wie sein Freund Hans-Peter Repnik sagt?

Oder ist er gelassener und stärker geworden, weil er um seine im Rollstuhl gewachsene Stärke weiß? Schäuble, der vor Kampfabstimmungen im Bundestag in Einzelgesprächen Abweichler rigoros auf Linie zu bringen versuchte, woran sich viele Abgeordnete bis heute erinnern? Schäuble also so etwas wie Kanzler Helmut Kohls Herbert Wehner, der einst dem SPD-Kanzler Willy Brandt die SPD-Bundestagsfraktion ebenfalls knallhart und hochpolemisch auf Linie und Geschlossenheit getrimmt hat?

Klar, dass Schäuble sofort erkennt, welch gefährlicher

Haken in der Frage sitzt. Soll er sich bei einem Mann ein-
reihen, der am Ende einst Willy Brandt »gerne lau baden«
sah und damit zum Abschuss als Kanzler freigab? Schäuble
nähert sich daher vorsichtig der Antwort. Den Kanzler
meucheln, wie Wehner es getan hat?, interpretiert er die
Frage. »Ich habe das Amtsverständnis, dass der Vorsitzende
der CDU / CSU-Fraktion die Aufgabe hat, die Mehrheit des
Kanzlers auf Dauer zu organisieren. Das geht nicht ohne
Disziplin, ist jedoch ein inhaltlicher Prozess.« Er müsse
doch den »Laden« zusammenhalten. Dann bekräftigt er,
eingeengt auf diesen Punkt, die Wahlverwandtschaft:
»Wehner ist da nicht der schlechteste Bezugspunkt.« Mal
sei er in den vergangenen Jahren Kohls Winkelried gewesen, der die Speere auf sich zog, mal sein Krisenmanager,
wenn es knirschte in der Koalition mit der FDP, was nicht
selten der Fall war, und dann auch oft Kohls strategischer
Denker. Das Etikett Chefideologe, wie es ihm der SPD-Politiker Peter Glotz mit dem Zuruf »Pate der Rechten« an-
zukleben versucht hat, weist Schäuble zurück. »Dafür, drei
Gedanken hintereinander zu denken, dafür reicht es freilich
schon.«

Liebt ihn Helmut Kohl? Auf diese Frage schweigt der
Mann auffallend lange, der für sich gerne in Anspruch
nimmt, dreimal schneller zu denken und doppelt so präzise
zu antworten als andere. Er entscheidet sich schließlich fürs
halbgeschlossene Visier. »Es ist eine emotionale Beziehung.«

Wer die Floskel aufbrechen will, muss an mehreren Seiten die Hebel ansetzen.

Auf der Funktionsebene. Schäuble ist spätestens seit 1981
einer der engsten Mitarbeiter Kohls gewesen; nur Norbert
Blüm kann da annähernd mithalten. Erst als Parlamentarischer Geschäftsführer der Unionsfraktion, danach als

Kanzleramtsminister und dann als Innenminister. Loyalität zu Kohl, den er einst schon als Ministerpräsidenten in Rheinland-Pfalz bewunderte, ist selbst in der zweiten Hälfte der neunziger Jahre noch ein betonierter Wert Schäubles. »Helmut Kohl weiß, dass ich ihn niemals bescheiße«, sagt er immer wieder.

Auf der Gefühlsebene. Als Kohl kurz nach dem Attentat in der Intensivstation der Freiburger Uniklinik an das Bett Schäubles trat, standen ihm die Tränen in den Augen. Eine Vater-Sohn-Beziehung hat sich damals aufgebaut, die lange noch trug. Lobt der Kanzler, ohnehin ein Mann sehr sentimentalen Gemüts, intern Schäuble, zittert ihm schnell die Stimme. Auf Parteitagen steht Kohl nach Schäuble-Reden für den Mann im Rollstuhl auf und zwingt so die Delegierten zum stehenden Beifall. Nur ihn begleitet Kohl nach den abendlichen Gesprächs- und Trinkrunden im Bonner Kanzler-Bungalow persönlich zur Tür. Wird Kohl zugetragen, in welch guter Form sich Schäuble wieder einmal irgendwo präsentiert hat, dann freut er sich, als sei es ein Kompliment an ihn selbst.

»Es gibt eben Gesten und Symbole, die nur Schäuble zuteilwurden«, erinnert sich Kohls ehemaliger Sprecher Andreas Fritzenkötter. Wenn Kohl zu einer Fraktionssitzung hereinkam, streichelte er zuweilen Schäuble, fuhr ihm über den Kopf. Fritzenkötter: »Kohl vertraute niemandem blind, aber keinem so sehr wie Schäuble.«[1] Schäuble selbst tat die Fürsorge Kohls in der Seele gut. »Die Art, wie er ohne Wenn und Aber Rücksicht genommen hat und zugleich jede mögliche Hilfe, auch psychisch, geleistet hat, das geht natürlich nicht ohne Spuren an einem vorbei. Er hat mir in der Phase, in der ich in der Klinik lag, das Gefühl gegeben, ich werde gebraucht, ich gehöre dazu, ich bin dabei. Das war ihm ein starkes Bedürfnis. Und so was bleibt.« Er könne nie vergessen, glaubte Schäuble in jenen Tagen, »in welchem Maße er sich um mich gekümmert hat. Ohne jeden Eigennutz, einfach aus der Bewegung, aus der Betroffenheit heraus.«

Auf der Machtebene. Nirgendwo jedoch sind sich die beiden näher als im kühlen Kalkül der Machtbehauptung. Schäuble nervt es, wie Kohl die Liberalen zuweilen hätschelt oder sie taktieren lässt. Er leidet, wenn der Kanzler Politik auf seine spezielle Art macht – nämlich durch Aussitzen. »Langsamkeit ist nicht meine Lebenseinstellung, eher das Gegenteil.« Kohl wiederum weiß, was hilft, wenn er mal wieder festsitzt. »Wolfgang«, sagt er dann, »Wolfgang, mach mal!« Und Schäuble macht: »Wenn Kohl es treiben lässt, dann treiben wir es eben allein voran.«

Vielleicht gab es zwischen den beiden im Herbst 1993 eine Vertrauenskrise, weil Schäuble wie auch viele andere in der CDU darüber nachdachte, ob mit Kohl die Bundestagswahl 1994 noch zu gewinnen sei. Irgendwie mochte er sich später auf Nachfrage nicht mehr daran erinnern, und erst nach längerem Grübeln fiel ihm ein – irgendwas war da doch? Ach ja: »Ich habe mich da auch mal geärgert, und da habe ich zu Helmut Kohl gesagt: Stell das ab in deiner Umgebung! Ich will dich nicht stürzen!«

Motor der Macht des Helmut Kohl, der Kronprinz, der Strippenzieher, der Nebenkanzler, der Ersatzkanzler, der Kanzler hinter Kohl – irgendwie sind all diese Attribute zu Wolfgang Schäuble zutreffend. Er lächelt entspannt über die Frage, ob er vielleicht als Prinz Charles der deutschen Demokratie versauern könnte.

Bewundert er Kohl? Außer Boris Becker auf dem Tennisplatz bewundere er niemanden, antwortet er. »Ich finde«, fügt er dann selbstbewusst hinzu, »dass die Kombination von uns beiden, die Kombination Kohl/Schäuble, ganz gut ist.« Was Schäuble erst viel zu spät erkannt hat: dass er für den Machtmenschen Kohl der ideale potenzielle Nachfolger war – einer, der bedingungslos stillhält, bis Kohl die Macht an seinen Kronprinzen zu übergeben bereit war.

Er sieht sich in jenen Tagen uneingeschränkt als Kanzler neben Kohl. »Ich bin für Helmut Kohl, denn ich finde, dass die Politik, die *er,* die *wir* gemeinsam machen, dass die richtig ist.« Und wenn er dabei zuweilen stärker ins Feuer gerät, kennt er erst recht seinen Wert: »Ich mache das dann so, dass es das Beste für ihn ist. Der Kanzler muss ja nicht jeden Scheiß selbst machen.« Sei der denn damit bisher so schlecht gefahren?

Natürlich nicht. Ohne Schäuble wäre der Kohl-Karren längst an die Wand gefahren. Die Berlin-Entscheidung, der Asylkompromiss, das Bündnis für Arbeit, Pflegeversicherung, Ladenschluss und Steuerreform – Kohls Wehner hat all diese Probleme gerichtet und geregelt. Er darf dem Kanzler als Einziger im CDU-Präsidium widersprechen, und er ist der Einzige, bei dem Kohl dies akzeptiert. Was der Regierungschef zum Jahreswechsel 1993/1994 gesagt hatte (»Wir Deutschen können nicht einfach weitermachen wie bisher«), hatte sein Fraktionsvorsitzender Schäuble zwei Monate früher im Politischen Club der Akademie Tutzing vorformuliert. So sehr beeindruckt hat Kohl diese Rede, dass er ihren Nachdruck in der »Frankfurter Allgemeinen« über seinen guten Draht zu deren Herausgebern arrangierte.

Kohl wird, für Schäuble an diesem Tag im Jahr 1997 keine Frage, bei der nächsten Bundestagswahl 1998 wieder antreten, auch wenn er sich zu diesem Zeitpunkt noch nicht erklärt hat. Ein Grund, dem Wahltermin in Ruhe entgegenzusehen, ist das für Schäuble nicht. Hinter der neuen, selbstbewusst hochgezogenen FDP-Fassade sieht er noch

lange nicht die Stabilität, die den Liberalen einen Platz im
Parteienspektrum sichert. Mittelfristig hält er auch schon
damals die Grünen für eine Option. An Joschka Fischer
schätzt er dessen taktische Intelligenz und beobachtet aufmerksam dessen Versuche, die Müslis mehr in die Mitte der
bürgerlichen Wähler zu führen. Den politischen Realisten
in Fischer schätzt Schäuble bis heute sehr und pflegt den
Kontakt zu ihm.

Längst kalkulieren Schäuble und seine engsten Mitarbeiter schon ab Mitte der neunziger Jahre ein, dass es bei der
nächsten Wahl gegen die rot-grüne Koalitionsoption ganz
eng werden könnte. Was, wenn dann fünf Millionen ohne
Job sind? Das Argument, das weiß er genau, nur die SPD
blockiere notwendige Reformen, trägt nicht unendlich lange. Irgendwann fallen die Regierenden bei den Wählern ins
Loch der eigenen Unglaubwürdigkeit. Drei, vier Prozent
für die Rechtsaußen, daneben noch die PDS, ebenfalls dadurch krisengestärkt. Dann kann es schnell gegen Kohls
Koalition gelaufen sein. »Ich wünschte mir«, seufzte ein
Schäuble-Mitarbeiter schon damals, »sein Wunsch, Kanzler
zu werden, wäre ausgeprägter.«

Aber Schäuble signalisiert: Gegen Kohl wird er die Kanzlerschaft niemals anstreben. »Es gibt keine Rivalitätsgefüh-
le«, sagt er. Und er hat auch kein Interesse daran, dass sich
die Frage stellt. Was aber, wenn sie ohne sein Zutun auf ihn
zutreibt?

Vom Kelch der Kanzlerschaft, von dem er früher sagte, er
möge ihm erspart bleiben, redet Schäuble inzwischen nicht
mehr. Kennen Sie das Vaterunser, fragt er zurück und erinnert daran, dass es dort heißt: Und führe uns nicht in Versuchung. »Das wäre eine Versuchung.« Und fährt fort,
halbwegs hinterm Konjunktiv verschanzt: »Wenn die Lage
da wäre, dann sagt man nicht leichtfertig, ja, ich mache es.«

Dann horcht der Mann im Rollstuhl noch einen Augenblick länger in sich hinein und entschließt sich bei der Frage, ob er Kanzler werden möchte, zur offenen Antwort: »Wahrscheinlich würde ich der Versuchung nicht widerstehen.«[2]

Heute, im Jahr 2012, antwortet Wolfgang Schäuble bemerkenswert entspannt auf die Frage nach der Kanzlerschaft, die sein ganzes erstes Leben vor dem Rollstuhl so intensiv ihn selbst und seine politischen Partner begleitet hat: »Ich wollte nicht unbedingt Kanzler werden. Ich hätte es gemacht. Ich war hin- und hergerissen: Ich kannte ja die Anforderungen. Die beste Beschreibung meiner Gedanken ist: ›Führe mich nicht in Versuchung.‹ Ich musste mich nie entscheiden. Wenn ich vor der Chance gestanden hätte, hätte ich es gemacht. Und wäre wahrscheinlich nie glücklich geworden darüber.«

Hat der Rollstuhl nicht alles so dramatisch verändert, wie man das, von außen gesehen, vermuten muss? Schäuble: »Das Leben im Rollstuhl ist nicht qualitativ schlechter als das Leben außerhalb des Rollstuhls. Es ist sicherlich völlig anders. Aber man ist nicht weniger unglücklich oder zufriedener. Man ist mehr auf sich selber zurückgeworfen. Die Zufriedenheit der Menschen hängt ja von den äußeren Lebensumständen ziemlich wenig ab. Das sind meist andere Faktoren, die das bestimmen.«

8. Kapitel
Die Familie:
Interview mit Thomas Schäuble

Als der Kaufmann Karl Schäuble 1933 mit 25 Jahren die 20-jährige Gertrud Göhring heiratet, ahnt das Brautpaar natürlich nicht, dass es dabei ist, eine der politisch erfolgreichsten deutschen Familien zu gründen. Sie ist die Tochter eines schwäbischen Kupferschmiedemeisters in Stuttgart-Untertürkheim, er der Sohn eines Handwerkers, der als Schreiner in einer Uhrenfabrik in Schramberg im Schwarzwald arbeitete. Karl Schäuble ist ein ehrgeiziger, sehr begabter Mann, der sich nach einer kaufmännischen Lehre schnell zum Prokuristen verschiedener Unternehmen hocharbeitet und zuletzt bei der Buntweberei Hornberg tätig ist, ehe er sich nach dem Zweiten Weltkrieg als Steuerberater selbständig machte.

Als 1937 das erste Kind dieser schwäbisch-alemannischen Familie, die Mutter evangelisch, der Vater katholisch, auf die Welt kommt und auf den Namen Frieder getauft wird, ist die politische Zukunft der Familie Schäuble noch nicht absehbar. Die Politik sitzt allerdings schon mit am Küchentisch in der Mietwohnung im Schwarzwaldstädtchen Hornberg. Karl Schäuble hält sich von den Nationalsozialisten fern, nach dem Krieg ist er in Hornberg politisch aktiv in der Badischen Christlich-Sozialen Volkspartei (BCSV), einer Vorläuferin der CDU. Für sie sitzt er von 1949 bis 1952 auch im Badischen Landtag. Seinen Wahlkreis holt er mit stolzen 60 Prozent der Stimmen. Als Baden und Württemberg zum Südweststaat fusioniert werden, endet diese landespolitische Karriere. In der badischen CDU hat es der Mann, der in einer konfessionellen Mischehe lebt und deswegen von der katholischen Kirche exkommuniziert worden war, infolge der Attacken der katholischen Kirche nicht leicht.

Politisch aktiv bleibt Karl Schäuble in der Hornberger CDU und auf Kreisebene jedoch noch Jahrzehnte, er ist im »roten« Hornberg lange CDU-Stadtrat und CDU-Chef. Politik lernen Frieder, der im Mai 2011 gestorben ist, und seine später geborenen Brüder Wolfgang (geboren 1942) und Thomas (geboren 1948) praktisch schon im Kinderbett kennen. Kaum können die Buben laufen, nimmt der Vater sie mit, um für die CDU Plakate zu kleben.

Hier liegen die Wurzeln, aus denen Wolfgang Schäuble später zum CDU-Abgeordneten im Bundestag wächst (1972), wo er inzwischen als mit Abstand dienstältester aktueller Volksvertreter noch immer sitzt und wo er auch noch den CSU-Politiker Richard Stücklen als Rekordhalter ablösen könnte. Der brachte es auf insgesamt 41 Jahre, einen Monat und 13 Tage im Bundestag.

Den Rekord würde Wolfgang Schäuble brechen, träte er bei der Bundestagswahl 2013 noch einmal an, wovon ausgegangen werden kann, wenn seine Gesundheit mitspielt. Wolfgang Schäuble war bisher Kanzleramtsminister, zweimal Bundesinnenminister, ist Bundesfinanzminister, war CDU-Vorsitzender und Chef der CDU/CSU-Bundestagsfraktion.

Sein jüngerer Bruder Thomas saß von 1988 bis 2004 für die CDU im baden-württembergischen Landtag, war im »Ländle« Verkehrsminister, Justizminister und Innenminister. Und amtierte von 1984 bis 1991 als Oberbürgermeister der Stadt Gaggenau.

Gemessen an Ministertiteln kann allenfalls die Familie Vogel mit den Schäubles halbwegs mithalten, deren Söhne Bernhard und Hans-Jochen in sechs verschiedenen Ministerien sitzen durften. Bernhard Vogel brachte es für die CDU vom Kultusminister sogar zum Ministerpräsidenten von Rheinland-Pfalz und – nach der Wiedervereinigung – des Freistaats Thüringen. Sein Bruder Hans-Jochen amtierte für die SPD als Bundesbauminister, Bundesjustizminister und Regierender Bürgermeister von Berlin. Zudem war er einige Jahre SPD-Chef, Vorsitzender der SPD-Bundestagsfraktion und Oberbürgermeister von München.

Völlig unstrittig ist indes, dass die Familie Schäuble erheblich gewichtigeren Einfluss auf die politische Nachkriegsgeschichte hatte als die beiden Brüder Vogel. Thomas Schäuble hatte schließlich gute Perspektiven, auch Ministerpräsident von Baden-Württemberg als Nachfolger von CDU-Ministerpräsident Erwin Teufel zu werden. Weil der aber hartnäckig am Amt festhielt und Thomas Schäuble nicht zu seinem Sturz beitragen, aber auch nicht als dienstältester Landesminister in die politische Nachkriegsgeschichte Baden-Württembergs eingehen wollte, zog er es 2004 vor, vom Ministeramt zurückzutreten und Chef der landeseigenen Badischen Rothausbrauerei im Schwarzwald zu werden, statt weiter auf dem Stuhl eines Landesministers zu sitzen.

Thomas Schäuble erinnert sich im Interview mit dem Autor an die Familiengeschichte und an die Anfänge des Lebens mit seinem Bruder Wolfgang:

Herr Schäuble, woran lag es, dass Sie und Ihre Brüder Wolfgang und der inzwischen verstorbene Frieder in die Politik und dort zur CDU gegangen sind? An der Erbmasse oder an der politischen Erziehung?

Man muss da zwischen dem Wolfgang und mir schon unterscheiden. Bei ihm kam beides zusammen. Im sehr politischen Umfeld unserer Familie und wohl auch durch seine Erbmasse war der Weg in die Politik vorgezeichnet. Wolfgang war ja schon als kleiner Bub im politischen Geschäft aktiv von Anfang an dabei. Mit zehn, zwölf Jahren hat er unseren Vater auf dessen Veranstaltungen als ehemaliger Landtagsabgeordneter und später im Amt des CDU-Lokal- und Kreispolitikers begleitet. Ich selbst kam viel später ins politische Fahrwasser. Ich habe meine Freizeit nicht bei der Jungen Union verbracht wie der Wolfgang.

Hat der Vater Sie in eine bestimmte politische Richtung gedrängt? Alle drei Jungs studierten Jura, gingen in die Politik und wurden CDU-Politiker. Zufall oder Druck des Papas?

Überhaupt kein Druck. Das ist ja vermutlich einer der Gründe, weshalb wir später überhaupt in die CDU gegangen sind. Druck in Richtung eines bestimmten Parteibuchs gab es nie. Das lief anders. Es war so, dass der Vater uns seine Sicht der Dinge dargelegt hat. Dadurch sind wir natürlich schon mittelbar beeinflusst worden. Aber es war nicht so, dass er uns strikt angehalten hat, CDU-Mitglied zu werden.

Wir hatten ein sehr gutes Elternhaus. Unser Vater war das große Vorbild für uns drei Burschen, sonst hätten wir uns bestimmt anders orientiert. Bei uns zu Hause, wenn wir alle drei gleichzeitig da waren, ist unglaublich politisiert worden, und unser Vater hatte dabei enorm viel Spaß. Unsere Mutter ist manchmal schier verzweifelt, weil immer nur

Politik, Politik, Politik das Thema unserer Gespräche am
Frühstücks- und Mittagstisch war. Am Abend ging es
dann – wir hatten damals keinen Fernseher – weiter. Da
kam dann die politische Weltlage dran. Das hat uns, kein
Wunder, von klein an geprägt. Und ich saß schon als kleiner Bub, bevor ich lesen und schreiben konnte, immer
gerne dabei. Niemand zwang uns dazu. Das hatte auch Vorteile: In der Schule musste ich im Fach Gemeinschafts-
kunde nie etwas lernen, denn ich habe alles schon gewusst,
was da zum Stoff gehörte. Schon in der Sexta konnte ich
auf Anhieb en détail erklären, was ein Bundesratspräsident
ist.

*Der Einfluss des Vaters auf Ihr späteres politisches Leben
war also sanft?*
Wenn Sie so wollen: Er hat uns nicht durch Druck, sondern
durch seine Argumentativkraft die CDU nahegebracht. Das
ist beim Wolfgang wesentlich ausgeprägter gewesen als
beim Bruder Frieder und bei mir. Aber auch Frieder war ja
in seiner Jugend während des Studiums an der Universität
Freiburg mal Landesvorsitzender des Rings Christlich-Demokratischer Studenten (RCDS), aber er ist nicht Berufspo-
litiker geworden. Aber bei Wolf war die Politik von Anfang
an ein das Leben bestimmendes Element. Unsere Hinwen-
dung zur CDU hat sich als zwangsläufige Folge der politischen Diskussionen und der Vorbildwirkung des Vaters
ergeben. Er hat übrigens auch keinen von uns zum Jurastudium angehalten.

*Würden Sie sagen, er hat Sie und Ihren Bruder politiksüch-
tig gemacht?*
Ich war sehr gern politisch aktiv, aber süchtig nach Politik
war ich nie. Beim Wolf wage ich das Wörtchen politiksüch-

tig, aber besser gefällt mir die Charakterisierung politikbesessen.

Hat der Vater Sie persönlich nicht ermahnt, als Sie sich vor
der Bundeswehr drücken wollten, was allerdings nicht ge-
lang?
Ich bin ungern zur Bundeswehr, das gebe ich zu. Damals
betrug die Dienstzeit noch anderthalb Jahre, und das hat
mich angekotzt, weil ich größte Langeweile befürchtete.
Daher habe ich versucht, als ich schon bei der Bundeswehr
war, mit Hilfe unseres Hausarztes zu einer vorzeitigen Entlassung zu kommen. Der hat mir ein Attest geschrieben,
wonach ich zu hohem Blutdruck neige. Vor dem Amtsarzt
habe ich dann den Blutdruck auf 170 hochzubringen versucht, aber nach zehn Kniebeugen war er immer noch bei
nur 140. Die Sache ging schief.

Welche Rolle spielte Ihre Mutter in der Familie?
Mein Vater war ein sehr gütiger, weicher Mensch. Einer
meiner Brüder hat mal gesagt: »Gott sei Dank ist er kein
Mädchen, sonst hätte er schon mit vierzehn ein Kind ge-
kriegt, weil er nicht nein sagen konnte.« Die Ellenbogen bei
uns zu Hause hatte meine Mutter, sie war die dominierende
Figur. Sehr energisch.

Hat Wolfgang mehr von der Mutter als Sie?
Das ist schwer zu sagen. Sie war jedenfalls eine Frau, vor
der man sehr viel Respekt hatte. Ich habe mich mit ihr nicht
immer einfach getan bis zum Schluss ihres Lebens. Aber ich
habe stets ihre Zivilcourage bewundert.
Ein Erlebnis werde ich nie vergessen. Sie war immer eine
begeisterte Schwimmerin und ging gerne ins Freibad von
Hornberg. Eines Tages wollte ein Vater seinem Bübchen

das Schwimmen beibringen, schmiss es immer wieder ins
Wasser, und das Bübchen heulte immer mehr. Dem haben
alle reglos zugesehen. Nach zwei Minuten stand jedoch
meine Mutter auf und hat den Typ vor versammelter Mannschaft im Schwimmbad fertiggemacht. So könne man doch
nicht mit einem Kind umgehen. Da habe ich sie bewundert
und richtig dafür geliebt und gedacht: Hoffentlich hast du
selbst einmal die Kraft, wenn du in so eine Situation
kommst. Sie konnte sehr bestimmend sein, hatte aber auch
Zivilcourage, wenn es geboten war. Ich glaube, das hatte sie
von ihrem Vater. Der war Sozialdemokrat, saß für die SPD
auch im Kreistag, war aber – wie sein damaliger Landrat so
schön sagte – trotzdem ein rechtschaffener Mensch. Bei
ihm waren wir ständig, wenn wir Ferien hatten. Der Fritz
Göhring war ein aufrechter Mann, ein Gassenengel, aber
Hausteufel. Manches in uns Schäuble-Buben könnte genetisch auch von diesem Fritz Göhring stammen.

*Stimmt die Geschichte, dass Ihre Mutter einmal keine
20 Pfennig für die Parkuhr zahlen konnte und dann am
nächsten Tag hinfuhr, um nachzuzahlen?*
Das hätte sehr zu ihr gepasst. Ich weiß, dass der Wolfgang
diese Geschichte gerne erzählt. Ich erzähle stattdessen eben
die Geschichte vom Schwimmbad, die ich erlebt habe. Beide charakterisieren unsere Mutter sehr trefflich.

*Wie hat der Vater den Söhnen beigebracht, worauf es im
Leben ankommt? Bei einer Drei in Mathematik soll er ge-
schrien haben: Vom Durchschnitt haben wir genug?*
Ach, das war nur bei mir der Fall. Ich hatte eine Drei geschrieben, der Klassendurchschnitt betrug 3,2. Aber ge-
triezt worden bin ich schon, zumal meine Brüder sehr gute
Schüler waren. Der Frieder hat traditionell den Preis des

Klassenbesten geholt, bis zur Oberprima, wo er allerdings
fast durchgefallen wäre, weil er sich in Chemie und auch
Physik schwertat. Deswegen hat er 1955 heftigen wortstar-
ken Streit mit einem Lehrer bekommen, mit dem Lehrer für
Chemie, wo er sowieso schon eine Fünf hatte. Mit einer
zweiten Fünf in Physik wäre es dann kritisch geworden.
Der angegriffene Lehrer schmierte ihm eine – doch der
Frieder schlug sofort zurück. Damit war er für immer der
Held bei allen Nichten und Neffen. Mein Vater war Eltern-
ratsvorsitzender und hatte alle Mühe, dies als automatische
Reflexreaktion zu verharmlosen.

Und wie war der Wolfgang als Schüler?
Der Wolf war ein mathematisches Genie. Von der Sexta bis
zur Oberprima hatte der in Mathe immer eine Eins. Und
wenn er in den neun Jahren auf dem Gymnasium in fünf
Klassenarbeiten keine Eins gehabt haben sollte, dann war
das schon viel. Er hatte daher auch immer die Ehre, dem
Mathelehrer das große Lineal und den Zirkel nachtragen zu
dürfen. Er war praktisch dessen halber Assistent, weil er so
gut war in Mathe. Und es war zudem auch noch der Direktor der Schule, der Mathe unterrichtete. Deshalb war das
eine ganz hohe Auszeichnung. Der Wolf konnte schon in
der Schule rechnen, wie ein guter Finanzminister es können
muss. Er hat sogar eine Zeitlang darüber nachgedacht, ob er
nicht Mathematik studieren solle. Auch an ein Studium der
Architektur hat er zeitweilig gedacht.

Und woher kam die Liebe zur Juristerei?
Unser Vater wäre ums Leben gerne Jurist geworden, und
irgendwo hat er diesen unerfüllten Lebenswunsch dann
auch auf uns Kinder übertragen. Denn wir haben zu Hause
auch ständig diskutiert über juristische und staatsrechtliche

Fragen. Daraus ergaben sich unsere Wege ins Jurastudium fast zwangsläufig.

Wer von Ihnen dreien hatte den größten Ehrgeiz?
Der Wolf. Das war eindeutig. Mit weitem Abstand lag er beim Ehrgeiz vor uns. Das war unglaublich. Er wollte immer der Beste sein. Anderen zuzusehen oder zuzuhören, die nicht so gut waren, fiel ihm stets unheimlich schwer.

Was machte der Vater, wenn seine Jungs nicht parierten?
Beim Frieder muss das noch ganz schlimm gewesen sein. Der war der Erstgeborene und hatte es allein schon deswegen nicht leicht. Die Eltern projizierten alle ihre Wünsche in ihn hinein. Beim Wolf war das schon nicht mehr in dieser krassen Form der Fall. Zudem war er von außergewöhnlich zarter Konstitution, immer mit Abstand der Kleinste und Zarteste. Vater sagte immer: »Ich traue mich nicht, dem Wolf mal einen hinten draufzugeben, auch wenn er es verdient hätte.« Bei mir gab es auch nichts hinten drauf, ich musste, wenn ich eine in seinen Augen schlechte Note heimbrachte, mit ihm eine Strafwanderung mitmachen, was für mich hart genug war.

Wie war denn das Verhältnis zwischen den drei Buben?
Frieder war eine Art Vaterersatz. Wenn der am Wochenende vom Studium in Freiburg nach Hause kam, hatte ich einen unglaublichen Stolz, einen Bruder zu haben, der schon Auto fahren konnte. Und wenn der mich dann in die Milchbar einlud zu einem Milchshake, am Samstagabend, dann bin ich vor Stolz fast geplatzt. Der Wolf war mir eher lästig, weil er mich zuweilen pädagogisch etwas traktiert hat. Unsere Mutter war oft krank und in Kur. In der Zeit hat dann, wenn er da war, der Wolf die Hausfrau und stren-

ge Mutter gegeben. Mein Bruder konnte, von meiner Mutter hat er es gelernt, kochen wie eine erstklassige Hausfrau. Linsen und Spätzle, eben alle gängigen schwäbischen Gerichte.

Und das ging immer gut? Die Bruderliebe wurde quasi herbeigekocht?
Nicht immer, wie ich mich heute noch gut erinnere. Es geschah an einem heißen Sommertag. Ich bin wegen der Hitze mit Wolf ins Schwimmbad gegangen. Für den Abend hatte er Freunde und Freundinnen eingeladen und wollte Vanilleeis mit Kakao servieren. Er warnte mich, ich solle mich bei den Vorbereitungen fernhalten, dann würde ich auch Eisschokolade bekommen. Für die kochte er am Morgen Kakao. Der kam dann in den Kühlschrank. Als ich aus dem Schwimmbad heimkam, trank ich ein Glas Kakao, und der schmeckte dann so gut, dass ich den ganzen Topf geleert habe. Der Wolf kam gegen sieben Uhr, die Freunde waren vielleicht eine halbe Stunde später angesagt. Und der Kakao-Topf war leer. Ich musste gestehen: Das war ich.

Und es gab Dresche?
Daraufhin gab es ein größeres körperliches Drama, heftiger als sonst, weil mein Bruder sein Prestige als Koch in Gefahr sah. Meine Mutter hatte ihn ab und zu auch schon mal leicht verdroschen im Gegensatz zu meinem Vater, weil er ihr auf die Nerven gegangen war. Der Frieder machte daraus dann gerne eine Radioreportage, bei der er brüllte: »Jetzt hat sie ihn gleich. Sie ist nur noch zwei Meter hinter ihm, Achtung, Achtung, jetzt hat sie ihn am Schlafittchen, mal sehen, ob der Wolf gleich heult.« Er plauderte munter drauflos, bis meine Mutter lachen musste und nicht mehr draufhauen konnte. Es war eine sehr lustige Jugend.

Was bedeutet für Sie der Tod Ihres Bruders Frieder im Mai 2011?
Irgendwie habe ich das noch nicht richtig verarbeitet. Ich schiebe das etwas von mir weg. Nur 73 ist er geworden, das ist ja kein Alter, und wir hätten ihm natürlich noch viele Jahre gewünscht. Es tut uns beiden weh, ihn nicht mehr zu haben, weil der Frieder ein sehr netter Mensch und Bruder war. Mir tut sein früher Tod einfach noch immer weh, und wir beide vermissen ihn sehr. Wir sehen auch die nicht einfache Situation seiner Witwe und der Kinder aus seiner ersten Ehe.

Stimmt es, dass der Wolfgang in den letzten Kriegstagen beinahe erstickt wäre, weil er in einem Schuppen untergebracht war, der nach einem Bombenabwurf zu brennen anfing?
Ja. Hornberg liegt ja an der Bahnlinie nach Konstanz mit einem gewaltigen Viadukt. Das sollte zerstört werden, aber man hat es nicht getroffen, dafür die ganze Stadt. Und unser Haus lag nur ein paar Meter unterhalb der Bahnlinie. Also wurden wir evakuiert, auf einen Schwarzwaldbauernhof in der Nähe des Städtchens St. Georgen. Da waren wir eigentlich sicher. Doch in den letzten Kriegstagen flog ein angeschossener alliierter Flieger taumelnd über den Schwarzwald und warf erst seine Sprengbomben und dann die Brandbomben ab. Die fielen durch unglaublichen Zufall auf das Haus, wo wir und die Eltern Unterschlupf gefunden hatten. Es hat sofort lichterloh gebrannt. Da kam die Sternstunde von Frieder: Ihm fiel auf, dass der erst zweieinhalb Jahre alte Wolf fehlte. Also rannte er noch einmal zurück und fand ihn unter bereits brennenden Decken. Er war schon grün und blau wegen Atemnot angelaufen. Der Wolf hat dem Frieder das Leben zu verdanken. Es ging nur um ein paar Minuten.

Wie war das Verhältnis zwischen Frieder und Wolf?
Es war in der Jugend dadurch beeinträchtigt, dass der Frieder sich nicht alles gefallen lassen wollte vom Wadenbeißer Wolf. Dazu muss man wissen: Frieder hatte die Eigenschaft, nicht verlieren zu können. Wolf dagegen war ein schlechter Gewinner. Als Frieder mal ein Kartenspiel verlor, ließ er die Badewanne mit kaltem Wasser volllaufen und setzte sich in voller Wut und samt Klamotten rein. Wenn dagegen Wolf gewonnen hatte, war er unerträglich. Dann hat er ein wildes Triumphgeheul angestimmt. Das war das Problem: Wenn der Frieder verloren hatte und es ihm allein schon deswegen schlechtging, hat er auch noch das Triumphgeheul des Bruders ertragen müssen. Aber die beiden haben sich schon sehr gemocht, und später hat es aufgehört mit den pubertären Rangeleien.

Trifft es zu, dass Sie Ihrem älteren Bruder Frieder ähnlicher waren als der Wolfgang?
Physiognomisch gibt es darüber keine Diskussion. Da sehen Wolf und ich uns ähnlicher. Der Frieder war ein dunkler Typ, kam mehr auf meine Mutter raus. Er war eben ein besonders nett aussehender Bursche. Bei den Mädchen so beliebt, dass meine Mutter oft eingreifen musste. Den Frieder habe ich bewundert, und der Wolf ging mir schon ab und zu auf die Nerven.

Führungsstärke und Ehrgeiz Ihres Bruders sollen sogar beim Tennis im Doppel zu Problemen geführt haben, weil er führen wollte, obwohl Sie der bessere Spieler waren. Stimmt das?
Wir haben beide zunächst nicht Tennis gespielt. Der Wolf war Fußballer und ich auch. Meine Eltern, obwohl mein Vater Fußballfan war, haben das nicht so gerne gesehen,

weil das Milieu im Fußballverein ihnen nicht gefallen hat.
Mein Bruder war inzwischen in der A-Jugend, Linksaußen.
Dann ist Folgendes passiert. Er hatte bei einem Spiel der
A-Jugend, in dem er das Letzte aus sich herausholte, einen
furchtbaren Zusammenstoß mit einem gegnerischen Spieler
und trug eine wirklich schwere Gehirnerschütterung davon. Er lag tagelang im Bett. Danach sagten die Eltern, jetzt
ist aber Schluss mit der Kickerei. Und dann durfte der Wolf
im Alter von 16, 17 Jahren für den Schmerz, aus dem Fußballverein rauszumüssen, die damals noch sehr privilegierte
Sportart Tennis beginnen. So kam er zum Tennis. Ich kickte
damals in der C-Jugend, aber ich wurde gleich mit entsorgt,
ich war ja noch kein richtiger Fußballspieler. Ich war
eigentlich Tischtennisspieler. Ich fing dann mit 13 Jahren
auch mit Tennis an. Der Wolf gab mir gnädigerweise zunächst mal Unterricht. Aber ich wurde schnell besser. Als
die Verhältnisse klar waren, hat er das klaglos akzeptiert,
war sogar stolz auf mich. Er hat mir später dann sogar eine
Trainerstelle verschafft.

Woher kamen dann die Probleme beim Doppel?
Weil ich zwar klar der bessere Spieler war, aber er hatte das
noch nicht verinnerlicht. Später schon. Wir vermieden es
dann, Doppel miteinander zu spielen. Denn ich neigte dazu,
meine Doppelpartner zu kritisieren. Und mein Bruder hatte schnell Nerven beim Tennis. Wir haben uns dann auf
dem Platz ständig angemacht. »Was machst du denn jetzt
schon wieder?« Einmal wurde ich vom ganzen Club beschimpft. So wie ich den Bruder beim Spielstand 4:4 behandelt hätte, so könne man einfach nicht miteinander umgehen. Und dann haben wir auch noch verloren. Wir vermieden es danach, noch miteinander Doppel zu spielen, weil es
jedes Mal Krach gab.

*Es gibt eine sehr bekannte Geschichte: Dass der Wolfgang
beim Straßenkick den echten Lederball, der ihm gehörte,
unter den Arm klemmte und nach Hause ging, wenn eine
Niederlage drohte. Der Wolfgang sagt, das sei nicht so gewesen. Wie war es denn nun tatsächlich?*
Die Geschichte hat ab und zu unser Bruder Frieder erzählt.
Wenn sie nicht stimmen sollte, ist sie zumindest gut erfun-
den.

*Stimmt es, dass Wolfgang nicht gerne auf Linksaußen kick-
te? Aus politischen Gründen oder weil dort seiner Meinung
nach nur Flaschen aufgestellt werden?*
Auf Linksaußen mussten bei uns diejenigen kicken, von
denen wir dachten, dass sie dort den geringsten Schaden
stiften.

*Bewundern Sie Ingeborg Schäuble für die Treue, mit der sie
zum politischen Leben Ihres Bruders gestanden ist, obwohl
sie den Beruf des Politikers nie schätzte und lieber einen
nicht politisch aktiven Ehemann gehabt hätte?*
Die Ingeborg wird von uns allen im höchsten Maße bewundert für das, was sie leisten und aushalten musste und immer noch muss.

*Fehlte Ihrem Bruder der Lebenssinn, wenn er nicht mehr
Politik machen könnte?*
Das hoffe ich nicht. Ich habe neulich mal über ihn gesagt, er
sei politiksüchtig. Das hat ihm ganz und gar nicht gefallen.
Ich hoffe aber, dass er ohne Politik schon noch einen Sinn
für sein Leben findet, der Zeitpunkt wird irgendwann kommen, dass er aus der Politik aussteigt. Wann, darüber wage
ich keine Prognose. Zurzeit ist er gesundheitlich gut drauf
und voller Lust auf politische Aktion. Aber er wird auch

ohne Politik Spaß am Leben finden. Seine Interessen an Kultur, Musik und Geschichte sind ja breit gefächert. Und er ist unglaublich belesen, literarisch sehr interessiert. Mit Martin Walser pflegt er enge Kontakte. Und er ist seit Jahren Vorsitzender der Freunde des Festspielhauses Baden-Baden, als Nachfolger von Lothar Späth. Das wird ihm helfen, wenn nicht mehr die Politik im Zentrum seines Lebens steht.

Ist Ihr Bruder eigentlich fasziniert vom politischen Geschäft?
Derzeit konzentriert er sich ganz besonders auf seine Aufgabe einer Sanierung der europäischen Wirtschafts- und Finanzpolitik, die ihn vermutlich manchmal zur Verzweiflung bringt. Aber im Grund genommen ist er auch sichtbar fasziniert. Mir sagt er, dass er sich sehr gerne mit Christine Lagarde, der IWF-Präsidentin, unterhält. Von ihr ist er unglaublich beeindruckt auf dieser europäischen Ebene. Bei ihr schmilzt er. Sie ist die Einzige, die ihn im Rollstuhl schieben darf, außer seiner Frau. In Europa und Brüssel gefällt ihm vieles besser als in Berlin.

Gibt es etwas, was Sie als Konsequenz aus dem politischen Leben des Bruders für sich selbst gezogen haben?
Ich habe ihn bewundert. Ein Teil meines Verdrusses über Kohl war auch, dass ich viele Bundespolitiker persönlich sehr gut kannte. Mir war immer klar, Wolf ragt aus diesen Leuten heraus, und er ist besser. Später war er für mich ein Türöffner auf der Bundesebene. Aber ich habe mir immer gesagt, so soll es mir nicht gehen wie ihm, ich will rechtzeitig aufhören. Ich wollte nicht so politikversessen werden wie er. Meine Entscheidung, politisch in Stuttgart aufzuhören, ist in unmittelbarem Zusammenhang mit seiner nicht

gelungenen Wahl zum Bundespräsidenten erfolgt. Das hat mich bestärkt bei dem Gedanken: Es gibt in der Politik auch sehr undankbare und schmerzliche Momente. Und warum soll ich mir das antun?

Wie hat das Attentat Ihren Bruder verändert?
Ich fand ihn nach dem Attentat eher zugänglicher als vorher. Das ist vermutlich darauf zurückzuführen, wie unheimlich er sich gefreut hat, dass seine große, nicht nur die unmittelbare Familie zu ihm stand, als er lernen musste, im Rollstuhl zu leben. In anderer Hinsicht – das habe ich aber nie persönlich erlebt – ist er härter geworden. Ich hatte viele Jahre später eine Begegnung mit Hans-Jochen Vogel, der mal gesagt hatte, der Rollstuhl habe meinen Bruder bitter gemacht. Da hat Vogel mir gestanden, die harsche Reaktion meines Bruders auf diese Bemerkung belaste ihn heute noch, es tue ihm so leid, dass er sich wohl missverständlich ausgedrückt habe. Aber, wie gesagt, ich selber finde ihn seit dem Attentat zugänglicher. Mit ihm habe ich immer wieder sehr schöne menschliche Begegnungen gehabt. Etwa als er im Frühjahr 2010 mit einer lange nicht heilenden Wunde sehr resigniert in der Klinik lag. Wenn ich ihn besuche, das tut ihm schon gut. Er braucht emotionale Zuwendung. Das macht ein weiteres Mal die bewundernswerte Leistung seiner Frau Ingeborg deutlich. Denn das Leben im Rollstuhl läuft auch zu Hause nicht immer nur easy.

Hat er sich dafür interessiert, was Sie politisch machen?
Er wollte mich am Schluss überreden, den Posten des baden-württembergischen Ministerpräsidenten anzustreben. Er hat mir mal gesagt, manche Journalisten in Berlin meinten, ich solle mich entschlossener zeigen in dieser Richtung.

Weshalb waren die Tränen, die Kohl im Krankenhaus in den Augen hatte, für Sie fragwürdig? Kohl könne ja jederzeit auf Abruf weinen, sagten Sie wohl. Und Sie haben einmal gesagt, Kohl habe Sie abgespeist, als Sie versuchten, ihn in der Nacht des Attentats zu unterrichten. Wie lief das denn? Hat Kohl tatsächlich nicht angerufen?

Ich habe den Satz so gemeint, wie ich ihn gesagt habe: Kohl könne offenbar jederzeit auf Abruf weinen. Ich bin in dieser Frage allerdings anderer Meinung als Wolfgang und Ingeborg.

Lassen Sie uns zurückblicken: Da war die Nacht des Attentats, ein Freitag. Ich war erkältet, trank etwas Rotwein und legte mich früh ins Bett. Gegen 23 Uhr stand ich auf, als die Polizei anrief und mich über das Attentat unterrichtete. Mein Fahrer kam und sagte: »Ich bin da und halte mich für Sie bereit.« Dann kam der nächste Polizeianruf: »Jetzt ist Ihr Bruder auf dem Weg in die Universitäts-Klinik Freiburg.« Da entschied ich, mich dorthin fahren zu lassen. Mit Tempo 200 rasten wir nach Freiburg. In der Klinik war es stockdunkel, auf einem Bänkchen im Gang saß Ingeborg mutterseelenallein. Dann kam es zu einem Gespräch mit dem Neurochirurgen, der als Kapazität galt und der Wolf operieren sollte. Er sagte uns: »Wir werden in einer halben Stunde anfangen mit der Operation.«

Der kann das doch gar nicht, dachte ich voller Schrecken, denn der Arzt saß da und zitterte. Er war extrem zuckerkrank. Aber das wusste ich natürlich nicht. Ich dachte, es müsste doch möglich sein, per Sonderflug die besten Leute für die Operation aus Deutschland einzufliegen. Denn es hieß im Fernsehen ständig, der Kanzler halte sich auf dem Laufenden. Ich dachte dann, da könnte man doch noch einen Spezialisten einfliegen, es wäre ja noch Zeit gewesen. Rufe ich den Kanzler jetzt deswegen an oder nicht, überlegte ich. Aber jetzt, dachte ich dann, kann ich doch bei Kohl nicht mehr anrufen, nachts um drei. Dann habe ich wieder gehört, Kohl sitze am Fernseher. Wir waren inzwischen zu unserer Tante Pia hinübergegangen, der inzwischen verstorbenen Schwiegermutter Wolfgangs. Dort habe ich mich dann entschieden, den Kanzler doch anzurufen.

Ich sagte: »Ich bin der Bruder von Wolfgang Schäuble, könnte ich mit Kohl persönlich sprechen?« Das war um 7.30 Uhr. Jetzt könne man nicht verbinden, sagte sein Personal. Ich fragte mich wütend, ob er seinen Mitarbeitern nicht hätte sagen müssen, »Wenn ihr hört, dass ich helfen könnte, dann weckt mich sofort«. Aber nein, ich wurde abgewimmelt. Am nächsten Tag kam dann gegen Mittag Kohl mit Riesengefolge nach Freiburg. Als er in der Klinik anfing zu weinen, habe ich gedacht, der hätte besser in der Nacht versucht, die bestmögliche medizinische Versorgung zu beschaffen. Das wäre mir lieber und dem Wolf vielleicht hilfreicher gewesen als jetzt seine Tränen. Das habe ich damals so empfunden. Gesagt habe ich das aber erst im Jahr 2000, also zehn Jahre später. Ich muss aber klar feststellen, dass schon früh feststand, die Behandlung in Freiburg war völlig in Ordnung. Kein Arzt der Welt hätte mehr tun können, nur, in der damaligen Nacht konnte ich dies nicht wissen. Und der Anschein war eben beunruhigend.

Weshalb haben Sie Anfang 2000, nachdem Ihr Bruder wegen der CDU-Spendenaffäre vom CDU-Vorsitz hatte zurücktreten müssen, gesagt: »Ich verabscheue Helmut Kohl. Und da kann ich für die ganze Familie sprechen«? Wie war die Reaktion von Wolfgang zwei Tage später? Hat er gesagt: »Das hättest du besser nicht gesagt«, oder sagte er: »Das war okay«? Aus welchen Gründen sprachen Sie dieses harte Urteil?

Das geschah im Zusammenhang mit den enttäuschenden Ereignissen in der Nacht des Attentats. Ich war auch im Jahr 2000 immer noch sehr enttäuscht, dass Helmut Kohl damals der Öffentlichkeit quasi stündlich vorgespielt hatte, wie er sich sorge um Wolfgang. Im Jahr 2000 kamen dann die anderen schäbigen Dinge hinzu, als der Wolfgang in der Schreiber-Affäre einen Fehler gemacht und zu spät über eine Geldspende dieses dubiosen Lobbyisten aus dem Bereich des Waffenhandels an ihn informiert hatte. Da zeigte Kohl jedenfalls nicht einen Funken Loyalität gegenüber meinem Bruder, der ihm bis dahin immer in äußerster Loyalität zugearbeitet hatte und dem er letztlich auch verdankte, dass er alle Krisen seiner Kanzlerschaft politisch überlebt hatte. Das hat mich zusammen mit der Nacht des Attentats zu einem bis heute endgültigen Urteil über Helmut Kohl kommen lassen.

Wie war die Reaktion Ihres Bruders in dieser Sache?
Zunächst war die gar nicht gut, das lag aber daran, dass ihm und seiner Frau natürlich klar war, dass ich mit meinen Worten das Tischtuch zwischen Kohl und der Familie Schäuble endgültig zerschnitten hatte. Diesen Schritt hatte Wolfgang sich eigentlich selbst vorbehalten. Zwei Tage später gab es in Baiersbronn eine CDU-Kreisvorsitzenden-Konferenz. Da war schon klar, dass Wolf nicht wieder als CDU-Chef antreten würde. Da hatte er inzwischen umgedacht. Er rief mich an und sagte: »Du, wenn ich zu euch runterfahre, hole ich dich ab, und wir fahren dann zusammen zu den Kreisvorsitzenden.« Friedhelm Repnik, ein ganz enger Freund von mir bis zum heutigen Tag, hat dann mit Wolfgang in Baiersbronn ausführlich über die Vorgänge gesprochen. Ich habe später in einem Gespräch mit der »taz« auch gesagt: »Heute würde ich es nicht mehr machen,

ohne ihn vorher zu fragen.« Aber ich bin immer noch überzeugt, dass ich recht gehabt habe. Diesen Satz hatte ich mir
aber vorher sehr genau und gründlich überlegt.

*Wie beurteilen Sie Kohls Verhalten gegenüber Ihrem Bru-
der in der Parteispendenaffäre?*
Das war unsäglich. Wie loyal war mein Bruder Kohl gegenüber doch stets gewesen, wie sehr hatte er ihn als Kanzler
stets gestützt, am Schluss vielleicht sogar gegen seine Überzeugung – und dann wurde er von Kohl derart schäbig, ich
sage bewusst »illoyal«, behandelt. Das fand ich einfach unsäglich.

Ihr Bruder hat 16 Jahre Kohl immerhin erst ermöglicht.
Leider.

*Könnte es sein, dass er dies im Nachhinein heute selbst als
einen Fehler betrachtet und darunter leidet? Weil nicht alles
verdienstvoll war, was in diesen 16 Jahren lief?*
Die Frage müsste man an ihn richten. Ich glaube aber, dass
Wolf schon die historische Rolle von Kohl bei der Wiedervereinigung würdigt und sagt, »es war gut, dass ich ihn dabei unterstützt habe«. Aber er ist sich, unabhängig davon,
wie er das heute politisch bewertet, schon sehr darüber im
Klaren, dass er sich in dem Menschen Helmut Kohl erheblich getäuscht hat.

*Was ist der Kern des Politikers Schäuble. Wohin will er? Hat
er einen politischen Lebenstraum?*
Der Kern seiner Persönlichkeit ist eine ungewöhnliche all-
gemeine Intelligenz und zusätzlich, was zweierlei ist, eine
ungewöhnliche politische Intelligenz. Zu dieser Intelligenz
kommt ein ganz ungewöhnliches politisches Feeling. Das

ist der Kern. Ich kenne keinen, der eine begabtere politische Persönlichkeit war als der Wolfgang. Ich glaube, dass er am Ende seines Lebens seinen politischen Lebenstraum darin erfüllt sieht, dass er die maßgebliche Rolle neben Kohl und mit Genscher bei der deutschen Einheit spielen konnte. Das kann ihm niemand mehr nehmen. Jetzt kommt bei seiner Arbeit in Berlin hinzu, was die Menschen dort bei seiner Arbeit als Bundesfinanzminister erleben dürfen oder müssen, dass er ein Europäer par excellence ist. Sein Herz schlägt für Europa, seit er als junger Bursche ab und zu ins französische Elsass über eine Grenze fahren musste, die es heute nicht mehr gibt. Mit neuen Grenzen in Europa wird sich mein Bruder nicht abfinden. Das sollten alle bedenken, die ihn derzeit wegen seiner Europapolitik kritisieren.

War er derjenige Politiker, der in den letzten 50 Jahren den größten Einfluss hatte? Die größten Entscheidungen treffen musste? Vor dem Hintergrund der deutschen Einheit und jetzt in seiner Rolle als Pfadfinder zu einer europäischen Finanz- und Wirtschaftsstrategie?
Da bin ich befangen. Man weiß ja nicht, wie die Geschichte der Bundesrepublik verlaufen wäre ohne Wolfgang Schäuble. Er war zweimal Bundesinnenminister. Die erste Phase in diesem Amt war wegen der deutschen Einheit politisch viel wichtiger als die zweite. Das Thema hat er ja damals ganz gezielt und rigoros vom Kanzleramt ins Innenministerium herüber an sich gezogen. Die zweite Amtszeit als Innenminister der Großen Koalition war wesentlich weniger aufregend. Die Frage der besseren Integration der Migranten lag ihm sehr am Herzen in diesem Amt.
Richtig fasziniert indes ist er heute von seiner Aufgabe als Bundesfinanzminister. Ich habe mich unheimlich gefreut, dass Angela Merkel ihn zum Finanzminister gemacht hat.

Das rechne ich ihr hoch an. Denn sie wusste natürlich, dass er ihr unter Umständen auch Schwierigkeiten als Bundesfinanzminister machen würde. Da hat sie einen Teil der Schmerzen wiedergutgemacht, die sie ihm zugefügt hatte, als sie ihn bei seiner Kandidatur fürs Amt des Bundespräsidenten scheitern ließ.

Es gab Phasen in diesem Amt, bei denen man dachte, Ihr Bruder übernehme sich gesundheitlich durch die damit verbundenen häufigen Termine in Brüssel und anderswo in Europa.
Das trifft zu. Als unser Bruder im Mai 2011 gestorben war, hat sich Wolf, dem es gesundheitlich damals nicht sehr gut ging, ganz natürlich als Vater der Großfamilie Schäuble gefühlt. Und nahm auch Dinge in die Hand, für die er eigentlich keine Zeit hatte.

Können Sie etwas dazu sagen, wie denn Ihr verstorbener Bruder die Beziehung zwischen Wolfgang und Helmut Kohl einschätzte?
Meines Wissens hat unser Bruder bei einer früheren Wahl einmal wegen Helmut Kohl nicht CDU gewählt. Damit ist alles gesagt.

Ihr Bruder hat seine politische Funktion bei Kohl auch schon mit der eines Sisyphos verglichen. Können Sie dem zustimmen?
Ja.

Haben Sie mit Ihrem Bruder jemals darüber gesprochen, ob er gegen den noch amtierenden Kanzler Kohl offiziell als Gegenkandidat hätte antreten sollen? Vor der Wahl 1998 dürfte doch auch Ihnen klar gewesen sein, dass diese Bun-

destagswahl für die CDU mit Helmut Kohl nicht mehr zu gewinnen war.

Die Frage ist so direkt in der CDU nicht gestellt worden. Aber mittelbar war das schon klar aus meiner Sicht. Wir haben 1998 erkannt, dass wir die Wahl nach menschlichem Ermessen mit Kohl nicht mehr gewinnen können. Dann bin ich, um Ostern herum, die Wahl war ja im Herbst, zu Erwin Teufel gegangen und habe gesagt: »Erwin, das siehst du doch auch, wir haben keine Chance, die Wahl zu gewinnen.« Er antwortete: »Ich sehe das wie du, aber jetzt mache dir mal keine Sorgen. Wir werden mit Kohl reden.« Die Wahrheit ist, dass von den ganzen Helden der Kohl-Kritik keiner zu Kohl gegangen ist, um mit ihm über einen Amtsverzicht zu reden. Da musste der Wolfgang am Ende selbst zum Kanzler gehen, und das war dann der Anfang vom Ende dieser Beziehung. Er sagte ihm – sie waren inzwischen per Du – in einem Vieraugengespräch: »Helmut, du schaffst es nicht mehr.« Das hat Kohl ihm dann sehr übelgenommen.

Wie bewerten Sie es, dass Angela Merkel Ihren Bruder in der Frage des neuen Bundespräsidenten nicht ernsthaft durchsetzen wollte und dann auf Horst Köhler setzte?

Mein Bruder hat ja das Amt nicht angestrebt. Aber als man ihn ohne sein Zutun auf den Schild gehoben hatte, war er schon sehr verärgert, wieder heruntergeschubst zu werden. Aber ich glaube, bei dieser Geschichte der nicht geglückten Präsidentenwahl spielte nicht nur Frau Merkel, sondern auch der damalige CSU-Chef Stoiber eine negative Rolle. Der hatte noch am Morgen des Tages der Entscheidung bei Wolfgang angerufen und ihn gefragt, ob er stehe und eventuell auch zu einer Kampfabstimmung bereit sei. Wolfgang antwortete ihm: »Wenn Sie auch stehen und bereit sind, bin ich's auch.« Der Kanzlerin war er vermutlich zu politisch, zu stark und zu unabhängig. Ich bin mir aber nicht sicher, ob Wolfgang, wäre er heute Bundespräsident, nicht lieber Finanzminister sein würde. Aber sicher bin ich mir, dass Wolfgang als erstklassiger Verfassungsjurist und auch aufgrund seiner langen politischen Erfahrung absolut die Grenzen des Amtes eines Bundespräsidenten stets strikt beachtet hätte. Er hätte mehr Verständnis für die Zwänge der handelnden Politiker gehabt als Köhler.

Viele sagen, die guten Einblick in die Beziehung zwischen Ihrem Bruder und Angela Merkel hatten, sie habe ihn mehrfach zur Machtsicherung benutzt und nicht immer fair im Blick auf seine Loyalität behandelt.
Dazu kann ich mir kein Urteil erlauben.

Wer war Wolfgangs engster politischer Weggefährte? Hans-Peter Repnik?
Repnik zählt zu den ganz, ganz engen Weggefährten. Zumal Repnik jemand war, der ohne Arg immer selbstlos, auch unter Inkaufnahme kleiner Seitenhiebe, die es halt so gibt, an der Seite Wolfgangs alles auszuhalten bereit war. Das hat Wolfgang begriffen. Mein Bruder Frieder fragte Wolfgang mal vor vielen Jahren: »Gibt es denn von deinen lieben Kollegen irgendeinen, den du besonders respektvoll betrachtest?« Da dachte Wolfgang lange nach und sagte schließlich: »Den Bangemann.« Mit dem hat ihn irgendwas verbunden. Was, hat er uns allerdings nicht gesagt.

Wie sieht Ihr Bruder die FDP? Wo hat sich in Ihrer Familie eigentlich die bekannte badische Liberalität niedergeschlagen?
»Die heutigen jungen Leute«, das sagt er auch beim Blick in

die CDU, aber vor allem über Guido Westerwelle, »das sind
alles Leute, die nicht mehr das Geschichtsverständnis unserer Generation haben. So gesehen«, sagt Wolfgang, »bin ich
vereinsamt in Berlin. Meine alten Weggefährten sind alle
weg.« Und in Berlin sagte er einmal zu mir: »Ich habe früher hier auch Freunde gehabt, den Rudolf Seiters, den Lutz
Stavenhagen, aber heute sind die alle so jung, ich finde keinen Draht mehr zu ihnen.« Herta Däubler-Gmelin zum
Beispiel hat er weit mehr geschätzt, als seine häufige Kritik
an ihr erkennen ließ. »Keiner ist mehr dabei«, klagt er
manchmal, »der 1972 mit mir in den Bundestag gegangen
ist.«

*Funktioniert die schwarz-gelbe Koalition eigentlich nur so
mühsam, weil Wolfgang Schäuble der FDP finanzpolitisch
keinen Millimeter entgegenkommt?*
Die FDP war früher, als Wolfgang Fraktionsvorsitzender
der CDU/CSU zu Zeiten von Helmut Kohl war, sein ihm
am nächsten stehender Koalitionspartner. Aber unabhängig
davon hat er mir vor nicht allzu langer Zeit mal gesagt: »Je
älter ich werde und je mehr ich als Finanzminister sehe,
desto größer wird meine Skepsis gegenüber dem Kapitalismus.« Er sehe das wesentlich skeptischer als früher. Er hat
mir ein kapitalismuskritisches Buch geschenkt und gesagt:
»Lies das unbedingt.« Ich vermute, das war ein Akt brüder-
licher Fürsorge, damit der »junge« Mann Thomas begreift,
was Sache ist.

*Ihr Bruder hat praktisch zwei politische Leben gelebt. Eines
mit Kohl, das zweite mit Merkel. In welchem Leben hatte
er den größten Einfluss?*
Natürlich bei Kohl durch die deutsche Einheit. Das ist
nicht zu toppen.

Stimmt der Satz Heiner Geißlers, Pflichterfüllung sei der höchste Wert von Wolfgang Schäuble gewesen?

Wegen der Geschichten um die Versuche Geißlers, Kohl 1989 zu stürzen, steht Wolf dem Geißler nicht ganz objektiv gegenüber. Er bewundert aber seinen Intellekt.

Derselbe Geißler hat Ihren Bruder auch einmal als Handlanger Kohls bezeichnet. Richtig?

Das ist ein durchsichtiger Versuch Geißlers, seine eigene Beihilfe an Aufstieg und Machteroberung Helmut Kohls zu verniedlichen. Mein Bruder war jemand, bei dem Kohl nie versucht hat, ihn als Handlanger fürs politische Geschäft zu benutzen. Er war Kohls loyaler eigenständiger Partner, vielleicht zu lange.

9. Kapitel
Kampfgruppe Kohl:
Der Beginn einer Karriere

M an wird wohl nie erfahren, was Wolfgang Schäuble gedacht hat, als er 2004 den ersten Band der damals er-
schienenen Memoiren Helmut Kohls in die Hand nahm, in
dem dessen »Erinnerungen« an die Jahre 1930 bis 1982 beschrieben sind.[1] Im Namensregister ist »Schäuble« nicht
vermerkt. Und dies, obwohl Wolfgang Schäuble zumindest
in zehn dieser erinnerten Jahre einer von Helmut Kohls
treuesten und wichtigsten Wegbegleiter war. Ab 1981 war
Schäuble, auf Kohls Vorschlag, immerhin zu einem der Parlamentarischen Geschäftsführer der Unionsfraktion gewählt worden. Orientierte man sich an den »Erinnerungen«
Kohls, dann kam jener Schäuble, der nach dem Sturz Helmut Schmidts für den neuen Bundeskanzler Kohl zwecks
Machtsicherung von diesem in die Schlüsselposition des
Ersten Parlamentarischen Geschäftsführers der Fraktion
berufen wurde, aus dem Nichts.

Natürlich war dem nicht so. Das Verschweigen Schäubles, ohne den Kohl 1982 vielleicht gar nicht Bundeskanzler
geworden wäre, war ein später, kleinkarierter Racheakt an
dem Mann, der ihn hilfreich mit an die Hand genommen
hatte, als Kohl nach dem Wechsel aus dem Amt des Mainzer Ministerpräsidenten nach Bonn gewechselt war. Der
ihm zwischen 1972 und 1982 vielfach geholfen hatte, als
Kohl ungeschickt durch die Szene der Bundespolitik geta-
pert war. Den Kohl jedoch im politischen Ruhestand offen-

bar noch immer so hasste, dass er an dessen Namen anscheinend nicht mal im Register seiner Memoiren erinnert werden wollte.

Dabei hatte dieser Schäuble schon als Jungpolitiker und noch vor seiner Zeit als Bundestagsabgeordneter (ab 1972) für Helmut Kohl gekämpft. Kennengelernt hatten sie sich bereits Ende der sechziger Jahre, als Kohl auf einer Veranstaltung des Freiburger RCDS, als dessen Vorsitzender Schäuble amtierte, an der Universität auftrat. Zum ersten Mal offensiv hatte Schäuble für Kohl gekämpft, als der Bezirksverband der südbadischen CDU – Bezirksvorsitzender: Wolfgang Schäuble – am 10. Juli 1971 nach stundenlanger heftiger Debatte den Delegierten des bevorstehenden CDU-Bundesparteitags in Saarbrücken empfahl, Kohl zum nächsten CDU-Chef zu wählen, anstelle von Rainer Barzel. Dann trat Schäuble erneut an, als der Pfälzer auf diesem CDU-Parteitag beim Kampf um den CDU-Vorsitz zwar gegen Barzel kandidierte, aber dabei blamabel mit nur 174 Stimmen von 520 scheiterte.

Kohl seinerseits hatte sich die engagierte Unterstützungsaktion durch den jungen Schäuble gut gemerkt. Denn von 1976 an gehörte dieser Schäuble, der damals bereits vier Jahre im Bundestag saß, auch zur sogenannten »Kampfgruppe Kohl«, die sich später lieber »Gruppe 76« genannt hat, »weil wir in der Fraktion ja ohne Kampfabstimmung durchkommen mussten«. Die »Kampfgruppe« war eine Riege junger CDU-Politiker im Bundestag, die bedingungslos zu Kohl standen und ihn treu stützten, als dieser in seinen ersten Bonner Jahren bisweilen überfordert durch die Bundespolitik tölpelte. Ein Kohl, der damals seine zahlreichen CDU-internen Gegner »dumm wie Bohnenstroh« geschimpft hatte, weil sie an seiner Kanzlerfähigkeit erheblich zweifelten. Und es war auch Schäuble gewesen, der

sich von Kohl als Drahtzieher eines klammheimlich ausge-
heckten Amnestieversuchs für alle Sünder der Flick-Partei-
spendenaffäre hatte missbrauchen lassen.

Noch im Jahr 2000, als Kohl in seinem »Tagebuch
1998–2000« versuchte, sich von jeder Schuld an der Existenz schwarzer CDU-Kassen freizusprechen und sie hinter
seinen Verdiensten um die Wiedervereinigung verschwin-
den zu lassen, hatte er sich anders als vier Jahre später an
Schäuble noch sehr gut erinnern können. »Immer habe ich
in ihm den richtigen Mann für meine Nachfolge gesehen,
auch als andere versteckt und offen Vorbehalte wegen seiner Querschnittslähmung nach dem Attentat äußerten«,
schrieb er damals. Da konnte er sich auch wieder daran erinnern, dass Schäuble ihm schon auf dem Saarbrücker Parteitag als »junger Mitstreiter aus Baden-Württemberg« auf-
gefallen war.[2] Als Oppositionsführer von 1976 an in Bonn
habe er Schäuble wieder getroffen, sehr schnell enge Kontakte zu ihm geknüpft. Wegen »seiner parlamentarischen
Erfahrung, seiner herausragenden Kenntnisse und Bega-
bungen« habe er ihn 1981 auch zum Parlamentarischen Geschäftsführer der Unionsfraktion berufen. Und seine Beziehung zu Schäuble beschrieb Kohl damals sogar als eine
»Beziehung zwischen einem älteren und einem jüngeren
Bruder«.[3] In seinen später geschriebenen »Erinnerungen«
durfte dieser »Bruder« dann allerdings nicht mehr stattfinden. War einfach weg. Wie ausradiert.

Dabei hätte Kohl es ohne jene »Kampfgruppe«, in der
Schäuble zu den wichtigsten Akteuren gehörte, vermutlich
1982 gar nicht ins Kanzleramt geschafft. Denn Schäuble
und dessen Mitstreiter waren 1980 Kohls wichtigste Truppe
gewesen in der beinahe selbstzerstörerischen Auseinandersetzung der Union im Streit um einen Kanzlerkandidaten
Franz Josef Strauß. Und die damaligen Helfer Kohls kön-

nen durchaus auch das spätere Verdienst für sich beanspruchen, dass die CDU nach ihren Jahren in der Opposition später programmatisch wenigstens als halbwegs moderne Volkspartei durch die achtziger Jahre kam. Kohl selbst hatte mehr auf eine Politik des Aussitzens der sozialliberalen Koalition Helmut Schmidts gesetzt, nicht auf die offensive politische Auseinandersetzung.

Die »Gruppe 76« bestand in ihrem ursprünglichen Kern vor allem aus den baden-württembergischen und rheinland-pfälzischen CDU-Abgeordneten Dieter Schulte, Philipp Jenninger, Elmar Pieroth und Anton Pfeifer, die bereits 1969 in den Bundestag gewählt worden waren. Nach der Bundestagswahl 1976, bei der der Mainzer Ministerpräsident Helmut Kohl als Spitzenkandidat mit 48,6 Prozent das beste Wahlergebnis der CDU seit 1957 erreicht hatte, stießen noch die CDU-Bundestagsabgeordneten Wolfgang Schäuble, Lutz Stavenhagen, Olaf von Wrangel und Volker Rühe hinzu, die allerdings Kohl auch schon seit Anfang der siebziger Jahre kannten. Sie operierten unter der Führung des CDU-Abgeordneten Manfred Wörner, damals Chef der einflussreichen baden-württembergischen Landesgruppe im Bundestag. Er kümmerte sich um die jüngeren Volksvertreter aus dem »Ländle« ganz besonders. Das waren alles politisch hungrige Nachwuchspolitiker, die sich eine inhaltliche Erneuerung der CDU wünschten. Dieter Schulte, der später zum Parlamentarischen Staatssekretär beim Bundesverkehrsminister aufstieg, beschreibt die Motivlage so: »Wir wollten die verkrustete, reformunfähige CDU aufbrechen und vor allem die Adenauersche Politik in Bezug auf die soziale Marktwirtschaft weiterentwickeln, ebenso die Friedenspolitik nach Osten, ohne den Anspruch auf die Wiedervereinigung aufzugeben. Und es sollte eine Diskussion über die Öffnung der CDU für die Moderne endlich stattfinden – das Thema Mitbestimmung sollte fortgesetzt, bei der Entwicklungshilfe mehr auf die Bedürfnisse der Empfängerländer geachtet werden.«[4]

Später stießen noch Rudolf Seiters – wie Schäuble sollte er einmal Bundesinnenminister werden – und Heiner Geißler hinzu, der mit Kohl auch schon in Mainz als dessen Sozialminister eng zusammengearbeitet hatte. Diese Gruppe bildete die Spitze eines liberalen Flügels in der CDU/CSU-Fraktion und machte vor allem Politik gegen die erzkonservativen »Stahlhelmer«, um die CDU wieder mehrheitsfähig zu machen. Der Vorgänger Kohls im Amt des Fraktionschefs, Rainer Barzel, war ihnen nicht argumentativ genug, »Kohl immerhin hörte uns wenigstens stets an«, erinnert sich Schulte heute noch.[5] Gab es ein politisches Problem, rief man im Büro Kohls an, und der ließ ihnen ausrichten: Kommt bitte um halb acht, wir gehen dann zusammen essen.

Hans-Peter Repnik, der später der engste Freund Schäubles geworden und dies bis heute geblieben ist: »Kohl war unser Hoffnungsträger, der uns wieder Hoffnung auf neue politische Erfolge gab.«[6] Repnik war zwar erst 1980 nach seiner Wahl in den Bundestag zur »Kampfgruppe« gestoßen, aber er hatte ihre Mitglieder schon Jahre zuvor gut gekannt.

Mit Kohl hatte man wieder einen politischen Kopf in Bonn, »mit dem man sich identifizieren konnte«, erinnert sich Repnik.[7] Und der die jungen Abgeordneten in der Bundestagsfraktion unterstützte in der heftigen internen Auseinandersetzung mit dem konservativen Flügel der CDU, der auf der Linie von Franz Josef Strauß marschierte. Schulte: »Schäuble war eine wichtige Ergänzung von Kohl, denn der war nicht gerade der beste Finanzjurist.« Der Kampf gegen die von der CSU geforderte Kanzlerkandidatur 1980 einte den CDU-Nachwuchs. Die politischen

Grundsatzdebatten zwischen den Kohl-Anhängern und
den »Stahlhelmern«, zumeist in der baden-württembergischen Landesvertretung in Bonn ausgetragen, verliefen bisweilen so vehement und lautstark, dass das Personal angewiesen wurde, Trollinger Rotwein erst nach 22 Uhr auszu-
schenken. Zu den einflussreichsten »Stahlhelm«-Mitgliedern
zählten die CDU-Abgeordneten Herbert Czaja, Manfred
Abelein, Hansjörg Häfele und Karl Miltner, alles Volksvertreter aus Baden-Württemberg, die in der CDU/CSU-
Bundestagsfraktion eine gewichtige, konservative Rolle
spielten.

Die jüngeren Kohl-Anhänger machten ihnen vor allem
die von ihnen beanspruchte Führungsrolle in der Außen-
und Deutschlandpolitik streitig und warfen den Oldies insbesondere »vorauseilenden Gehorsam bei allem vor, was
aus Washington kommt«. Repnik erkannte in der Gruppe
insbesondere Kollegen, »die politisch veraltet, konservativ
sind und politisch nichts mehr bewirken wollen«. Worauf-
hin die »Stahlhelmer« ihm androhten, »ihn bei erster nächs-
ter Gelegenheit abzuschießen«.[8]

Die lautstarken Streitereien in der Landesvertretung, bei
denen damals auch noch CDU-Ministerpräsident Lothar
Späth Kohl-kritisch mitmischte, waren in Bonn alsbald so
bekannt, dass der baden-württembergische SPD-Abgeord-
nete Dieter Spöri über das Trollinger-Verbot lästerte: »Bei
uns wird auch schon um 20 Uhr voll eingeschenkt, denn
wir in der SPD erlauben alkoholbeschwingte Kritik und
ebensolches Kratzen am Lack der Autoritäten.«[9] Das war
im Prinzip auch Schäubles Linie in jenen Jahren: Die Fraktion sei keine Organisation, die nur für Mehrheiten sorgt,
»sondern wir sind eine quicklebendige Fraktion mit vielen
Ideen, und die bringen wir selbstbewusst in den Meinungs-
bildungsprozess ein«. Schäubles Lust, sich auch im politi-

schen Nahkampf durchzubeißen, war schon damals ausgeprägt. Er rechtfertigte sich oft gegenüber seinen Mitstrei-
tern mit dem Satz: »Wir Kleinen haben es eben schwerer als
die Großen.«

Die heftigsten Auseinandersetzungen tobten in der Landesvertretung im Jahr 1992, im Vorfeld der baden-württembergischen Landtagswahl. Schäuble hatte sich mit einem
gewissen Respekt den Positionen des SPD-Politikers Oskar
Lafontaine angenähert, vor allem deshalb, weil dieser als
erster der führenden SPD-Köpfe eine Einschränkung des
damals geltenden großzügigen Asylrechts befürwortete.
Selbst die Möglichkeit einer Großen Koalition hatte Lafontaine bereits Schäuble angeboten, was für diesen auch keineswegs eine völlig ausgeschlossene Option war. Das hin-
derte ihn aber nicht daran, Lafontaine im Zusammenhang
mit den Diskussionen über die Wiedervereinigung auch
mal als »Lügner und Demagogen« zu beschimpfen.

Was Schäuble aus Repniks Sicht in den turbulenten Tagen der Machteroberung und der anschließenden Verteidigung des Kanzlers Kohl Anfang der achtziger Jahre half:
»Er nahm sehr früh Witterung auf für bestimmte gesell-
schaftliche Entwicklungen und erkannte früh, wo es Reformbedarf gab.«[10] Doch habe er die Fraktion auch oft wegen seiner intellektuellen Ungeduld überfordert, habe ihr
wenig Zeit gelassen, sich an die neuen Ideen zu gewöhnen.
»Zuweilen hat er der Fraktion zu viel zugemutet.«

Über die Rolle des kleinen Zuarbeiters von Kohl, der
dem Fraktionschef auch ab und an etwas aufschreibt, rückte Schäuble schnell heraus und näher an Kohl heran, weil er
sich als Parlamentarischer Geschäftsführer vor allem als
wirtschafts- und finanzpolitischer Sprecher einbrachte, dies
auch kritisch, es aber nie an Loyalität gegenüber Kohl fehlen ließ.

Wichtigster Mann der »Kampfgruppe« war Jenninger, den Kohl nach seinem Wechsel nach Bonn zum Ersten Parlamentarischen Geschäftsführer gemacht hatte mit der Bitte um Hilfe: »Ich habe doch keine Ahnung von Bonn.«[11] Jenninger war immer dabei, wenn Kohl zweimal die Woche mit seinem Pressesprecher Eduard Ackermann und seinem außenpolitischen Berater und Redenschreiber Horst Teltschik beim Frühstück zusammensaß, um zu beraten: Was machen wir diese Woche, was ist wichtig? Kohl hatte kaum Kontakte zu den anderen Parteien oder etwa gar zu Kanzler Schmidt.

Der Härtetest für die »Kampfgruppe Kohl« kam, als der CSU-Vorsitzende Strauß die Kanzlerkandidatur im Jahr 1980 für sich beanspruchte. Das war vor allem für Jenninger ein Problem der Loyalität, denn er hatte früher dem Bayern als Kabinettsreferent zugearbeitet. Man war sich in einem Punkt einig: Kohl durfte die Kraftprobe nicht verlieren. Geißlers Idee war: Wenn schon einer gegen Strauß verlieren muss, dann muss es ein anderer als Kohl sein – es war dann Ernst Albrecht.

Die »Kampfgruppe« besprach stets alle politischen Themen, ehe sie in die Fraktion kamen, organisierte alle personalpolitischen Entscheidungen in Absprache mit Kohl – »oder in gefühlter Absprache mit ihm«, wie Schulte sich erinnert.[12] Schäuble zeigte sich auch schon damals interessiert an schwarz-grünen Beziehungen, weil bei den Grünen die Befürworter der Friedensbewegung noch mehr Gewicht hatten als die Öko-Anhänger. Schulte: »Wolfgang Schäuble hatte immer ein feines Ohr für neue politische Entwicklungen und ein Gefühl für ihre Wirkungen auf die Menschen.«[13]

Schäuble gehörte zunächst zwar nicht zum innersten Kreis der »Kampfgruppe«, denn er passte nicht zum lebens-

frohen Politikstil Kohls und wurde nur selten auf dessen
politische Wanderungen mitgenommen. Auch nicht zu den
Abendessen, zu denen Kohl stets dann einlud, wenn in der
Fraktion ein brisantes politisches Problem zur Entscheidung anstand. Schäuble bedauerte das aber nicht, denn dadurch war er weniger eingebunden als etwa Jenninger.

Kohl schätzte an Schäuble vor allem dessen logisch sauberes Arbeiten auf der Basis fester, christlich-demokratischer Grundsätze, und der Badener war vor allem auch deshalb eine gute Stütze Kohls, weil er ein weitaus besserer
Finanzjurist war als der Fraktionsvorsitzende. Jenninger,
der in jener Zeit erheblich näher an Kohl dran war, erinnert
sich: »Schäuble war fest davon überzeugt, dass Kohl Kanzler werden müsse. Ich habe ihn geschätzt, weil er sehr oft
eine eigene Meinung hatte, aber immer sehr diszipliniert
dafür geworben hat.«[14] Schäuble war derjenige, sagt wiederum Repnik über jene Tage, »der uns die Hoffnung vermittelte, unsere Zeit mit Kohl kommt schon noch«.[15] Jenninger
setzte sich sehr früh dafür ein, dass Schäuble von Kohl zu
einem der Parlamentarischen Geschäftsführer berufen wurde, wogegen es erheblichen Widerstand gab. Die Fraktion
wollte nicht noch einen Baden-Württemberger vor der
Nase haben. Jenninger gab nicht nach: »Mich hat sehr beeindruckt, mit welcher Leidenschaft Schäuble Politik gemacht hat.« Diese Leidenschaft, sagt Jenninger heute,[16] »ist
auch der Grund für Schäuble gewesen, später den Rollstuhl
konsequent zu ignorieren«, obwohl in der CDU/CSU-
Bundestagsfraktion, wo Schäuble in früheren Jahren viele
Abgeordnete immer wieder »massiv abgebürstet« hatte, die
geflüsterte Frage »Soll der nun auch noch Kanzler werden?« von vielen gestellt wurde.[17]

Schon damals hat es Schäuble nie an Loyalität zu Kohl
fehlen lassen, aber trotz seiner dienenden Funktion sich

immer seinen eigenen Kopf bewahrt. Sehr viel früher als Kohl habe er etwa erkannt, sagt Repnik, »dass ein erheblicher Nachholbedarf an innenpolitischen Reformen bestand, sowohl im Bereich Sozialpolitik wie im Finanzbereich«. Anlass der späteren Entfremdung zwischen Kohl und Schäuble sei letztlich auch die Reformscheu des Kanzlers gewesen. Blickt Repnik zurück auf den politischen Lebensweg Schäubles von den siebziger Jahren bis heute, dann kenne er keinen, »der die Geschicke der Republik so mitbestimmt hat wie Schäuble, Franz Josef Strauß vielleicht ausgenommen«.[18] Zu lange, schon vor seiner Zeit im Rollstuhl, sei Schäuble als politischer Technokrat verkannt worden. Dabei sei er stets »auch ein zutiefst programmatisch denkender Mensch gewesen«.

Schäubles Aufstieg in der Unionsfraktion war außergewöhnlich steil verlaufen. 1972 hatte er sofort den Sprung in den Finanzausschuss versucht, was indes misslang, da dort bereits drei Baden-Württemberger saßen. Er ging daher in den Ausschuss für Bildung und Wissenschaft sowie in den Sportausschuss. Im Finanzausschuss reichte es nur zum stellvertretenden Mitglied. Im Sportausschuss eroberte der parlamentarische Neuling dagegen sofort den Posten eines Obmanns, was ihm Gelegenheit gab, sich attraktiv nach außen darzustellen, zumal er auch noch zu den besten Kickern in der Bundestagself gehörte. Bundesweit wahrgenommen wurde er dadurch, dass er rügte, wie wenig die sportliche Entwicklungshilfe im Rahmen der auswärtigen Kulturpolitik eingesetzt werde. Schäubles Argument: Der Fußballer Uwe Seeler besitze in der Dritten Welt schließlich einen höheren Stellenwert als Ludwig van Beethoven. Es müsse jetzt endlich mehr Geld für die sportliche Entwicklungshilfe eingesetzt werden, forderte er.

Ein besonderer politischer Erfolg war, dass er der politischen Gegenseite ohne Berührungsängste einen Freibetrag für Übungsleiter in Sportvereinen abluchste. Noch wichtiger war, dass er von seinem Landsmann Wörner in den Steiner/Wienand-Ausschuss geboxt wurde, der untersuchen sollte, ob Schmiergeld im April 1972 die Wahl Barzels zum Bundeskanzler im Zuge eines konstruktiven Misstrauensvotums gegen Willy Brandt verhindert hatte. In der Debatte über die Ergebnisse des Untersuchungsausschusses hielt Schäuble eine so mitreißende Rede, dass Unionsfraktionschef Karl Carstens sogar eine Schallplatte von ihr prägen lassen wollte, um damit Wahlkampf zu machen. Schäuble selbst hat die Zeit im Ausschuss später einmal als Lernperiode gewertet, bei der er seine Unschuld im politischen Nahkampf verloren habe.

Dies geschah vor allem in der politischen Auseinandersetzung mit Brandts Kanzleramtschef Horst Ehmke. Dem warf Schäuble vor, er habe 50 000 Mark aus dem Verfügungsfonds des Kanzlers abgehoben, um 1972 damit den früheren CDU-Volksvertreter Julius Steiner bei der Abstimmung über die Ostverträge zu bestechen. Ehmke wehrte sich gegen Schäuble mit dem Vorwurf, dessen Argumentation könne man nur als »verkommen« bezeichnen. Nie wieder konnten später die beiden Abgeordneten halbwegs entspannt miteinander umgehen, obwohl sie beide aus Baden-Württemberg in den Bundestag gekommen waren.

Unter Kohl durfte Schäuble dann in den Finanzausschuss aufrücken, wohin es ihn ja von Beginn seiner Zeit im Bundestag an gezogen hatte. Vollends bedingungsloser Kohl-Mann wurde Schäuble, nachdem er auf Vorschlag Jenningers in die Position eines Fraktionsgeschäftsführers aufrücken konnte, weil der bisherige Amtsinhaber Gerhard Kunz in den Berliner Senat wechselte. Das Wahlergebnis im Juni 1981 war fast eine Dekoration: 129 Ja-Stimmen, lediglich 14 Nein-Stimmen. Nach neun Jahren Bundestag war Schäuble in der Oppositionsfraktion ganz oben angekommen. Jetzt war er in den Augen aller ein eindeutiger und treuer »Kohl-Mann«.

Doch eine dunkle Stunde schlug auch Schäuble alsbald, als er sich von Kohl im Dezember 1981 für den Versuch verpflichten ließ, eine Amnestie für jene Steuersünder klammheimlich durchzusetzen, die steuerlich absetzbare Großspenden über sogenannte Staatsbürgerliche Vereinigungen oder gemeinnützige Stiftungen am Finanzamt vorbei in die Parteikassen geschoben hatten, um politischen Einfluss zu nehmen. Der zusammen mit FDP, SPD und CDU/CSU von Schäuble in strengster Diskretion ausgeheckte Amnestieversuch, mit dem die SPD die Zukunft der sozialliberalen Koalition unter Kanzler Schmidt zu verlängern hoffte, scheiterte letztlich – mit einem zeitgeschichtlich bemerkenswerten Ergebnis: Kohl kam dank der trickreichen Aktion früher ins Kanzleramt, als es sonst wohl der Fall gewesen wäre.

Bisher gilt weithin als unumstritten, dass die SPD/FDP-Koalition unter Kanzler Helmut Schmidt vor allem an ihren Konflikten in der Wirtschafts- und Finanzpolitik zerbrochen ist. Hinzu sei der schwere innere Konflikt der SPD in der Frage des von Schmidt akzeptierten NATO-Doppelbeschlusses gekommen. Das waren in der Tat belastende Faktoren für das Koalitionsklima. Doch den Ausschlag für den Ausstieg der FDP aus der Koalition gab letztlich das Scheitern des SPD-Amnestieversuchs. In der Nacht vor der entscheidenden Fraktionssitzung der SPD, in der sie zustimmen sollte, rief einer der Parlamentarischen Geschäftsführer des Fraktionsvorsitzenden Herbert Wehner beim SPD-Abgeordneten Spöri an, der ein entschiedener Gegner

der Amnestie war, und drohte ihm: »Wenn ihr das morgen
zum Scheitern bringt, ist die Koalition zu Ende.«

Doch die Amnestie fand in der SPD-Fraktion trotz des
Machtworts keine Mehrheit. Erst danach stellte sich in der
FDP-Führung die mentale Bereitschaft ein, das erhebliche
politische Risiko des in den eigenen Reihen hochumstritte-
nen Koalitionsbruchs einzugehen. Denn die FDP-Spitze
stand damals wegen der Spendenaffären selbst unter hohem
medialem und juristischem Druck. So stieg sie aus, weil der
neue Partner CDU den Liberalen doch noch Rettung per
Amnestie aus dem bis dahin größten spendenpolitischen
Skandal der Bundesgeschichte signalisierte. Schäuble hat,
wie oft übersehen wird, mit seinem Amnestieversuch unbewusst und unbeabsichtigt den Liberalen den entscheidenden Anlass für den Sprung zur Union geliefert.

Denn: Die Verhinderung der Amnestie verschlechterte
die ohnehin schon massiv gestörten Beziehungen zwischen
der SPD und der FDP so sehr, dass die Liberalen unter dem
zusätzlichen Druck von Otto Graf Lambsdorff und dem
FDP-Wirtschaftsminister Hans Friderichs, die beim Spendensammeln besonders aktiv gewesen waren, intern ab sofort darauf drängten, die Koalition mit der SPD möglichst
schnell zu beenden. Was später an Trennungsgründen von
der FDP nachgeschoben wurde, etwa das von Graf Lambsdorff vorgelegte sozialliberale »Scheidungspapier«, diente
nur der Verschleierung dieser Tatsache.

Aus Spöris Sicht war, was Schäuble für eine »Blamage«
hielt, dagegen ein Rettungsversuch, der unbewusst zur Er-
folgsstory wurde: »Schäuble hat damit den Druck auf Helmut Schmidt erhöht, nicht länger mit dieser FDP, in Kooperation mit Otto Graf Lambsdorff, Hans Friderichs und
Hans-Dietrich Genscher, Kanzler bleiben zu wollen. Es
war ein Scheitern, das Schäuble einen großen politischen

Erfolg brachte, denn es hat die Dauer der sozialliberalen Koalition verkürzt. Vom Effekt her war es Schäuble, der Helmut Schmidt vorzeitig gestürzt hat.«[19]

Geholfen hat die Aktion der FDP letztlich nicht, denn ein späterer erneuter Versuch, die massiven Verstöße gegen die geltenden Bestimmungen des Parteiengesetzes straffrei zu stellen, scheiterte 1984 kläglich. Einziger Profiteur der Schäuble-Aktion blieb somit Helmut Kohl. Sie hat ihn an die Macht gebracht, früher, als er damals hoffen konnte. Denn ihre eigenen inneren Streitthemen hätten die Sozialdemokraten wohl noch eine ganze Weile ausgehalten.

So gesehen, war es eine Fehleinschätzung, dass Schäuble das Scheitern der Amnestie für die politischen Steuersünder später einmal als »eine meiner bittersten Stunden während meiner parlamentarischen Arbeit« nannte.[20] Ein Flop, eine Fehlleistung sei es gewesen. Tatsache ist: Er hat Kohls Weg ins Kanzleramt unabsichtlich verkürzt.

10. Kapitel
Abkanzler:
Starker Mann in der
Fraktion

Nach dem konstruktiven Misstrauensvotum gegen Helmut Schmidt und der Wahl Kohls zum Kanzler erhielt Schäuble am 4. Oktober 1982 endlich das, was sich sein Wegbegleiter Manfred Wörner, Vorsitzender der baden-württembergischen Landesgruppe im Bundestag, schon viel früher für ihn immer gewünscht hatte: »die richtige Spielwiese für dieses reaktionsschnelle und analytische Talent«.[1]

Schäuble wurde an diesem Tag, nachdem er schon ab Juni 1981 als einer von vier Parlamentarischen Geschäftsführern dem Fraktionsvorsitzenden Kohl gedient hatte, zum Ersten Parlamentarischen Geschäftsführer der Unionsfraktion gewählt. Mit nur neun Gegenstimmen, was als sensationelles Ergebnis galt. Und damit stieg der Badener zum wichtigsten Helfer Kohls auf, den Schäuble im neuen Amt sogleich mit einem Loyalitätsbekenntnis begrüßte: »Kohls Kurs der mittleren Linie zwischen totaler Konfrontation und völliger Anpassung an die Regierungspolitik ist richtig.«

Der neue politische Job war maßgeschneidert für Schäuble, denn er war dort zuständig für die Koordination der politischen Arbeit der CDU/CSU-Bundestagsfraktion und der CDU/CSU-Europaabgeordneten. Europa war schon damals das zentrale Thema des Politikers Schäuble, war es

seit seinen allerersten politischen Anfängen gewesen – und
ist es bis heute. Von seinem Wahlkreis Offenburg aus hatte
er schon in der Jungen Union stets eifrig politische Fäden
hinüber ins Elsass geknüpft, war Vorsitzender der Arbeitsgemeinschaft Europäischer Grenzregionen und saß seit
1975 in der parlamentarischen Versammlung des Europarats.

Hinzu kam ein weiterer Einflussfaktor für den neuen
»Ersten«: Er war in diesem Job zuständig für den Ge-
schäftsplan der Unionsfraktion, die Organisation der Berliner Fraktionssitzungen, zu denen man an die Spree reiste,
für die Probleme der Geschäftsordnung und die Raumver-
teilung der Unionsabgeordneten – eine Position, in der man
sich durch falsche oder richtige Zuweisungen politische
Freunde oder Feinde fürs Leben schaffen konnte.

Zwar saß in der parlamentarischen Hierarchie nach der
Wahl Kohls zum Kanzler noch immer der neue CDU/CSU-
Fraktionsvorsitzende Alfred Dregger über Schäuble, der
zuvor unter Kohl stellvertretender Fraktionsvorsitzender
gewesen war, aber Kohl stellte unverzüglich klar, wer aus
seiner Sicht künftig fürs politische Geschäft im Bundestag
vor allem zuständig war: »Der Dregger macht die Reisen,
der Schäuble die Arbeit.« Und Dregger nahm diese Ar-
beitsteilung natürlich gerne an.

Allen war auch klar, dass Schäuble schon damals (und
nicht erst im November 1991, als er nach dem Attentat das
Amt des Bundesinnenministers erstmals abgab) der neue
Fraktionschef geworden wäre, wenn Dregger Kohls groß-
zügiges Abschiebeangebot angenommen hätte, auf dem
Stuhl des Bundestagspräsidenten in den politischen Ruhestand zu gehen.

Doch Dregger lehnte ab, amtierte aber als ein weithin
nur repräsentierender Fraktionsvorsitzender, zumal Kohl

Schäuble alsbald zum »Leitenden Kompaniefeldwebel«
ausrief. »Ich verstand mein Amt so«, sagt Schäuble heute
im Rückblick, »dass ich nicht nur zuständig war für die Organisation der Fraktion, sondern auch Einfluss nahm auf
ihre politische Willensbildung.« Kohl hat Schäubles Arbeit
in jenen Tagen mit dem Lob bedacht: »Er hat damals eine
enorme Leistung vollbracht.«[2] Zu einer Notiz in Kohls Memoiren bis 1982 hat das aus bekannten Gründen dennoch
nicht gereicht.

Für Schäuble war der Wechsel an die Fraktionsspitze als
Erster Parlamentarischer Geschäftsführer mit der Perspektive, später auch zum Fraktionsvorsitzenden aufsteigen zu
können, immer eine wichtige politische Option gewesen.
Seit längerem hatte er sich gesagt: »Wenn es einmal einen
Führungswechsel gibt und die Chance für mich besteht,
würde ich es gerne tun.«

Unmittelbar nach dem Attentat hielt er zwar einen Wechsel
an die Fraktionsspitze noch für ausgeschlossen. Dann aber
öffnete die Fraktion ihm eine Option auf die Nachfolge
Dreggers, als sie beschloss, die Entscheidung über den neu-
en Vorsitzenden um ein Jahr zu verschieben, um Schäuble
doch die Chance auf die Nachfolge zu erhalten. Er war damit einverstanden, obwohl so auch ein gewisser Druck auf
ihn entstand.

Er sagte damals: »Die Gefahr besteht, dass, wenn ich im
Herbst sage, aus diesen oder jenen Gründen bin ich der
Meinung, dass das Amt des Fraktionsvorsitzenden nicht
das Richtige für mich ist, dass dann auch gesagt wird: Wenn
er das nicht kann, kann er das andere doch auch nicht. Ob
Bundesminister oder Fraktionschef, das ist doch wohl die
gleiche Belastung.«

Die Rolle des parlamentarischen Raufbolds, die er gekonnt und gerne auch bei seiner späteren Berufung (1991) ins Amt eines CDU/CSU-Fraktionsvorsitzenden (1998 wiedergewählt) stets gegeben hat, beherrschte Schäuble allerdings schon in jenen Tagen als Erster Parlamentarischer Geschäftsführer unter Dregger perfekt.

Sein Ansehen in der Fraktion zu Beginn der achtziger Jahre war allerdings nicht nur von respektvoller Zuneigung geprägt. Arrogant sei er, ein vorschneller Selbstdarsteller, ein Prahlhans, der von seinen in eifrigem Aktenstudium gewonnenen Informationsvorsprüngen lebe, moserten einige Parteifreunde. Und er hatte in der Tat viel von einem Dompteur. Auf seinen Peitschenknall hin musste blitzschnell in die richtige politische Richtung, die selbstverständlich er allein vorgab, gesprungen werden.

Die Beziehung zur CSU vor allem war schlecht, was selbst der CSU-Landesgruppenchef Theo Waigel bis heute nicht leugnet. Als der den CDU-Kollegen mal aus Versehen mit »Herr Schäubel« anredete, antwortete der unverzüglich mit »Herr Waigele«.[3]

Gerne sprach Schäuble, der einst die gefährlichste Waffe in der Hand Kohls im Kampf gegen Franz Josef Strauß gewesen war und in der CDU-Satzung damals unverzüglich die Möglichkeit eines Einmarsches in Bayern verankert hatte, von der »Regionalpartei CSU«. Sein dröger, erzieherischer Ratschlag an allzu ehrgeizige CSU-Parteifreunde lautete: »Ihr könnt euch auf jede erdenkliche Weise profilieren, nur nicht gegen den Bundeskanzler.« Als Edmund Stoiber an die Spitze der CSU aufrückte, sagte Schäuble erleichtert: »Die Zusammenarbeit mit Stoiber wird leichter sein als die mit Theo Waigel.«

Als Schäuble nach der Bundestagswahl 1998 zum CDU-Vorsitzenden aufgestiegen war, kam Stoiber zu ihm und sagte: »Ich wollte Ihnen für morgen und übermorgen alles Gute wünschen.« Schäuble war tief beeindruckt und kommentierte den Vorgang später mit den Worten: »Derartige menschliche Regungen hätte ich ihm nicht zugetraut.«

Diese menschliche Annäherung war erstaunlich. Denn zur ersten Begegnung zwischen Stoiber und Schäuble war es im Jahr 1983 unter eher kuriosen Umständen gekommen, nämlich bei den Koalitionsgesprächen zwischen CDU und CSU mit Blick auf das künftige Bündnis mit der FDP. Stoiber wollte bei dieser Gelegenheit Schäuble aus dem Beratungszimmer werfen lassen, obwohl der schon Erster Parlamentarischer Geschäftsführer der Unionsfraktion war. Er fragte mit Blick auf Schäuble lautstark, wie Theo Waigel sich bis heute erinnert: »Was macht der denn da, den kenne ich nicht. Der gehört nicht hierher!«[4] Schäuble blieb unbeeindruckt sitzen, zumal auch Strauß an seiner Anwesenheit nichts auszusetzen hatte.

Andererseits ging Schäuble später als Bundesinnenminister mit dem Bayern ebenfalls nicht gerade sanftmütig um und erzählte belustigt, wie er Stoiber in der Bibliothek seines Ministeriums beim Verhandeln über ein neues, schärferes Ausländergesetz Ende 2005 von zehn Punkten, die Stoiber bei ihm durchsetzen wollte, nicht einen einzigen genehmigt habe.

Natürlich wusste Schäuble auch, dass Stoiber einmal über ihn gesagt hatte: »Ein Behinderter kann nicht Kanzler werden.« Als dieser Satz Theo Waigel hinterbracht wurde, kam es zu einem lautstarken Krach zwischen ihm und Stoiber. Waigel tobte: »Wenn das in der CSU hochkommt, nehme ich auf niemand Rücksicht. Ich lasse die Ehre eines Behinderten nicht beschädigen.«[5] Die Behindertenfrage blieb gleichwohl noch lange virulent in der CSU. Stoibers Büchsenspanner lästerten gerne: »Der wird mit seiner

Dreifachbelastung nicht fertig – Fraktion, Partei, Rollstuhl.«

Waigel ist bis heute schwer beeindruckt, wie Schäuble den Einigungsvertrag mit der DDR ausgehandelt hat. »Ich habe gestaunt, mit wie viel Detailwissen Schäuble dabei angetreten ist. Er hat weit mehr gewusst als seine ganze Umgebung.« Und mindestens ebenso war Waigel davon angetan, »dass dieser Schäuble sogar dem SPD-Juristen Hans-Jochen Vogel sachkundige Antworten geben konnte«.[6]

Waigel ist heute auch sehr beeindruckt davon, wie Schäuble das Finanzressort meistert. »Es gibt keinen besseren Mann in der Finanzpolitik.«[7] Hinzu komme bei ihm das Engagement für Europa in einer Zeit, in der sich viele vom Gedanken an ein einiges Europa abwendeten. »Für Schäuble wäre die Abwendung von Europa ein Rückfall in eine katastrophale Zeit, vergleichbar der Entwicklung in Europa nach dem Ersten Weltkrieg.«[8] Die Frage, ob Schäuble sich vielleicht auch als Pfleger des politischen Erbes des Europapolitikers Kohl sieht, beantwortet Waigel lieber nicht. »Wenn ich das sagen würde, dann springt er im Quadrat, weil er sich nicht als Erbe von irgendjemand definiert.«[9]

Aus der Sicht des ehemaligen CSU-Vorsitzenden Waigel hätte Schäuble bereits Mitte der neunziger Jahre Kanzlerkandidat der CDU/CSU werden müssen. Er erinnert sich an ein Gespräch in jener Zeit, als er an einem Abend im Kanzleramt mit Schäuble zusammensaß. Die Umfragen für die CDU/CSU lagen im Keller, die Chancen auf die Verteidigung der Macht der schwarz-gelben Koalition standen schlecht. Als sich niemand mehr in Hörweite der beiden Unionspolitiker befand, sagte Schäuble zu Waigel: »Theo, wenn dem Helmut Kohl heute was passiert, dann musst du es machen!« Waigels Antwort war: »Wolfgang, ganz sicher nicht! Ich bin davon überzeugt, dass die CSU, solange sie

nur in Bayern regiert, sich die Kanzlerkandidatur nicht
noch einmal antun sollte. Es ist unmöglich, dass ein Kanzler, der seine politische Basis bei einem Zehntel der Wähler
der Bundesrepublik hat, dass der hinreichend Autorität
über alle anderen haben könnte, erst über die CDU und
dann noch über die FDP.«[10] Und Waigel versicherte Schäuble bei diesem Gespräch auch, wenn der Zeitpunkt für den
Kanzlerkandidaten Schäuble komme, dann »hat der meine
volle Unterstützung«.

Dass die persönliche Beziehung mit Schäuble nicht immer leicht war, räumt allerdings auch Waigel offen ein. Vor
allem in der Frage, ob Berlin Hauptstadt anstelle von Bonn
werden solle, waren Waigel und Schäuble sehr unterschiedlicher Meinung. Der Bayer, damals Finanzminister, hätte
gerne einen anderen Zeitpunkt, etwa fünf bis sieben Jahre
später, für den Umzug gesehen, aus finanziellen Gründen.
Nicht ganz vergessen hat Waigel auch, dass der Schäuble
jener Tage vor der Bundestagswahl 1998 nicht immer ein
pflegeleichter Partner für die CSU war. »Ich hätte mir gewünscht«, hat er zu Schäuble später einmal gesagt, »dass du
in jener Zeit zu mir nur halb so freundlich gewesen wärst,
wie ich es heute zu dir bin.«[11]

»Nicht die liebenswerten Typen sind die erfolgreichen«,
antwortete Schäuble allerdings gerne den Kritikern seines
Stils. Und schon im Amt des Ersten Parlamentarischen Geschäftsführers war es ihm egal, wenn er als »notorischer
Besserwisser«, als »ungeduldiger Antreiber« oder »Erfolgs-
fetischist« kritisiert wurde. Er antwortete gerne: »Dann
sorgt doch endlich dafür, dass ordentlich regiert wird!
Macht einfach das, was machbar ist!«

Noch rauhbauziger als in den Jahren als Erster Parlamentarischer Geschäftsführer operierte Schäuble, als er am
25. November 1991 im Rollstuhl erneut an die Spitze der

Fraktion gerollt war. Da gab ihm Rainer Barzel, der ja über persönliche Erfahrungen in diesem Amt verfügte, keine Überlebenschance auf Dauer. Das könne doch nur schiefgehen, prognostizierte er und berief sich dabei auf eigene leidvolle Erfahrungen. Vor allem einem Fraktionschef im Rollstuhl würden die Abgeordneten nicht parieren. Wenn die Hinterbänkler nicht länger abnicken wollten, was im Hinterzimmer von der politischen Führung ausgekungelt worden sei, dann müsse, so Barzel, der Fraktionschef aufspringen, müsse am besten auf einen Stuhl steigen und die Aufmüpfigen fixieren wie der Dompteur seine Raubkatzen. Das »Kusch-Kusch« funktioniere nur bei direktem Blickkontakt von oben.

Bei Schäuble allerdings, als der 1991 im Rollstuhl an die Spitze der Fraktion kam, da konnte es passieren, dass der detailbesessene Vorsitzende mit einem Kopf wie ein Stichwortregister einen Antragsteller anherrschte: »Lieber Herr Kollege, auf Seite 4 unten, der dritte Unterpunkt, das ist doch ein Widerspruch zum Beschluss der Arbeitsgruppe XY!«

Man könne noch so viel von einer Sache verstehen, klagte einmal einer seiner Referenten, »Schäuble examiniert einen, bis man unsicher wird und sich um Kopf und Kragen redet«. Lege man ihm ein Papier auf den Tisch, erkenne er mit einem Blick, wo die Sache einen Haken habe, und registriere auch noch penibel jeden Schreibfehler. »Es gibt nur Schäuble und Minderbemittelte«, ätzte einmal ein verbitterter CDU-Abgeordneter. Seine Werteskala sei offenbar: »Wer sammelt die wenigsten Minuspunkte!«

Schäuble selbst belächelte die Prognose des Polit-Oldies Barzel, an dessen Sturz aus dem Parteivorsitz er einst selbst energisch mitgefummelt hatte, und spottete sarkastisch, wie er es weit besser und verletzender beherrscht als andere Politiker, in Richtung Barzel: »Hat ja wohl irgendwie doch nicht geklappt bei dem Herrn.« Ein bisschen beherzigte er dennoch den Ratschlag. Der Vorstandstisch an der Stirnseite des Saals der CDU/CSU-Fraktion wurde leicht erhöht, bevor Schäuble das neue Amt antrat. Ansonsten gab er sich gelassen. Zu diesem Zeitpunkt beherrscht er allerdings schon die Herrschaftselemente eines Mannes perfekt, der wegen Querschnittslähmung im Rollstuhl sitzt. Er redet vor solch unruhigen Gremien wie der Bundestagsfraktion eher leise und zwingt damit die Aufmerksamkeit auf sich. Bei allzu heftigem verbalem Widerstand gegen die gewünschte Linie stemmt er sich im Rollstuhl mit beiden Armen leicht nach oben, wird scharfzüngig und oft auch verletzend. Dann macht er den Gegner nieder, getreu der Devise, die er schon zu Beginn seiner politischen Karriere vom CSU-Vorsitzenden Franz Josef Strauß übernommen und eingesetzt hatte: »Everybody's Darling ist Everybody's Rindvieh.«

Den Raufbold hatte er immer gerne gegeben. Als Geschäftsführer des schon leicht tütteligen Fraktionschefs Dregger pfiff er politisch abweichend argumentierende Parteifreunde schon mal mit dem Satz an: »Reden Sie nicht solchen Schwachsinn!« Oder er schulmeisterte grob: »Lieber Herr Kollege, kommen Sie endlich mal zur Sache!« Er examinierte auf Fraktionssitzungen oft so scharf, dass selbst altgediente Abgeordnete ins Stottern gerieten. Er schulmeisterte die Kollegen so grob, als zücke er demnächst den Prügelstock, oder fragte sie so harsch ab wie ein Lehrer in der Nachhilfestunde. Er gab sich gerne jener badischen Direktheit hin, die außerhalb seiner Heimat gerne als Grobheit ankommt. Wolfgang Schäuble, der Abkanzler.

Schäuble verteidigte seinen herben Stil gerne mit dem Satz, er wolle nicht zwanghaft beweisen, »dass ich nicht im-

mer ein furchtbar liebenswürdiger Mensch bin«. Schon gar
nicht dürften die Abgeordneten glauben, dass »sie einen
Hampelmann vor sich haben«. Zeitweise wehrte sich die
unter Dregger einst recht verlotterte Fraktion allerdings
mit erfolgreichem Widerstand gegen die Gängelung durch
Schäuble. Im Ringen um den § 218 trugen Christdemokraten zur Mehrheit für die Fristenregelung bei, obwohl
Schäuble die Fraktion auf die Indikationslösung gedrillt
hatte.

Einem Irrtum saß auf, wer Schäuble sein gerne zitiertes
politisches Glaubensbekenntnis abnahm, »politischer
Wettbewerb ist für mich ein Wettbewerb nach sportlichen
Regeln«. Denn die Regeln dieses Fairplay hat der politische
Rabauke egomanisch definiert: »Ich bin gut zu mir selbst
und hart gegen die anderen.« Wenn er die Zustimmung der
SPD gerade mal nicht zu einem politischen Projekt benötigte, fielen ihm schon mal überaus beleidigende Sätze ein. Es
war vor allem der faire und stets verbal anständige Hamburger SPD-Fraktionsboss Hans-Ulrich Klose, der diesem
Stil Schäubles nicht gewachsen war.

In den Jahren, als er den Fraktionsvorsitz innehatte, war
Schäuble bereits Helmut Kohls unumstrittener Kronprinz.
Selbst sein Freund Repnik, der ihn aus langen Jahren der
politischen Zusammenarbeit vor dem Attentat gut zu kennen glaubte, fand es gleichermaßen »faszinierend wie er-
schreckend«, zu welch malträtierenden Umgangsformen
sich Schäuble energiegeladen zuweilen zu zwingen schien.
Ab und an solle er wenigstens eine Schwäche anzudeuten,
riet Repnik Schäuble. »Das würde dich menschlicher machen.«[12] Geholfen hat der Ratschlag nicht viel. Noch in jeder Fraktionssitzung, so wurde alsbald geflüstert, habe
Schäuble einen Parteifreund so vorgeführt und verletzt,

dass der es ihm für den Rest der Legislaturperiode nicht vergessen werde.

Was bei diesem Urteil übersehen wird: Schäuble hat seinen politischen Aufstieg als treuer Gehilfe Kohls gemacht, war immer loyaler zu ihm als andere. Schäuble setzte dabei vor allem in der Fraktion, später auch im Kanzleramt ein, worüber Kohl selbst nicht verfügte: perfekte Effizienz im Detail, operatives Denken des leidenschaftlichen Schachspielers, die Fähigkeit zur gezielten Demagogie. Und gleichzeitig bewunderte er diesen Kohl dennoch, fast ehrfürchtig schwärmte er über dessen »Kraft, sich die Zuversicht zu bewahren, bei all den Dingen, die täglich auf ihn einstürzen«. Was man doch auf führenden politischen Positionen im Kanzleramt oder in der Fraktion alles aushalten müsse! Was für Ärger dort zu verkraften sei! Worte wie diese ergänzte er dann schon einmal mit dem Satz: »Ich wollte diesen Job Kohls niemand anderem zumuten.« Er sagte aber nie: Ich, Wolfgang Schäuble, will diesen Job nicht.

Wolfgang Schäuble hat die unerbittlichen Mechanismen und Details des politischen Geschäfts stets viel besser und früher begriffen als viele andere Politiker. Dass etwa der Verzicht auf einen Aufstieg unweigerlich die Gefahr des Abstiegs einschließt. Den Fraktionsvorsitzenden musste er einfach zweimal machen, einmal mit und für Kohl, einmal nach Kohl, um dessen zerrüttete Erbschaft aus den verstaubten Strukturen der CDU zu räumen. Aus diesem Grund hatte er auch nach dem Attentat unverzüglich als Bundesinnenminister weitergemacht, um sich nicht den damals längst in ihm existierenden Wunsch nach der eigenen Kanzlerschaft selbst zu zerstören.

Schäubles für Konkurrenten derart verletzend ausgeprägtes Selbstbewusstsein war vor allem im Blick darauf bemerkenswert, wie er den Sprung an die Fraktionsspitze geschafft hatte.

Schon 1988 hatte die CDU/CSU-Fraktion Alfred Dregger in den Ruhestand schicken wollen. Auch zu diesem Zeitpunkt war Schäuble als sein Nachfolger im Gespräch. Mehr als einmal hatte Repnik damals beim morgendlichen Joggen mit Schäuble am Rhein über das Problem Dregger diskutiert.

Repnik hatte für die Idee eines Führungswechsels an der Fraktionsspitze einflussreiche Helfer – die CDU-Landesgruppenvorsitzenden Willi Rawe aus dem mitgliederstärksten Landesverband Nordrhein-Westfalen und Johannes Gerster aus Rheinland-Pfalz, der sich in der Nähe des damals politisch schwächelnden Helmut Kohl einen energischen Strippenzieher mit neuen politischen Ansätzen wünschte. Doch als sie Dregger in kleiner Runde den Vorschlag des politischen Ruhestands machten, erklärte dieser forsch: »Ich lasse mich nicht abschieben.«

Als er wenig später bei einem Abendessen mit den Bonner Korrespondenten sitzt, serviert Gerster Dregger erneut das ungeliebte Thema des Verzichts auf den Fraktionsvorsitz. Doch da erwachte in Dregger sein früherer Kampfgeist: »Wenn Sie mich loswerden wollen, müssen Sie mich abwählen.«[13] Und höhnisch rief er den jungen Aufständlern zu: »Und jetzt gehen wir zum gemütlichen Teil des Abends über.« Zur Radikalmaßnahme der Abwahl waren die natürlich nicht bereit.

Dregger verschärfte selbstbewusst den Konflikt, indem er seine Gegner öffentlich aufforderte, den Mut zu haben, in der Fraktion offen das Thema mit ihm zu besprechen und gegen ihn anzutreten. So schleppte sich die Frage der Ablösung Dreggers hin bis zum Attentat auf Schäuble im Oktober 1990. Der ist zwar fest entschlossen, kaum dass er den Rollstuhl einigermaßen beherrscht, künftig fürs Amt des Fraktionschefs zur Verfügung zu stehen. Doch klar ist zu diesem Zeitpunkt auch, dass Schäuble noch etwas Zeit zur weiteren Genesung benötigt.

Dregger nutzt die Chance und erklärt 1991 kess, er gedenke, sich 1994 erneut zum Fraktionschef wählen zu lassen. Das war ein Schock für seine Gegner, denn sie mussten befürchten, bei der dann anstehenden Bundestagswahl für den politisch führungsschwachen Dregger mit abgestraft zu werden. Maximal ein Jahr noch werde man ihn ertragen, erklärten ihm die Landesgruppenchefs in der Fraktion, die ihm dafür den Titel eines Ehren-Fraktionsvorsitzenden versprachen.

Doch aus dem erhofften politisch souveränen Schäuble-Superstar an der Spitze der Fraktion wurde zunächst einmal nichts. Vielmehr flogen wieder einmal allenthalben die Fetzen. Fast in jeder Fraktionssitzung zog Schäuble den Knüppel aus dem Sack. Die Botschaft war eindeutig: Ich will mit meiner Behinderung auf keinen Fall Politik machen, schon gar nicht auf mitleidige Gefühle spekulieren. Wurde zu lange diskutiert, was oft genug aus seiner Sicht der Fall war, zischte er die Fraktion an: »Bin ich denn der Einzige, der über eine Armbanduhr verfügt?« Als ihn der damals in der Fraktion überaus beliebte Norbert Blüm zu mehr Einsatz in der Frage der Vermögensbildung in Arbeitnehmerhand drängt und ihm massiven politischen Widerstand bei anderen Fragen androht, boxt Schäuble Blüm am Ende der Sitzung in die Seite und ruft laut: »Norbert, das machst du mir nicht noch einmal!«

Schäuble hat den Fraktionsvorsitz nie so verstanden, dass er dort nur die Pflicht habe, Mehrheiten für den Kanzler zu besorgen. Repnik: »Er vertrat den Standpunkt, dass die Fraktion quicklebendig viele politische Ideen in den Mei-

nungsbildungsprozess einzubringen habe.« Natürlich habe
er mit seiner intellektuellen Ungeduld viele in der Fraktion
strapaziert. »Doch er witterte sehr viel früher als andere,
wo es innenpolitischen Reformbedarf gab.« Schäuble sei, so
Repnik, auf seine Art sehr wohl Helmut Kohls Herbert
Wehner gewesen, ließ der Fraktion oft nur wenig Zeit und
»hat ihr mit seiner Ungeduld zuweilen zu viel zugemutet«.[14]

Im damals tobenden Kampf um eine Reform des Asylrechts, es sollte verschärft und wesentlich abweisender for-
muliert werden, erreichte die Anti-Stimmung der Fraktion
dann den Höhepunkt. Schäuble hatte dem baden-württembergischen Ministerpräsidenten und CDU-Parteifreund
Erwin Teufel versprochen, den Koalitionspartner FDP in
dieser Frage zu einer namentlichen Abstimmung über den
Grundgesetzartikel 16 vor der 1992 in Baden-Württemberg
anstehenden Landtagswahl zu zwingen. Doch dann wollte
sich Schäuble nicht mehr daran erinnern. »Wenn ihr die
Abstimmung erzwingt, dann trete ich zurück«, drohte er
Ministerpräsident Teufel.

Für diesen braven Mann, für den ein Wort immer ein Ehrenwort war, brach eine Welt zusammen. Als »Obertaktie-
rer« beschimpfte er Schäuble, denn der wollte die SPD als
verantwortlich dafür vorführen, dass die Zahl der Asylbe-
werber immer weiter ansteige. Und bis heute hält Teufel
Schäuble für den Hauptschuldigen dafür, dass die CDU
1992 eine arge Schlappe bei der Landtagswahl einfahren
und Teufel sich in eine Koalition mit der SPD begeben
musste. Teufel hat nie begriffen, dass Schäubles Versprechen »Politik ist für mich ein Wettbewerb nach sportlichen
Regeln« mit Vorsicht zu nehmen war. Fairplay war ihm
beim Management der Macht immer nur ein bedingter
Wert.

Sein Freund Repnik räumt ein, dass das zentrale Handicap Schäubles seine fast schon besessene Arbeitswut ist. Zuweilen hat er ihm auch schon geraten, sich mal zu entspannen, damit er nicht so ungeduldig, autoritär oder gar überheblich sei. Repnik gibt im Rückblick allerdings zu, dass das Fraktionsleben unter Schäuble unendlich viel lebendiger gewesen sei als unter anderen Vorsitzenden, die er erlebt hat. Er nennt den Badener ein unglaubliches Arbeitstier mit einem ebenso unglaublichen Arbeitstempo – eben ein unglaublicher Pflichtmensch, der jedes Gegenüber gerne seine Überlegenheit spüren lasse. Er sei auch in jungen Jahren in der Politik nie jovial gewesen, aber eben auch ein Mannschaftstyp und nicht nur Solist. Repniks Rat: »Er sollte es sich leisten, Schwächen zu haben. Das würde ihn menschlicher machen.«[15] Den Ratschlag befolgt Schäuble bis heute nicht.

Besser wäre der Schäuble zu jenen Zeiten – und zuweilen ebenfalls gültig bis heute – mit der Devise beschrieben, mit der er immer sehr gerne Politik gemacht hat: Gut zu sich selbst, hart gegen die anderen. Er wolle zu den »normalen Konditionen« eines Fraktionschefs tätig sein, hat er immer wieder betont. Dass er trotz Rollstuhl das wichtigste politische Amt neben dem des Kanzlers sich zugetraut habe, so Repnik, »hat seinen Ehrgeiz angestachelt und ihm neue Stärke zurückgegeben, hat seinen Lebenserhaltungstrieb gefördert«.[16]

Politisch hat Schäuble als Fraktionsvorsitzender häufig davon profitiert, dass ihn politische Partner für einen liberalen Konservativen hielten. Den Mann, der sich gerne selbst einen bekennenden Konservativen nannte, erheiterte das sehr. »Denn die verwechseln meinen politischen Stil mit meinen Inhalten.« Dass sich später auch in der Fraktion

Zweifel einstellten, ob Schäuble tatsächlich für die Nachfolge Kohls in Frage komme, hatte viel mit seinem Auftreten als Fraktionsvorsitzender zu tun. Und Kohl selbst war
längst mit Missfallen aufgestoßen, dass dieser Fraktionsvorsitzende sich zuweilen erlaubte, ihn mit dem Satz zu
kommentieren: »Helmut, so geht das nicht!«

So hatte er sich das nicht gedacht, als er Schäuble nach
dem Attentat vor der zweiten Kandidatur für den Posten
des Fraktionsvorsitzes Lebenshilfe typisch Kohlscher Art
leistete. Mit jener derben Fürsorge, von der die engere Umgebung des Kanzlers oft nicht wusste, ob sie ihn dafür lieben oder darunter leiden sollte. Schäuble drückte er eine
Biographie des ehemaligen US-Präsidenten Franklin D.
Roosevelt in die Hand. Eine überaus nützliche Lehre sei
das, belehrte er Schäuble. Und damit der auch seine Botschaft verstehe, hatte er ihm die aus seiner Sicht wichtigen
Passagen farbig markiert. Roosevelts Leben im Rollstuhl,
Folge einer Kinderlähmung und damit mit Schäubles Querschnittslähmung überhaupt nicht vergleichbar, habe dem
US-Präsidenten durchaus auch Vorteile gebracht. Kohl hatte den Satz gekennzeichnet, in dem stand: Es zwang ihn »zu
gelassenem Denken in längerfristigen Perspektiven«. Der
Rollstuhl bot auch eine »unangreifbare Entschuldigung,
dort nicht zu erscheinen, wo er es politisch für inopportun
hielt«. Vor allem aber habe ihm »sein tapferer Kampf eine
Welle von Mitleid und Sympathie« gebracht.

Das sollte Überlebenshilfe sein, im Amt des Fraktionschefs, das Kohl »Wolfgangs Härtetest« zu nennen beliebte.
Fast so, als seien ein Attentat und seine Folgen keine persönliche Tragödie, sondern ein politischer Glücksfall. In
Wirklichkeit war es in Schäubles Augen ein Härtetest, ein
Zwischenstopp auf dem Weg zur eigenen Kanzlerschaft. Er
musste in einem beispiellosen Selbstversuch beweisen, dass

er im Hamsterrad des Politikbetriebs an vorderster Stelle mithalten könne, trotz einer Querschnittslähmung.

Sein privates Leben allerdings betrachtete er zu diesem Zeitpunkt schon ganz entspannt. Zu Hause in Gengenbach seien die Kinder »ein wenig netter zum Alten als früher«, berichtete er. Die Rückkehr nach Bonn am Montag falle ihm zuweilen schon schwerer als früher. Vor allem deshalb, weil er dort unter der Lupe leben müsse. »Früher, als ich noch nicht in dem Ding hocken musste«, sagte er, »da hat keiner geguckt, wenn ich in der Fraktion mal eingeschlafen bin.« Das werde fortan nicht mehr möglich sein unter der luchsäugigen Beobachtung der Abgeordneten des Bundestags, unter der er jetzt vor allem im Amt des Fraktionschefs lebe. Ein schwacher Augenblick genüge, und schon tuschelten alle. Ob der sich nicht doch übernommen hat? Ob das wirklich gutgeht mit einem Schwerstbehinderten an der Schlüsselstelle zur Sicherung der Macht der CDU und ihres Kanzlers?

Dass in der Fraktion nicht nur Bewunderer saßen, sondern auch Parteifreunde, die ihn fast hassten, wusste Schäuble. Jene, die er als Parlamentarischer Geschäftsführer, als Kanzleramtsminister und als Bundesinnenminister politisch vorgeführt hatte. Außerdem jene, die ihm immer noch verübelten, dass er mit seiner Berlin-Rede Bonn die Hauptstadtwürde genommen hatte.

Dass Schäuble früher über Politiker wie Helmut Schmidt gerne gelästert hat, »die mehr über die Last an der Verantwortung jammern, als dass sie die Lust an der Verantwortung schätzen«, darin liegt ein Erklärungsmuster für den Politiker Schäuble, das er ungern für sich selbst gelten lässt, das aber doch signalisiert, wie er Politik sieht: Politik als Lustgewinn für Menschen, die, wie er selbst, fasziniert sind vom Machen und von der Macht. Deshalb trabte Wolfgang Schäuble immer weiter im Hamsterrad der Politik, auch noch zu den Zeiten der Kanzlerin Angela Merkel, die ihm mehrfach berechtigten Anlass geboten hat, mit durchgedrücktem Rückgrat auszusteigen.

Er war der ideale zweite Mann hinter Kohl, dem er immer mal wieder versichert hat, dass er »von mir nicht beschissen wird«. Loyaler Partner eines Mannes, der selbst in politischen Petitessen arglistige Majestätsbeleidigung witterte. Etwa in der Tatsache, dass sich das Schäuble-Buch »Der Vertrag«, in dem dieser beschrieb, »wie ich über die deutsche Einheit verhandelte«, so gut verkaufte. Da vermutete Kohl sogleich den arglistigen Versuch, ihm, Helmut Kohl, den Ruhm des alleinigen Schöpfers der deutschen Einheit streitig zu machen. Voller misstrauischer Hektik riss er die Plastikhülle des ersten Exemplars auf, das ihn erreichte. Erst als er im Namensregister feststellte, dass dort keiner häufiger genannt wurde als er, beruhigte sich Kohl wieder.

Stimmt diese hübsche Geschichte? Schäuble schüttelt energisch den Kopf: »Nein. Es gab Leute, die gesagt haben, dass er sich über den Titel geärgert hat. Ich weiß davon nichts. Helmut Kohl ist nie so kleinlich gewesen. Ich nehme an, es hat ihn gefreut, weil er ja mit mir gelitten hatte, weil ich während der Arbeit im Rollstuhl war. Und weil er von den ›Spiegel‹-Leuten, die das Buch mitgeschrieben haben, eine sehr begrenzte Meinung hatte. Er wusste ja in jenen Tagen, dass ich mit dem ›Spiegel‹ sprach. Aber er hatte keinen Grund zum Misstrauen. Und in dem Buch ist nichts, was in irgendeiner Weise gegen ihn gerichtet ist. Und obendrein: Er hat es ja auch vorgestellt.«

Schon neun Monate nach seiner Wahl zum Nachfolger Dreggers, im Juli 1992, zieht Schäuble eine erste Erfolgsbilanz: Er habe den Eindruck, »dass die Arbeit in der Fraktion für die Abgeordneten interessanter und das Gewicht der Fraktion größer geworden ist«. Und zur Kritik an seinem Stil greift er zum Sprichwort: »Allen Leuten recht getan, ist eine Kunst, die niemand kann.«

Dass manche Abgeordneten sich durch sein rauflustiges Auftreten zuweilen misshandelt fühlen, stört Schäuble nicht. »Also, wenn die Abgeordneten einen gewissen Respekt vor dem Fraktionsvorsitzenden haben, schadet das gar nicht.« Er selbst habe ja auch während seiner Zeit als Parlamentarischer Geschäftsführer schon »einen gewissen Respekt« vor dem jeweiligen Fraktionschef gehabt. Im Übrigen habe er in den vergangenen sechs Monaten mit vielen Mitgliedern der Fraktion mehr intensive Gespräche geführt »als der Alfred Dregger in sechs Jahren«.

Und nichts bestätigt das hochentwickelte Selbstbewusstsein dieses Fraktionschefs mehr als seine Antwort auf die Frage, ob zutreffe, was einige ihm vorwarfen, nämlich autoritär zu sein. Schäubles Antwort: »Ja, natürlich!« Eine Fraktion mit 318 Mitgliedern brauche eben Führung. »Da können Sie keinen reinsetzen, der mehr der gute Onkel ist.« Und dann räumt er mit leiserer Stimme selbstkritisch ein: »Ich bin nicht immer ein furchtbar liebenswürdiger Mensch.« Seinen Abgeordneten mutet er das lockeren Gemüts zu. Sie hätten ihn ja als Fraktionschef gewählt. Er sage ihnen daher: »Weil ihr mich als Fraktionsvorsitzenden wolltet, obwohl ich im Rollstuhl sitze, deshalb müsst ihr mich nehmen, wie ich bin, dürft aber nicht glauben, dass ihr einen Hampelmann vor euch habt.«

Daran hat sich dann auch nichts geändert, als Schäuble 1998 nach der Abwahl des Kanzlers Kohl im Amt des Frak-

tionsvorsitzenden bestätigt wurde und zudem den Parteivorsitz übernahm. Bis Ende Februar 2000 dann Friedrich
Merz sein Nachfolger wurde und er dann als stellvertretender Fraktionschef von 2002 bis 2005 amtierte.

11. Kapitel

Nebenkanzler:
Minister im Kanzleramt

Im November 1984 sitzen die Landesgruppenvorsitzenden der CDU und die Spitze der CDU/CSU-Fraktion im Kanzleramt mit Helmut Kohl zusammen und brüten schlecht gelaunt über eine schier unlösbare Personalie: Wer wird neuer Bundestagspräsident, wenn Rainer Barzel wegen seiner Verwicklung in die Parteispendenaffäre seinen Posten räumen muss? Allen war im Prinzip klar, dass Barzel nicht zu halten war. Zu tief war er in die Flick-Affäre verstrickt, in der der Industrielle 1,7 Millionen Mark Honorar an die Frankfurter Anwaltskanzlei Paul überwiesen hatte, der Barzel als Berater zuarbeitete – für ein dickes Honorar von 1,6 Millionen Mark.

Aber lange fiel keinem in der Runde im Kanzleramt ein akzeptabler Ersatzmann ein. Bis der Chef der rheinland-pfälzischen CDU-Abgeordneten, Johannes Gerster, ziemlich zögerlich den Namen Philipp Jenninger herauspresste: »Wenn der Kanzler ihn freigeben würde, wäre er der richtige Nachfolger für Rainer Barzel.«[1]

Die Runde blickte sich skeptisch in die Gesichter, wie sich der Augenzeuge Wolfgang Schäuble bis heute erinnert. Jenninger? Ausgerechnet den? Ein Mann, der sich mit Kohl in früheren Jahren in der Auseinandersetzung mit Franz Josef Strauß heftig gefetzt hatte, weil er dem Bayern damals als Kabinettsreferent diente. Allerdings war er inzwischen zu einem der wichtigsten Kohl-Vertrauten und -Gesprächspartner aufgestiegen und machte mit dem Kanzler jedes Jahr zu Ostern Abspeckurlaub am Wörthersee. Jetzt hütete Jenninger für Kohl im Range eines Staatsministers das Kanzleramt, in dem unter der Leitung des ebenfalls dort amtierenden Staatssekretärs Waldemar Schreckenberger eine Panne die nächste jagte.

Kohl hatte seinen alten, ihm noch aus Mainzer Tagen als Ministerpräsidenten vertrauten Zuarbeiter Schreckenberger als Koordinator der Regierungsarbeit etabliert, in einer Funktion, in der »Schrecki« mit seiner ausgeprägten Kontaktschwäche bürokratisch zwar stets korrekt amtierte, jedoch viel zu oft überfordert war. Und Jenninger hatte, weil er nur im Range eines Parlamentarischen Staatssekretärs im Kanzleramt etabliert war, dem beamteten Staatssekretär Schreckenberger nichts zu sagen. Ständiger Krach zwischen den beiden war damit unvermeidlich. In den Medien rangierte das Kanzleramt unter der spöttischen Bezeichnung »Bermuda-Dreieck«, weil dort fortwährend wichtige Regierungsvorlagen im Archiv verschwanden, aber danach häufig nie wieder auf Kohls Schreibtisch auftauchten.

Allen war in dieser Sekunde der Beratung klar, ohne Jenninger würde die professionelle Führung des Kanzleramts im Sinne Kohls noch schwieriger werden. Alles schwieg, auch der Kanzler blieb zunächst stumm, wandte sich dann aber Jenninger zu: »Wollen Sie das machen?«

Nein sagte der nicht, aber auch nicht ja, sondern bat um Bedenkzeit. In diesem Augenblick soll im Hintergrund ein tiefer Seufzer zu hören gewesen sein. Aus dem Mund von Wolfgang Schäuble. Weil er bereits wusste, dass er jetzt unvermeidbar als Pannenhelfer im Kanzleramt gefragt sein würde?

Man kann die Skepsis des Badeners verstehen, der sich damals in der unter Alfred Dregger als Fraktionschef poli-

tisch verlotterten Führung der CDU/CSU-Fraktion eine
von allen rundum anerkannte Funktion als Erster Parlamentarischer Geschäftsführer erarbeitet hatte, auch wenn
er zuweilen mit den Kollegen harsch, arrogant, zuweilen
sogar zynisch umsprang. Allen war klar, dass er später einmal als Einziger als Nachfolger Dreggers in Frage kam, der
sich seit langem nicht mehr allen Strapazen des Vorsitzenden der wichtigsten Regierungsfraktion gewachsen zeigte.
Längst ging auch Dregger, seine Arbeitskraft schonend, am
stramm gezogenen Zügel Schäubles.

Sollte er wirklich, fragte sich Schäuble, in das organisato-
risch chaotische Kanzleramt wechseln? Als Staatsminister,
dem der beamtete Staatssekretär Schreckenberger überge-
ordnet gewesen wäre und wo Kohls persönliche Referen-
tin Juliane Weber längst für den Kanzler an allen sensiblen
Strippen zog und ihn über sämtliche Innereien in der Re-
gierungszentrale mit dezenten Anrufen auf dem Laufenden
hielt?

Die Position des Staatsministers sollte zudem erhalten
bleiben und nach Philipp Jenningers Abgang mit Friedrich
Vogel besetzt werden. Ein Parlamentarischer Staatssekretär,
zuständig für alle Berlin betreffenden Aufgaben, würde
noch hinzukommen. Wie sollte da im Kanzleramt effektiv
die Regierungsarbeit vorbereitet und koordiniert werden?
Außerdem: die Linien der Außenpolitik lagen damals weitgehend in den Händen von Helmut Kohls Vertrautem
Horst Teltschik, der ebenfalls das uneingeschränkte Vertrauen des Kanzlers genoss. Stets war daher weitgehend
unklar, an welchen politischen Schräubchen der Kanzler
gerade drehte. Akten las er sowieso ungern.

Die Beziehung Schäuble/Teltschik war kompliziert.
Kohl war damit zufrieden, dass Schäuble als absolut loyal
galt und die Bundestagsfraktion natürlich sehr gut kannte.

So war er ein wichtiger Transmissionsriemen des Kanzlers
in die Unionsfraktion. So einfach war aber die Beziehung
Schäubles zu Teltschik nicht gestrickt. Die beidseitige Ei-
fersüchtelei zeigte sich darin, dass der neue Staatsminister
im Kanzleramt größten Wert darauf legte, unter vier Augen, ohne Teltschik, mit dem Kanzler zu reden. Daher be-
teiligte er sich nicht an der Morgenlage im Kanzleramt,
sondern weilte noch zuvor bei Kohl. So versuchte er, sich
ein Info-Monopol zu sichern.

»Er hat in mir eine Art Konkurrenz gesehen«,[2] sagt
Teltschik im Rückblick. Probleme zwischen den beiden
Männern, die Kohl bei der politischen Arbeit am nächsten
standen, gab es auch, weil Teltschik eine Abteilungsleiter-
runde mit Außenpolitikern pflegte, aber Schäuble ebenfalls
einen solchen Kreis um sich versammelte, ohne es Teltschik
zu sagen. Wenn irgendein Problem auftrat, bestellte Kohl
zuerst Teltschik zu sich, Schäuble saß dann nicht dabei.
Teltschik: »Ich hatte immer den Eindruck, dass ich Schäuble im Wege war.«[3]

Wie paradox die Lage war, zeigte sich, als Schäuble
Teltschik einen Orden überreichen sollte. Das wollte er
aber nur unter der Bedingung machen, dass die Mitarbeiter,
um deren Teilnahme Teltschik gebeten hatte, nicht anwesend seien. Teltschik: »Ich hatte das Gefühl, Schäuble wusste mit mir nicht richtig umzugehen.«[4] Das zeigte sich in
dem kuriosen Vorgang, dass Kohl Teltschik nach einem
Jahr zu seinem behördlichen Stellvertreter ernannte, dies
aber nur intern bekanntgab und nicht nach außen. Teltschik
über Schäuble: »Er war zwar im Kanzleramt unumstritten,
aber er witterte immer Unrat.«[5] Mit einer Ausnahme: Als
Kohl, Schäuble und Teltschik die Dresdner Rede des Kanzlers im Dezember 1989 für seinen wohl emotionalsten und
wichtigsten gesamtdeutschen politischen Auftritt formu-

lierten, war alles problemlos. Kohl schrieb sich brav auf, was ihm von dem Duo gesagt wurde.

In Schäubles Augen war die Organisation im Kanzleramt unterm Strich ein für ihn nicht akzeptables Chaos der Kompetenzen.

Nicht mit mir, sagte er sich deshalb. Er redete Klartext mit Kohl und setzte durch, dass er als ordentlicher Kanzleramtsminister berufen wurde mit Sitz und Stimme im Kabinett. Er trete nur an, wenn er auch im Gegensatz zu Jenninger Amtschef und Chefkoordinator anstelle von Schreckenberger sein könne. Wenn er schon »Kohls letzte Patrone« sein solle, wie die CSU über die Personalprobleme spottete, dann wolle er nicht einfach chancenlos verballert werden, sondern an den politischen Schaltstellen im Kanzleramt das Sagen haben. Eine klare Ansage: Schäuble wollte dort Nebenkanzler und im politischen Konfliktfall auch Abkanzler sein.

Für Teltschik sind die Rangeleien von damals kaum mehr ein Thema. Er erinnert sich noch dankbar daran, »dass Schäuble das Zehn-Punkte-Programm Kohls für die Wiedervereinigung sofort massiv unterstützte«.[6] Für bürokratische Kontroversen gebe es jetzt keinen Platz mehr, befand Schäuble damals gegenüber Teltschik, jetzt »gibt es nur noch ein Sachthema, die Einheit«. Bei der Arbeit an der Einheit habe es keinen einzigen Konfliktpunkt mehr gegeben, versichert Teltschik heute.

Und beim Blick auf die heutigen politischen Probleme hält Teltschik Schäuble »für einen Glücksfall in dieser Eurokrise«. Er überwinde mit seiner »systemischen Politik« bei diesem politischen Schlüsselproblem der weiteren europäischen Integration die »Zögerlichkeit der Kanzlerin«. Er liege hier exakt auf der Linie von Helmut Kohl, »trotz der persönlichen Trennung von diesem setzt er dessen Politik konsequent fort«.[7]

In einem anderen Punkt dieser Beziehung Schäuble / Kohl fällt Teltschik ebenfalls ein eindeutiges Urteil: »Die Rangordnung war für Kohl immer klar, es gab nie Augenhöhe für Schäuble.« Kohl traf die Entscheidungen, die anderen waren Zuarbeiter, »auch Wolfgang Schäuble«.[8]

12. Kapitel
Sisyphos:
Nachfolger Helmut Kohls

Die Ausgangsbasis für die künftige Beziehung zwischen Helmut Kohl und Wolfgang Schäuble war nach der Bundestagswahl 1998 an Eindeutigkeit und Brisanz nicht zu übertreffen. Nach 16 Jahren Kanzler Kohl hatte die Union die schlimmste Schlappe ihrer Parteigeschichte eingefahren. 35,2 Prozent, 6,2 Prozentpunkte weniger als vier Jahre zuvor. Die Republik schrie förmlich nach einem Machtwechsel, nach einem Ende des Reformstaus, denn die SPD legte um 4,5 Prozentpunkte zu auf 40,9 Prozent. Und es war die CDU, die im Vergleich zur CSU eindeutig härter abgestraft worden war.

Die spannendste Frage in der CDU war: Wie würde Kohl damit umgehen? Was müsste geschehen? Alle waren sich einig, dass Schäuble ins Amt des CDU/CSU-Fraktionsvorsitzenden gehöre, auch die Frage nach dem CDU-Vorsitz war weithin stillschweigend bereits beantwortet. Aber das Problem, das insgeheim alle beschäftigte – und auch Schäuble –, war: Wie würde Kohl es verkraften, dass er über Nacht nicht mehr die Nummer eins war, seinen alleinherrschenden Einfluss über die Union verloren hatte?

Offenbar ohne Probleme. Denn unterm Datum des 7. November 1998 hält Helmut Kohl in seinem »Tagebuch«[1] fest: »Für mich war immer klar, dass Wolfgang Schäuble Parteivorsitzender werden sollte ... Immer habe ich in ihm den richtigen Mann für meine Nachfolge gesehen.« Zudem hatte er Schäuble noch vor dem Wahltag zum Gespräch gebeten und ihn informiert, dass er im Falle einer Niederlage »selbstverständlich den Parteivorsitz niederlegen werde«.[2] Doch Schäuble zweifelte an der Glaubwürdigkeit dieser Worte. Zu gut erinnerte er sich noch, wie derselbe Kohl ihn nach dem Leipziger Parteitag 1997 ausgetrickst hatte.

Schäuble hatte in Leipzig eine fulminante Rede gehalten, nach der Angela Merkel ihm gestanden hatte, nun wisse sie wieder, warum sie in der CDU sei. Im Anschluss an den Parteitag hatte Kohl Schäuble in einem alle überraschenden TV-Interview zu seinem »Kronprinzen« ausgerufen, was der de facto seit vielen Jahren gewesen war. Zum Zeitpunkt des Führungswechsels sagte Kohl allerdings kein Wort, doch wiederum nur einen Tag später verkündete er, dass er bei der bevorstehenden Bundestagswahl im September 1998 natürlich noch einmal für vier Jahre kandidiere.

Schäuble begriff da endgültig, dass er nur strategische Verfügungsmasse in der politischen Lebensplanung Kohls war. Schließlich hatte der auch schon vor der Bundestagswahl 1994 gesagt, er wolle keineswegs noch einmal für die vollen vier Jahre der Legislaturperiode antreten. Ernst gemeint hatte das Kohl allerdings keine Sekunde.

Auch die Offerte nach dem Leipziger Parteitag war, was Schäuble sich zunächst nicht vorstellen wollte, von keinem ernsthaften Willen getragen, sie tatsächlich umzusetzen. Kohl habe nach dem Auftritt Schäubles und dem ihm geltenden begeisterten Beifall nur mal wieder zeigen wollen, wer der wahre Chef in der CDU sei. So hat Heiner Geißler jedenfalls später dieses Interview bewertet. Kohl habe damit vor allem klarmachen wollen, dass Schäuble nicht der Kandidat des Leipziger CDU-Parteitags sei, sondern nur Kronprinz und Kandidat von seinen, Kohls, Gnaden. Schäuble ordnete die Aktion, gutgläubig, wie er

gegenüber Kohl oft genug war, sehr viel milder in die Kategorie »Gut gemeint!« ein.[3] Ein arger Irrtum, wie er alsbald
lernen musste.

Die unangenehme Folge des Kohl-Interviews für Schäuble war, dass alles, was er danach sagte oder andeutete, stets
unter dem Gesichtspunkt geprüft wurde, ob er damit auf
das Ziel einer Kanzlerkandidatur hinarbeite. Die Rolle des
ehrgeizigen Königsmörders lag stets nur Millimeter neben
seinem weiteren politischen Lebensweg. Und Kohl wollte
außerdem den von ihm selbst ernannten Hoffnungsträger letztlich nicht wirklich im Kanzleramt haben, wie sich
zeigte.

Um die politische Depression in der CDU unmittelbar
vor der Bundestagswahl 1998 etwas aufzuhellen und dem
politischen Reformwirbel von Gerhard Schröder, Oskar
Lafontaine und Joschka Fischer irgendetwas entgegenzu-
setzen, ließ Schäuble Anfang 1998 ein »Zukunftsprogramm«
in einer Parteikommission ausarbeiten, das er auf einem im
Mai 1998 geplanten Parteitag in Bremen verabschieden lassen wollte. Wir sind immer noch da, sollte das Signal ver-
künden, nicht sanft entschlafen in 16 Jahren Kohl. Wir sind
der Zukunft zugewandt. Wir marschieren weiter in Richtung einer freiheitlich verfassten und neuerdings auch öko-
logisch orientierten Gesellschaft. Das Papier sollte auch die
Ausgangsbasis für ein mit der CSU zu vereinbarendes
Wahlprogramm sein. Daher übergab Schäuble vor der Ver-
öffentlichung das Papier an den CSU-Vorsitzenden Theo
Waigel, der es inhaltlich akzeptierte.

Die Pressekonferenz, auf der das Programm dann vorgestellt wurde, nahm einen eigenartigen Verlauf. Die Journalisten, die das Papier beim Eintritt in die Pressekonferenz in
die Hand gedrückt bekamen, aber auch CDU-Politiker wie
Heiner Geißler wunderten sich sehr, wie es möglich war,

dass zwei Journalisten in der Fragerunde sogleich eine überaus präzise Frage zu einem Halbsatz auf einer der hinteren Seiten des umfangreichen Dokuments stellen konnten.[4] Dort ging es um ökologische Elemente in der Steuerpolitik. Ob das denn überhaupt von der CDU mit der CSU abgestimmt worden sei, wurde Schäuble gefragt. Er antwortete schlicht, das Papier sei dem CSU-Vorsitzenden natürlich bekannt. Schäuble erinnert sich bis heute an seine damaligen Gefühle: »Mich beschlich ein ungutes Gefühl, zumal die zufrieden lächelnden Mienen der Fragesteller den Schluss nahelegten, dass sie nicht von selbst auf diese Fragen gekommen sein konnten.«

Die Erregung in der Sache war enorm.

Bayerns Umweltminister Thomas Goppel, CSU, beschimpfte das Schäuble-Papier als »dumme Wiederholung oller Kamellen ohne jeden Intelligenzblitz«. Und der Verfasser sollte Kohl-Nachfolger werden? Für den weiteren Inhalt des CDU-Programmpapiers interessierte sich praktisch niemand mehr. Energisch verteidigt wurde es lediglich von Heiner Geißler. »Ich finde es gut, dass über das CDU-Programm gestritten wird«, erklärte er, denn die Ökosteuer sei »gut und richtig«. Er war offenbar der Einzige, dem die Absurdität der aufgeregten Debatte von Anfang an bewusst war. Schließlich hatte die CDU bereits im Oktober 1995 beschlossen, dass zum Schutz des Klimas eine CO_2-Energiesteuer eingeführt werden müsse. Geißler immerhin war das bekannt.

Das Magazin »Focus« berichtete, der Kanzler hingegen sei »entgeistert« über den Vorstoß zu einer Ökosteuer. Die sei halt »eine Meinung« Schäubles gewesen, eine klare Mehrheit habe sie jedoch abgelehnt. Die Schlagzeilen schrien: »Schäuble will Ökosteuer«, oder: »Riesenkrach in der Union«, und die CSU ließ über ihren Generalsekretär wissen, mit ihr sei eine Ökosteuer, wie die CDU sie plane, nicht zu machen. Und alsbald war in den Medien zu lesen, eine Kanzlerkandidatur Schäubles, wann auch immer, sei auf der Basis dieses Programmpapiers von der CSU nicht mitzutragen.

Da war Schäuble klar, »dass die Erregung in der Sache vorgeschoben war«.[5] Dass über den Umweg Ökosteuer gegen ihn als künftigen CDU-Vorsitzenden Front gemacht wurde, da er aus CSU-Sicht einen Linksruck plane. Von Kohl waren keinerlei verteidigende Worte in Richtung Schäuble zu hören, obwohl er den erst kurz zuvor noch zum Kronprinzen gekürt hatte. Er schwieg auch beharrlich bezüglich der Inhalte des Programmpapiers.

Die Bonner Presse wunderte sich sehr. Wie hatten die beiden Kollegen, zwar ausgestattet mit guten Kontakten ins Kanzleramt, vor allen anderen die Ökosteuer-Passage lesen und so gezielt ansprechen können? Bald war die Frage in der Branche beantwortet: Die Kollegen waren vor der Pressekonferenz von ehemaligen Mitarbeitern Kohls ins Kanzleramt gebeten und dort mit dem Text versorgt und speziell auf die ökologische Passage kritisch aufmerksam gemacht worden. Und nur einen Tag vor dem Auftritt Schäubles mit dem Papier hatte die CSU in einem Hintergrundgespräch die beiden Journalisten darauf aufmerksam gemacht, dass diese Passage bei der CSU auf strikten Widerstand treffen werde. Waren sie munitioniert worden auf Kohls Anweisung? Vieles spricht dafür.

Die Erinnerung daran macht Schäuble bis heute sehr skeptisch über die Inhalte eines Gesprächs, das er und Kohl über den künftigen Umgang miteinander im Oktober 1998, unmittelbar nach der verlorenen Wahl, geführt hatten. Kohl sagte dabei, er habe nicht den Ehrgeiz, »irgendeine politische Funktion wahrzunehmen«. Und gab das Versprechen ab: »Mein einziges Interesse besteht darin, meinen Rat zur Verfügung zu stellen.«[6]

Bestärkt in seiner Skepsis wurde Schäuble auch durch einen anderen Vorgang, der ihn ebenfalls beim Blick auf die Loyalität des Parteifreundes misstrauisch gemacht hatte. Vor der Wahl hatte er mit Kohl ein Gespräch darüber geführt, ob mit ihm denn beim Blick auf die Umfragen noch zu gewinnen sei. Kohl gab sich völlig überzeugt. Als Schäuble danach vor dem CDU-Bundesvorstand darüber referierte, ob denn die CDU die Bundestagswahl mit Kohl noch gewinnen könne, standen seine Worte unmittelbar danach in voller Länge im »Spiegel«. Kohl rief empört bei Schäuble an und wollte wissen, wer das dem Nachrichtenmagazin gesteckt habe. Das könne doch nur ein »Königsmörder« gemacht haben. Er könne die Frage nicht beantworten, antwortete Schäuble. Aber es war ihm klar, dass Kohl ihn der Intrige verdächtigte: »Ich spürte ein unverhohlenes Misstrauen«.[7]

Zur erheblich gewachsenen Missstimmung zwischen Schäuble und Kohl passte denn auch der Wahlabend selbst. Irgendwann fiel Schäuble auf, dass man ihn und Volker Rühe im Gegensatz zu früher, wo sie nach Wahlen stets von Kohl in den Kanzlerbungalow eingeladen worden waren, alleine in der CDU-Zentrale zurückgelassen hatte. Kohl samt engstem Anhang hatte sich bereits abgesetzt. Zufall? Schäuble glaubte nicht daran und überredete Rühe, sich in diesem Fall eben uneingeladen zum Kanzlerbungalow zu begeben. Um nicht rauszufliegen, schickte er immerhin den damaligen CDU-Generalsekretär Peter Hintze voraus.

Kohl blieb auch weiterhin bei dieser gepflegten Distanz zu Schäuble. Er selbst war es, der die unumstrittene Entscheidung, wer Fraktionschef werden und wer an die Spitze der CDU treten werde, quasi en passant wartenden Journalisten am Rande der ersten Fraktionssitzung verkündete. Schäuble empfand das als Affront: »Ich war darüber nicht glücklich, zumal sich einige Freunde bei mir darüber beschwerten, Kohl tue so, als habe er nach wie vor das Sagen.«[8] Unstrittig war bei diesem Vorgang: Kohl verkaufte vorab als Tatsache, was in seinem Sinne von der Fraktion beschlossen werden sollte.

Bis heute können Politiker wie Geißler nicht verstehen, wie Kohl mit Schäuble im politischen Alltag nach der Bundestagswahl umgesprungen ist. Ihre Erklärung: Weil Kohl schon vor der Wahl 1998 eine Kanzlerkandidatur Schäubles verhindert habe, etwa nach dem Leipziger Parteitag, stellte er den neuen Partei- und Fraktionsvorsitzenden als nützliches, abgerichtetes Zugtier an seinem langen Zügel dar. Viele CDU-Größen beschreiben dies heute, ohne dass sie ihre Worte mit ihrem Namen verbunden sehen wollen, drastischer: »Wie Kohl damals mit Schäuble umgegangen ist, dem treuesten aller treuen Diener, das war charakterlos.«

Kohl-Kenner wie Geißler halten es für naiv, dass Schäuble auch nur ansatzweise auf Unterstützung durch Kohl nach seiner Wahl an die Spitze der CDU und der Fraktion vertraut hat. Der absolute Machtmensch Kohl sei zur Unterstützung eines Mannes, der an seine eigene, langjährige Machtposition gelangt war, überhaupt nicht in der Lage gewesen. Das beste Beispiel dafür sei, wie Kohl in der Schwarzgeldaffäre mit Schäuble und der von ihm entgegengenommenen Spende von 100 000 Mark umgesprungen ist und ihn damit Anfang 2000 zum Verzicht auf seine Ämter gezwungen hat.

Der von den Werten Loyalität und Pflichterfüllung geprägte Schäuble war dieser Auseinandersetzung nicht gewachsen. Und viel zu spät hat er auch erkannt und in die Planung seiner politischen Zukunft einkalkuliert, dass Kohl

ohne ihn schon Jahre vor seiner Abwahl 1998 politisch am
Ende gewesen ist. »Der wäre doch 1990 schon abgewählt
worden, wenn die Leipziger nicht auf die Straße gegangen
wären und Kohl die Einheit geschenkt hätten«, sagt etwa
Geißler.[9]

Schäuble hat das egozentrische Spiel des Machtmenschen
Kohl gegen ihn erst begriffen, als er fürchterliche Demüti-
gungen hatte ertragen müssen. War eine Sitzung des CDU-
Präsidiums angesetzt, kam der Altkanzler in der Regel eine
halbe Stunde früher und hielt vor den wartenden Journalisten Hof. Wortreich erklärte er der Presse seine Sicht der
Dinge und wie die richtigen Entscheidungen der Themen
auf dieser Sitzung auszusehen hätten.

Wenn dann Schäuble im Rollstuhl kam, musste er sich
durch das dichte Gedränge um Helmut Kohl einen Weg
bahnen. Viele sprachen ihn von hinten an, obwohl er seinen
Kopf damals nicht viel über den 90-Grad-Winkel drehen
konnte. Fragen prasselten auf ihn herab: »Sehen Sie das
auch so wie Herr Kohl?« Viele blickten gönnerhaft oder
mitleidig auf ihn hinunter, auch Kohl, der dann kein Wort
mehr sagte, nicht einmal, um für Schäuble den Weg frei zu
bekommen. Und der seinerseits musste zum Altkanzler
hinaufblicken.

Schäuble hat diese Allüren der Macht von Kohl nur deshalb akzeptiert, weil er immer noch glaubte, dieser sei als
Integrationsfigur der abgewählten CDU unverzichtbar. Er
befürchtete vor allem, dass eine Debatte um Kohl bei der
Frage enden könnte, ob die Niederlage bei der Bundestagswahl nicht hätte verhindert werden können, wenn er,
Schäuble, seinen Wechsel an die Spitze der CDU schon viel
früher konsequent betrieben hätte. Es war Schäuble klar,
dass er mit seiner Zögerlichkeit gegenüber Kohl Mitschuld
am politischen Abstieg seiner Partei hatte.

Er hatte deswegen Gewissensbisse. Denn bereits drei
Jahre vor der Bundestagswahl 1998, im Januar 1995, hatte
ihm die Demoskopin Renate Köcher mitgeteilt, die nächste
Wahl sei mit Kohl nicht mehr zu gewinnen. Die Wähler
könnten sein Gesicht nicht mehr ertragen. Ein Wechsel im
Kanzleramt sei daher »zwingend notwendig«.

Hätte Schäuble nicht schon sehr viel früher erkennen
müssen, dass auch er nur eine Schachfigur im Spiel Kohls
war? Dass er mit seiner körperlichen Behinderung, wegen
seiner uneingeschränkten Loyalität und trotz seiner stra-
tegischen Intelligenz einen Kronprinzen abgab, der Kohl
aus eigener Kraft nicht gefährlich werden konnte? Wahr
ist, dass Schäuble hätte wissen müssen, was er erst zu spät
erkannte: »Kohl hat seinem speziellen, egozentrischen Verständnis von politischen Notwendigkeiten, den Erhalt
eigener Macht eingeschlossen, immer den absoluten Vorrang eingeräumt.«

Viel zu spät auch, klagte sich Schäuble später selbst an,
habe er bei der Bewältigung des Spendenskandals begriffen,
dass »ein intrigantes Spiel gegen mich gespielt wurde«. Und
er sah nur sehr zögerlich ein, dass Dinge abliefen, die »nicht
dem Regisseur Zufall zugeschrieben werden können«. Der
Amtsvorgänger habe auch nie nur eine Sekunde daran gedacht, »der Loyalität gegenüber der Partei und gegenüber
seinem Nachfolger den Vorrang gegenüber eigener Betroffen-
fenheit einzuräumen«. Schäuble erklärt selbstkritisch: »Es
war eine selbstzerstörerische Auseinandersetzung – und
dafür war ich nicht geeignet.«

Wer mit Schäuble über die frühere Beziehung und die
Konflikte mit Kohl und dessen nimmermüdes Nachtreten
spricht, dem antwortet er mit einem Zitat aus Goethes
»Torquato Tasso«: »So selten ist es, dass die Menschen finden, was ihnen doch bestimmt gewesen schien, so selten,

dass sie das erhalten, was auch einmal die beglückte Hand ergriff! Es reißt sich los, was erst sich uns ergab, wir lassen los, was wir begierig fassten.«

Schmerzte es sehr? »Mein Gott«, antwortete er einmal später und verschanzte sich hinter Schweigen. Wie fühle er sich, dass er das Opfer einer Affäre geworden ist, deren skandalösen Kern Kohl verantwortete? »Es macht keinen Sinn, den Rest meiner Tage rumzuklagen«, fügte er an. Dann lachte er laut und setzte hinzu: »Ich bin nicht bitter.«

Man darf nicht im Wortsinn nehmen, was Wolfgang Schäuble in diesem Zusammenhang sagt. Hier schützt sich einer, der sein Leben lang kaum einen jemals in seine Seele blicken ließ. Und jetzt, da er verletzt war, tiefer als jemals zuvor, schon gleich gar nicht. Er war Kohls Sisyphos, war es gerne und aus Überzeugung. Hatte seinen Kanzler fast zwei Jahrzehnte durch alle Krisen geschleppt, ließ sich von ihm für den Machterhalt benutzen und bekam am Ende die Rolle des nützlichen Idioten zugewiesen.

Flug »C 9 800« der Cirrus-Air von Baden-Baden nach Berlin Anfang 2004. Schäuble sitzt hinten in der 36-sitzigen Turboprop-Maschine, als zufällig auch Kohl zusteigt. Sie können sich nicht übersehen, doch sie übersehen sich. Bei keinem ein Wimpernschlag des Erkennens. Kein Wort. Es gibt nichts mehr zu sagen. Es ist vorbei.

»Er war eine wichtige Beziehung für mich, für ihn war ich das nicht«, sagt Schäuble später dürr zu dieser Begegnung. Wie es in ihm wirklich aussieht, lässt er sein Gegenüber nicht erkennen: Er hat für Kohl nur noch ein Gefühl – Verachtung für den Menschen, nicht aber auch nur eine Sekunde für dessen politische Leistungen als Bundeskanzler. Aber natürlich weiß er zu diesem Zeitpunkt und nach den letzten Erfahrungen mit dem abgewählten Kohl sehr genau, dass er sich der gemeinsamen Vergangenheit nur schwer entziehen kann.

Das ist Schäubles persönliches Drama: Er war der Nachfolger eines Mannes, der ihn oft benutzt, hingehalten und gedemütigt und dem er selbst zu wenig warnende Signale der eigenen Selbstbestimmung gegeben hat. Dem vor dem Hintergrund des eigenen Loyalitätsbegriffs immer das rücksichtslose Selbstverständnis eines Helmut Kohl fehlte. Und der Kohl nicht entgegentrat, wenn dieser wieder einmal Schäubles Talent zur politischen Operation für die Darstellung der CDU und zur Selbstdarstellung als Kanzler der Einheit und Vater Europas benutzte. Schäuble hatte zu viele Signale des engen persönlichen Verständnisses zwischen ihm und Kohl gegeben, um sich in der Endphase der Beziehung überzeugend distanzieren zu können.

Weshalb er unter dem Gesichtspunkt der eindeutigen Sachlage, dass die Schwarzgeldaffäre unter der alleinigen Verantwortung Kohls die CDU ereilt hatte, im Jahr 2000 nicht mehr für Fraktions- und Parteivorsitz kandidiert hat und Angela Merkel aufrücken ließ, beantwortet Schäuble so: »Ich zog Konsequenzen, weil ich eine auf meine Person ausgerichtete überzogene Debatte beenden wollte.« Er habe nicht mehr kandidiert, »weil über nichts anderes mehr geredet wurde als über die Tatsache, dass in der Vergangenheit – nicht unter meiner Verantwortung – das Parteiengesetz umgangen worden ist. Diese Erregung konnte nur durch ein Opfer zur Ruhe gebracht werden. Andere waren ja nicht bereit, ihre Verantwortung zu schultern.« »Andere«, sprich Helmut Kohl. Schäubles Konsequenz: »Ich respektiere seine Leistungen als Kanzler und Parteichef. Aber unsere persönliche Beziehung ist beendet. Ich sage aber auch: Dieser Punkt entzieht sich einer öffentlichen Debatte.«

Als Kohl am Rande einer öffentlichen CDU-Veranstaltung im Jahr 2011 zur Ehrung des Ex-Parteichefs am Rollstuhl Schäubles vorbeikam, dessen Hand packte und schüttelte, antwortete der auf die Frage, wie dieser Handraub auf ihn gewirkt habe, mit dem Satz: »Handraub ist hübsch. Für mich war es ein unter zivilisierten Menschen üblicher Akt der Höflichkeit. Wahrscheinlich hat Kohl sich gedacht, die Leute würden es komisch finden, wenn er mir nicht auch guten Tag wünschen würde.«

Die Beziehung ist nicht wiederzubeleben. Der letzte Satz, den Schäuble zu Kohl sprach: »Ich habe wohl schon zu viel meiner knapp bemessenen Lebenszeit mit dir verbracht«, dürfte für ihn in Beton gegossen sein. Auf die Frage, ob dieser Satz wirklich nicht wieder aufhebbar sei, antwortet er: »Weshalb sollte ich? Es besteht dazu keine Notwendigkeit. Er hat keine politische Funktion mehr, und in dem Rahmen meiner politischen Aufgaben sehe ich nicht, dass wir die Art von intensiver Zusammenarbeit, die wir früher hatten, fortsetzen müssten. Ich habe kein Problem damit, die Leistungen Kohls anzuerkennen. Er hat seinen Beitrag zur deutschen Einheit geleistet. Er hat sich verdient gemacht um die Fortschritte in der europäischen Einigung. Das bleibt. Aber davon trennen muss man Persönliches. Für das Persönliche sage ich: Alles hat seine Zeit, und manchmal ist es auch zu Ende.«

13. Kapitel
Vatermörderin:
Merkels Putsch gegen Kohl

Am Morgen des 22. Dezembers 1999 lässt sich Wolfgang Schäuble von seinem Haus in Gengenbach nach Bonn fahren, wo ihn eine CDU-Präsidiumssitzung erwartet. Thema, wie meist in jenen Tagen: die Parteispendenaffäre. Auf der Autobahn, kurz hinter Baden-Baden, greift er zur aktuellen Ausgabe der »Frankfurter Allgemeinen Zeitung« und liest einen Gastbeitrag, den die CDU-Generalsekretärin Angela Merkel dort auf der ersten Seite hatte schreiben dürfen. Was er liest, kann er kaum glauben.

»Die Partei muss also laufen lernen«, steht da, »muss sich zutrauen, in Zukunft auch ohne ihr altes Schlachtross, wie Helmut Kohl sich oft selbst gerne genannt hat, den Kampf mit dem politischen Gegner aufzunehmen. Sie muss sich wie jemand in der Pubertät von zu Hause lösen, eigene Wege gehen.« In Verknüpfung mit der aktuellen Affäre wirft Kohls »Mädchen«, wie er sie gerne nannte, ihrem Entdecker und Förderer parteischädigendes Verhalten vor: »Die von Kohl eingeräumten Vorgänge haben der Partei Schaden zugefügt. Nicht nur sind ihr für die von ihm angegebenen und angenommenen 1,5 bis 2 Millionen Mark Spenden, die nicht in Rechenschaftsberichten aufgeführt wurden, 50 Pfennig pro Spenden-Mark staatlicher Zuschüsse – also insgesamt bis zu einer Million D-Mark – entgangen; nicht nur drohen ihr Rückzahlungen in Millionenhöhe; die Partei – und nicht nur er allein – muss sich dafür rechtfertigen, wie ein solches Vorgehen nach der Flick-Affäre möglich sein konnte. Ein Wort zu halten und dies über Recht und Gesetz zu stellen mag vielleicht bei einem rechtmäßigen Vorgang noch verstanden werden, nicht aber bei einem rechtswidrigen Vorgang. Es geht um die Glaubwürdigkeit Kohls, es geht um die Glaubwürdigkeit der CDU, es geht um die Glaubwürdigkeit politischer Parteien insgesamt.«

Das waren Gedanken, die bis zu diesem Tag in der CDU nur hinter vorgehaltener Hand geäußert worden waren, wenn überhaupt. Die viele Würdenträger der Partei in ihrem Kopf kaum zu denken wagten. Schon gar nicht in der Konsequenz, mit der Merkel das Thema fortsetzte: »Vielleicht ist es nach einem so langen politischen Leben, wie Helmut Kohl es geführt hat, wirklich zu viel verlangt, von heute auf morgen alle Ämter niederzulegen, sich völlig aus der Politik zurückzuziehen und den Nachfolgern, den Jüngeren, das Feld schnell ganz zu überlassen.«

Und bissig fügte Merkel noch an, die CDU habe die Landtagswahlen des Jahres 1999 nicht wegen des »Schlachtrosses« Helmut Kohl gewonnen, sondern wegen ihrer Geschlossenheit. Im Klartext hieß das: trotz Helmut Kohl. Der notwendige Prozess der Trennung »geht nicht ohne Wunden, ohne Verletzungen«, fuhr Merkels Text fort. Ob die CDU »dieses scheinbar Undenkbare als Treuebruch verteufle oder als notwendige, fließende Weiterentwicklung« begreife, das werde über die CDU-Chancen bei den nächsten Wahlen in den Ländern und 2002 im Bund entscheiden.

Schäuble griff, bebend vor Zorn, im Auto zum Telefon und fragte bei seinem Pressesprecher Walter Bajohr an, ob er denn schon die »FAZ« gelesen habe. Der hatte den Text gerade beim Frühstück zur Kenntnis genommen und war genauso überrascht wie Schäuble. Bajohr: »Der CDU-Vorsitzende Wolfgang Schäuble hatte nicht die geringste Kenntnis von dem Vorgang.«[1] Merkel hatte den Artikel über ihre gute Bekanntschaft mit dem Bonner Korrespondenten des Blattes, Karl Feldmeyer, plazieren lassen. Dass dies tatsächlich hinter Schäubles Rücken geschehen war, hat Helmut Kohl selbst nie geglaubt. Er unterstellte eine gezielte Intrige von Schäuble gegen ihn mit Hilfe Merkels.

Dabei war Schäubles Ratlosigkeit über den Vorgang nicht zu überhören. Er fragte wütend seinen Sprecher Bajohr: »Was mache ich denn jetzt mit der Sache in der bevorstehenden Sitzung des CDU-Präsidiums?« Schäuble war klar, dass seine Autorität als Parteichef durch das rigorose Vorgehen seiner Generalsekretärin in Frage gestellt war. Erst sagte er: »Eigentlich muss ich jetzt Merkel rausschmeißen.« Dann fügte er an: »Aber eigentlich hat sie ja recht mit dem, was sie da schreibt.«[2] Schließlich habe sie ja als Erste ausgesprochen, was viele in der CDU dächten. Er selbst hatte sich bis dahin nicht dazu in der Lage gesehen, weil er es als seine zentrale Aufgabe betrachtete, die angeschlagene CDU, den Laden, wie er gerne sagte, zusammenzuhalten.

Ob Schäuble auf der Fahrt nach Bonn noch einmal mit Merkel telefoniert hat, ist nicht bekannt. Eine mündliche Absprache kurz vor Beginn der Präsidiumssitzung war jedenfalls nicht mehr möglich. Schäuble sprach dann das Thema von sich aus an und nannte den Merkel-Artikel in der »FAZ« einen »Akt der Illoyalität«, da sie ihn geschrieben habe, ohne ihn darüber zu informieren. Weil Merkel jedoch zum Ausdruck gebracht habe, was viele in der CDU dächten, ziehe er nicht die Konsequenz, die er als Parteichef gegenüber der Generalsekretärin eigentlich ziehen müsste. Das werde er in einem persönlichen Gespräch mit ihr klären. Darin sagte er dann Merkel, eine solche Aktion hinter seinem Rücken dürfe sie sich höchstens einmal in zehn Jahren leisten. Jedenfalls sei er »keineswegs entzückt«.

Der kalte Bruch des »Mädchens« mit ihrem Ziehvater Kohl wurde Merkel nach Schäubles kühler Reaktion im Präsidium verziehen. Christian Wulff, damals noch CDU-Spitzenmann in Niedersachsen, stimmte ihr sogar lauthals zu: »Endlich hat einmal jemand gesagt, was Sache ist.« Andere in der Runde, etwa der thüringische Ministerpräsident Bernhard Vogel, Kohl nach gemeinsamen politischen Tagen zu dessen Zeiten als rheinland-pfälzischer Ministerpräsident noch immer eng verbunden, rieten davon ab, das Band zu Kohl zu durchtrennen. Er sei Teil der Partei.

So wogte die Debatte im Präsidium hin und her. Und Schäuble dürfte damals erst klargeworden sein, dass er die Frau mit der Prinz-Eisenherz-Frisur bis dahin erheblich unterschätzt hatte. Merkel hatte mit diesem Brief den entscheidenden Schritt zu einer noch steileren Karriere gewagt, mit dem dann auch die Ablösung Schäubles in den Ämtern des CDU-Vorsitzenden und Fraktionschefs verbunden war. Sie hatte die Lage richtig eingeschätzt. Die CDU befand sich in einer so existenziellen Krise, dass Merkel sich den Affront gegen Schäuble leisten konnte, ohne selbst zu stürzen. Sie wusste genau, dass er, dessen Verwicklung in die Spendenaffäre über den Waffenhändler Schreiber sie wie auch Helmut Kohl genau kannte, sie wegen der miesen Situation der CDU nicht feuern würde. Merkel bestand damals ihren ersten machttaktischen Härtetest souverän. Kühl blickt sie auf die fast vergessene Aktion zurück, die Schäuble endgültig um seinen Traum von der Kanzlerschaft brachte. Schäuble erzählt heute von einem Gespräch mit Merkel, in dem sie sagte: »Wenn ich Ihnen den Artikel vorher gezeigt hätte, hätte ich ihn nicht veröffentlichen dürfen.« Er antwortete ihr: »Da haben Sie recht.« Schäuble

selbst hatte den überfälligen Konflikt mit Kohl nicht gewagt, da er dessen System, dem er so lange die Treue gehalten hatte, nicht so überzeugend hätte verurteilen können.
Die Ostdeutsche Merkel war da viel glaubwürdiger.

Wie eng die Verbindung vieler CDU-Funktionäre noch
immer mit Kohl zu diesem Zeitpunkt war, zeigte sich in
deren Kommentaren. Merkel galt als »Vatermörderin« und
»Nestbeschmutzerin«. Anton Pfeifer, ehemals Staatsminister im Kanzleramt, rügte, wer Kohls Lebensleistung so zur
Disposition stelle, nehme in Kauf, dass »die CDU ein ent-
scheidendes Stück ihrer Identität« verliere.[3] Dabei hatte
Schäuble den harten Konflikt mit Kohl nur deshalb nicht
gewagt, weil er Angst vor einer Spaltung der Partei hatte.

Dankbarkeit ist keine Kategorie der Politik. Und die
Frau aus dem Osten, deren Machtwillen Schäuble bei ihrer
Ernennung zur Generalsekretärin unterschätzt hatte, wagte
ihren Putsch gegen Kohl hinter Schäubles Rücken zum
richtigen Moment. Er hatte sie zur Generalsekretärin gemacht, weil Peter Radunski, einst CDU-Bundesgeschäftsführer und Senator in Berlin, den Job abgelehnt hatte.
Danach kam der Gedanke auf: Wie wäre es mit einer
Frau? Das neue Gesicht war Angela Merkel, eine Ostdeutsche, in der Schäuble noch erhebliches politisches Potenzial
vermutete. Das müsse allerdings noch entwickelt werden.
Dies geschah, zu seinem Nachteil, schneller, als er gedacht
hatte.

Am 18. Januar 2000 wurde Kohl vom CDU-Präsidium
und vom Bundesvorstand der CDU aufgefordert, seinen
Ehrenvorsitz bis zur Nennung der Spender ruhen zu lassen. Kohl reagierte darauf mit dem Rücktritt vom Ehrenvorsitz. Er war das erste Opfer einer Frau mit einer inzwischen stattlich langen Opferliste männlicher CDU-Spitzen-
politiker, auf der kurz danach Schäuble selbst stand, der am

Wolfgang Schäuble

Die Familie Schäuble. Hintere Reihe: ganz links Wolfgang Schäubles Mutter Gertrud, daneben ihre Schwester Else; mittlere Reihe: ganz links Vater Karl Schäuble, Dritter von links Großvater Schäuble; untere Reihe: Thomas (Dritter von links), rechts daneben Wolfgang und Frieder

Wandern im Schwarzwald mit den Eltern: Das war schon für die Kinder Thomas und Wolfgang (vorn) eine schöne Pflicht

Die Schäuble-Brüder Frieder, Thomas und Wolfgang (von links) als Schüler. Gut in der Schule waren sie alle. Wolfgang war schon damals am besten im Rechnen.

Wolfgang Schäuble mit seinen Brüdern Thomas und Frieder (von rechts) auf einem Ausflug zu einem Schloss nahe dem Städtchen Hornberg im Schwarzwald, ihrem Heimatort. Schon als Kinder hatten sie dort für den Vater CDU-Plakate geklebt.

Jahrzehntelang war die Pfeife ein unentbehrlicher Begleiter von Wolfgang Schäuble, hier als Student der Juristerei in Freiburg

Helmut Kohl und Wolfgang Schäuble bei einer Kabinettssitzung in Bonn 1985, damals noch enge politische Partner

Familie Schäuble in den Skiferien am Arlberg. Rechts die Tochter Christine und Nesthäkchen Anna, links Sohn Hans-Jörg und Tochter Juliane. Jeden Winter, wenn der erste Schnee fällt, erinnert sich der Mann im Rollstuhl schmerzvoll an diese schönen Zeiten.

Wolfgang Schäuble beim Tennis. Er verlor dabei, wie in der Politik, äußerst ungern. Sein Bruder Thomas war auf dem Court besser als er, dennoch gab Wolfgang Schäuble ihm beim Doppel gerne Tipps, wie man erfolgreicher spielen könne.

Die deutsche Einheit ist geschafft: Bundesinnenminister Wolfgang Schäuble (links), DDR-Ministerpräsident Lothar de Maizière (Mitte) und DDR-Staatssekretär Günther Krause gratulieren sich am 31. August 1990 in Berlin im Palais unter den Linden.

Wolfgang Schäuble am 12. Oktober 1990 bei seiner Rede in der Gaststätte »Brauerei Bruder« in Oppenau nahe Offenburg. Im Publikum vor ihm sitzt auch der Attentäter, der ihn wenige Minuten später beim Verlassen des Lokals niederschoss und ihn zum »zweiten« Leben im Rollstuhl zwang.

Der Attentäter Dieter Kaufmann nach seiner Festnahme in der »Brauerei Bruder«. Heute sagt er: »Ich leide genauso unter meiner Tat wie er. Auch mein Leben ist zerstört.« Auf die spätere Bitte Kaufmanns, sein Opfer möge ihm verzeihen, hat Schäuble nicht geantwortet. Hassgefühle gegen Kaufmann habe er jedoch nie gehabt. Bis heute nennt Schäuble das Attentat »einen Unglücksfall«.

Wolfgang Schäuble liegt nach dem Attentat hilflos am Boden. Ärztliche Hilfe war nicht vor Ort. »Ich habe kein Gefühl mehr in den Beinen«, flüstert er noch. Dann kann er nicht mehr sprechen, denn sein Mund ist voller Blut. Zwei der drei Schüsse aus der Waffe des Attentäters trafen ihn zwischen Kinnwinkel und Ohrläppchen. Nur um Haaresbreite entkam Schäuble einer totalen Lähmung.

Noch im Krankenbett diktierte Wolfgang Schäuble ein Buch über die deutsche Einheit. Er wollte so schnell wie nur irgendwie möglich in die Politik zurück. Hier sein erster öffentlicher Auftritt in der Rehabilitationsklinik.

»Dem Rollstuhl kann man nicht entkommen«, hat sich Wolfgang Schäuble
immer wieder selbst gesagt. Dort sitzt er, als Helmut Kohl im Januar 1991
sein neues Bundeskabinett vorstellt. Schäuble ist Innenminister.

Schwerer als Wolfgang Schäuble selbst tat sich seine Frau Ingeborg damit, die Querschnittslähmung ihres Mannes zu akzeptieren. Zuweilen setzte sie sich selbst in den Rollstuhl, um diese mühselige Perspektive kennenzulernen.

Lange, zu lange glaubte Wolfgang Schäuble, eines Tages Helmut Kohl doch noch als Kanzler nachfolgen zu können. Als dieses Foto 1997 entstand, ließen sich Kohl und Schäuble, beide in Strickjacken, im Kanzleramtsbüro demonstrativ als Freunde fotografieren. Für Kohl war es jedoch wohl lediglich eine Aktion, um Schäuble als seinen Kronprinzen optisch vorzuführen. Dabei hatte Kohl für sich bereits beschlossen, 1998 noch einmal als Kanzlerkandidat bei der Bundestagswahl anzutreten.

Stehend applaudiert Helmut Kohl auf dem CDU-Parteitag im November 1998 Wolfgang Schäuble, der soeben zum neuen CDU-Vorsitzenden gewählt worden ist. Die Ehrerbietung des Altkanzlers war nicht echt. Auch in den Monaten danach führte er Schäuble zuweilen vor, als sei der immer noch nicht der neue CDU-Chef, sondern er selbst habe noch das politische Sagen.

Eine Partnerschaft, die nicht hielt: Schäuble gratuliert auf dem CDU-Parteitag im November 1998 Angela Merkel zur Wahl als neue CDU-Generalsekretärin. Wenig später agierte Merkel hinter seinem Rücken in einem Stil, der Schäuble im Frühjahr 2000 zum Rücktritt im Zusammenhang mit der CDU-Schwarzgeldaffäre zwang.

Wolfgang Schäubles verdienstvolles Projekt als Bundesinnenminister im zweiten Kabinett Merkel war die Deutsche Islam Konferenz. Hier sitzen im Jahr 2009 die Kanzlerin und Schäuble beim Gruppenbild mit Teilnehmern der Konferenz zusammen.

Sie verstehen sich, sie achten sich: Christine Lagarde, ehemals französische Finanzministerin und heute Chefin des Internationalen Währungsfonds (IWF), und Wolfgang Schäuble. Sie kämpfen solidarisch Seite an Seite für die europäische Einheit.

Der Mann im Rollstuhl ist Angela Merkels wichtigster Mann und Helfer.
Aber im Amt des Bundespräsidenten hat sie Wolfgang Schäuble trotz all
seiner Loyalität verhindert

Wolfgang Schäuble und Oskar Lafontaine: Sie sind sich, weil beide einmal Opfer von Attentätern waren, menschlich einander sehr viel näher, als es ihre Parteibücher eigentlich erlauben

Ohne Politik kann er nicht leben: Wolfgang Schäuble im Arbeitszimmer seines früheren Hauses in Gengenbach. Die Fahrt dorthin, über einen Treppenlift für den Rollstuhl, war überaus beschwerlich. Aber an jedem Wochenende bereitete er sich dort stets sorgfältig auf die kommende politische Arbeit vor.

16. Februar 2000 erklären musste, nicht mehr als Partei- und Fraktionsvorsitzender kandidieren zu wollen.

Dass Merkel den Brief in der »FAZ« als fiese Aktion eines egoistischen Machtspiels gegen Schäuble plazieren ließ, wird von vielen in der CDU bis heute so interpretiert. Hans-Peter Repnik allerdings akzeptiert diese Kritik an Merkel nicht. »Sie hat diesen Brief ganz sicher nicht geschrieben, um ihn abzuschießen.«[4] Sie habe in Richtung Kohl Signale senden wollen, dass der sich im Umgang mit der CDU ändern müsse.

14. Kapitel
Geldkoffer:
Die Lüge seines Lebens

H elmut Kohl weiß, dass ich ihn niemals bescheiße«, hat Wolfgang Schäuble immer wieder gesagt. Andersherum ist jedoch ein Schuh draus geworden. Am 2. Dezember 1999, kurz vor elf, war Wolfgang Schäuble klar: Helmut Kohl hat mich ganz gewaltig beschissen.

Der Mann im Rollstuhl sitzt an diesem Tag in eigener Sache im Bundestag – das Behindertengesetz wird diskutiert und soll verbessert werden. Der Bundestag will an diesem Tag auch noch die Einsetzung eines Untersuchungsausschusses beschließen, der prüfen soll, wie weit die CDU sich unter Führung Kohls in Schwarzgeldaffären und dubiose Spenden verstrickt hat. Angela Merkel, damals CDU-Generalsekretärin, eilt schnellen Schrittes nach vorn zu Schäubles Platz. Er habe ihr »an ihrem bewusst unauffälligen Gesicht angesehen«, berichtet Schäuble später, dass »etwas Unangenehmes« passiert war.[1]

Was sie dann dem Vorsitzenden der CDU/CSU-Fraktion ins Ohr flüsterte, war in der Tat eine Nachricht, die ihm fast den Atem raubte und ihn »nahezu umhaute«.[2] Weil TV-Kameras im Reichstag die Szene beobachteten, setzte Schäuble eine betont gleichgültige Miene auf, als Merkel ihm zuflüsterte: Das Protokoll der Vernehmung des CDU-Wirtschaftsprüfers Horst Weyrauch durch die Staatsanwaltschaft Augsburg sei seit Tagen in den Händen Kohls, ihm zugespielt worden durch Hans Terlinden, Hauptabteilungsleiter in der CDU-Zentrale und Kohls Vertrauter. Unterschlagen worden sei es jedoch dem amtierenden CDU-Chef Schäuble.

Der entscheidet sofort: Der Terlinden wird fristlos gefeuert, der muss den Schreibtischschlüssel abgeben. In drei Stunden spätestens müsse der draußen sein. Eine harte Entscheidung, denn Terlinden stand kurz vor der Pensionierung und litt nach einem Schlaganfall an Sprachstörungen.

Während die CDU-Generalin noch mit der CDU-Zentrale redet, flackert das Telefonlämpchen an Schäubles Platz. Kohls Büro ruft an. Seine Sekretärin Juliane Weber ist dran und verbindet Schäuble mit Kohl. Der sagt, hörbar verlegen: »Du, Wolfgang, gestern Abend bei dem Weihnachtsfest der Fraktion wollte ich dir etwas geben. Aber es gab keine passende Gelegenheit, es persönlich zu tun.« Von dem Weyrauch-Protokoll habe ihm Terlinden vor kurzem in einem Gespräch erzählt und er, Kohl, habe ihn gebeten, ihm das Schriftstück zu geben, damit er es an Schäuble weiterreichen könne. Schäuble schnaubt zurück: »Erzähle deine Märchen anderen. Der Terlinden ist gerade von mir gefeuert worden und hat dich angerufen.« Dann wirft er dem Altkanzler Illoyalität und Vertrauensbruch vor und befindet wütend: »Ich bin der Parteivorsitzende und nicht du!«

Das war das Ende einer Männerfreundschaft, von der Schäuble stets gedacht hatte, dass sie ihn auf seinem gesamten politischen Lebensweg begleiten würde. In diesem Moment ist eine Beziehung zerbrochen, wie sie es in der deutschen Politik zuvor nicht gegeben hatte. Eine Beziehung, die Schäuble gern als »Verhältnis gegenseitiger Loyalität und Verlässlichkeit« beschrieb. Und ihn auf die Frage, ob er sich der Loyalität Kohls sicher sei, bis zu jenem 2. Dezember 1999 stets antworten ließ: »Ja, ganz sicher!«

Nie zuvor hatte er in diesem groben Ton mit Helmut
Kohl geredet. »Unglaublich« sei das Verhalten ihm gegenüber. Kurz, knapp, kalt sagt Schäuble dem Altkanzler das,
wie er sein kann, wenn er verletzt ist, tief verletzt, aber seine Gefühle verbergen will. Nur zwei Tage zuvor hatte er
sich in der Spendenaffäre mit dem Satz »Die CDU ist stolz
auf ihren Ehrenvorsitzenden« noch vor Kohl gestellt. Jetzt
war klar: Der Altkanzler hatte ihn ohne Vorwarnung in
eine Ehrenerklärung laufen lassen, mit der er sich lächerlich
machte. Weshalb nur hatte Kohl ihm dieses Protokoll verschwiegen – und damit verheimlicht, wie tief er persönlich
und die CDU im Morast einer Spendenaffäre steckten, über
die der neue CDU-Vorsitzende Schäuble unverzüglich von
ihm hätte unterrichtet werden müssen?

Denn der Vorgang, zu dem Weyrauch von den Staatsan-
wälten vernommen worden war, war von höchster Brisanz
für die CDU. Wie es aussah, war die Partei in Schwarzgeld-
geschäfte von erheblicher Größe verwickelt. Dennoch hatte
Kohl einen gegenüber Schäuble überaus unfair verdeckten
Weg zur vollen Wahrheit gewählt. Hatte ihn systematisch
belogen, wie der Ablauf der Ermittlungen belegt:

3. November 1999: Die Staatsanwaltschaft Augsburg er-
wirkt gegen den früheren CDU-Schatzmeister Walther
Leisler Kiep einen Haftbefehl. Der Vorwurf: Der CDU-
Mann und dessen Finanzberater Weyrauch seien von dem
Waffenhändler Karlheinz Schreiber auf den Parkplatz eines
Einkaufszentrums in der Schweiz bestellt worden, wo ihnen in einem Koffer eine Million Mark in bar übergeben
worden sei. Die Behörden warfen Kiep daher vor, mit der
Annahme der Million sich einer schweren Steuerhinterzie-
hung verdächtig gemacht zu haben. Kiep selbst räumte gegenüber den Ermittlern sogleich ein, im schweizerischen

Örtchen Sankt Margarethen 1991 tatsächlich den Koffer und das Geld entgegengenommen zu haben, in Begleitung von Weyrauch. Bei der Million habe es sich aber um eine Spende an die CDU gehandelt. Er wird daraufhin gegen Kaution auf freien Fuß gesetzt.

5. November: Die CDU erklärt, weder ihrem Ehrenvorsitzenden Helmut Kohl noch Parteichef Schäuble sei eine Spende in Höhe von einer Million bekannt.

17. November: Die Staatsanwaltschaft Augsburg verhört Kiep daraufhin erneut.

23. November: CDU-Wirtschaftsprüfer Horst Weyrauch wird von der Staatsanwaltschaft Augsburg ebenfalls sieben Stunden zum Verdacht einer schwarzen CDU-Kasse vernommen.

24. November: Das Protokoll von Weyrauchs Vernehmung trifft bei CDU-Abteilungsleiter Hans Terlinden ein, der es sofort an Kohl weiterleitet.

25. November: CDU-Bundesgeschäftsführer Willi Haussmann fordert bei der Firma Weyrauch & Kapp Kopien der CDU-Akten an, zu liefern binnen 24 Stunden.

26. November: Der frühere CDU-Generalsekretär Heiner Geißler bestätigt im Radio, dass Kohl über »heimliche Konten« in der Schweiz verfügt hat.

29. November: Die CDU-Akten werden der Firma Ernst & Young zur Prüfung übergeben. Erste Erkenntnisse: Mindestens drei bis vier Millionen Mark Spenden sind unter

Umgehung des Parteiengesetzes der CDU zugeflossen und
verwandt worden.

30. November: CDU-Chef Schäuble ruft alarmiert das
CDU-Präsidium zusammen. Zuvor hatte er mit Kohl eine
Erklärung aufgesetzt, die dieser dann vor dem Präsidium
und auf einer Pressekonferenz verlesen muss. Der Altkanzler gibt darin zu, »möglicherweise« gegen das Parteiengesetz verstoßen zu haben, und nimmt die »politische Verantwortung« dafür auf sich. Mit keinem Wort erwähnt Kohl
jedoch, dass er das Weyrauch-Protokoll, das den ganzen
Spendensumpf in allen Details aufdeckt, dank Terlinden
bereits kennt.

2. Dezember: Haussmann ruft bei Weyrauch an und erfährt
dabei, dass der das Protokoll seiner Aussage längst an die
CDU ins Büro von Terlinden geschickt hat. Haussmann informiert Generalsekretärin Angela Merkel. Die treibt Terlinden über Handy im Zug auf, der ihr ebenfalls bestätigt,
das Protokoll liege bereits seit Tagen bei Kohl. Merkel
informiert Schäuble, der im Bundestag sitzt und dort von
einem Helmut Kohl angerufen wird, der die schwere Illoyalität gegenüber ihm, dem Parteivorsitzenden, in völliger
Verdrehung der Wahrheit und der tatsächlichen zeitlichen
Abläufe verharmlosen will.

Von wegen keine Kontaktmöglichkeit auf dem Weihnachtsfest. Alles frech gelogen, alles getrickst. Kohl hatte ihn ab-
sichtlich unter Verschleierung der ihm bekannten Wahrheit
in die Debatte über die Einsetzung eines Untersuchungsausschusses laufen lassen. Hinzu kam, dass Schäuble kurz
zuvor erfahren hatte, Kohl habe bei der Europäischen
Volkspartei (EVP) den Wunsch geäußert, er würde gerne

EVP-Ehrenvorsitzender werden. Dabei hatte er Schäuble zuvor erzählt, den einzigen Ehrentitel, den er sich wünsche und annehmen würde, sei der des CDU-Ehrenvorsitzenden. Und Kurt Biedenkopf hatte ihm berichtet, Kohl spotte gerne über Schäuble als »amtierenden Vorsitzenden«. Und er mache seinen Nachfolger madig, wo er nur könne. Im kleinen Kreis soll er über Schäuble sogar gelästert haben: »Der kann es nicht. Der muss weg.«[3]

Am 22. Dezember 1999 rollt Schäuble zur Debatte des Bundestags über die Einsetzung eines Untersuchungsausschusses zur Aufklärung der schwarzen CDU-Kassen. Der Gedanke, wie Kohl und Terlinden ihn hintergangen und ihn in eine verlogene Ehrenerklärung für den CDU-Ehrenvorsitzenden haben laufen lassen, kocht noch immer in ihm. Und noch wütender wird er, als er die kessen Zwischenrufe der Grünen anhören muss, die ihn dort empfangen. Allen voran ist dabei der grüne Abgeordnete Hans-Christian Ströbele.

Schäuble berichtet völlig korrekt, dass auch er den Herrn Schreiber kennt, der dem damaligen CDU-Schatzmeister Kiep 1991 den Geldkoffer mit der Million Mark in der Schweiz in die Hand gedrückt hat. Einmal, im Jahr 1994, habe er bei einem Essen in einem Bonner Hotel diesen Herrn Schreiber ebenfalls getroffen. Schäuble: »Auf der damaligen Veranstaltung bin ich Herrn Schreiber begegnet. Das war es.« Da ruft der grüne Abgeordnete Ströbele dazwischen: »Mit oder ohne Koffer?« Schäuble antwortet: »Ohne Koffer, das heißt, ich habe vielleicht einen Aktenkoffer dabeigehabt. Ich weiß es nicht mehr genau. Es ist jedenfalls … weder von Panzern noch von Ähnlichem die Rede gewesen.« Das war jedoch nicht die Wahrheit, denn Schäuble hatte von diesem Schreiber damals 100 000 Mark bekommen. Diese Lüge vor dem Bundestag war ein schwe-

rer Fehler, für den sich Schäuble später selbst als »Idiot«
beschimpft hat.

Als er nach der Debatte in sein Büro zurückkehrt, sagt
auch sein damaliger Sprecher Walter Bajohr zu ihm: »Jetzt
haben Sie einen schweren Fehler gemacht.« Einen Fehler,
wie man heute weiß, der ihn endgültig um seinen politischen Lebenstraum, Bundeskanzler zu werden, gebracht
hat.

Kohl hat sich über diesen Fehler seines bis dahin loyals-
ten Helfers, die vermutlich folgenreichste Unwahrheit
Schäubles in seinem politischen Leben, sehr amüsiert.
»Wann trittst du zurück?«, griente er bald danach im Gespräch mit Schäuble. Da endlich hat Schäuble begriffen: Es
war nur eine leere Geste, dass Kohl sich einmal mit ihm im
Bonner Kanzleramt mit der Bemerkung »Wir sind Freunde« demonstrativ hatte ablichten lassen.

Wie gut hatte die CDU Ende November 1999 doch da-
gestanden: Bei allen Wahlen gewonnen, Hessen und das
Saarland zurückerobert. Den Bundesrat zur Bastion gegen
Rot-Grün ausgebaut. Schleswig-Holstein so gut wie in der
Tasche, gute Aussichten für die Landtagswahl in NRW.
Schröder entzaubert und die bei der Bundestagswahl 1998
mit dem schlechtesten Wahlergebnis seit 1949 gedemütigte
CDU zur selbstbewussten Oppositionspartei im Bund auf-
gerichtet. »Von der CDU lernen heißt siegen lernen«,
flachste Schäuble damals frohgemut in Richtung CSU.

Doch jetzt war alles kaputt. Zerstört von Schäuble selbst,
aber vor allem auch von Kohl, der schon bei der Bundestagswahl die Union in Trümmer gelegt hatte und dennoch am Tag danach tönte: »Leute, die nie sündigen, sind
mir noch nie begegnet.« Der damals sich selbst zum Sau-
bermann stilisierte und erklärte, er sei Nassrasierer und
müsse sich »daher jeden Tag zweimal im Spiegel angucken«.

Und der jetzt trotzdem in der Spendenaffäre so tückisch agierte.

Worin hatte der Beitrag des Ehrenvorsitzenden Kohl zur politischen Wiedergeburt der CDU bestanden? Er hockte als Denkmal seiner selbst in den Gremien und blockierte fröhlich die Aufarbeitung der Wahlniederlage.

Tapfer hatte Schäuble den Oberbremser verteidigt. Wer sich von Kohl gehindert fühle, seine Meinung zu sagen, sei ein Feigling, sagte er. »Lassen Sie uns die Freude, dass wir mit Helmut Kohl zusammen sind«, sagte der neue CDU-Chef, »einem Mann, der ein sehr ausgeprägtes Empfinden für Würde, für demokratische Institutionen hat.« Der aber leider auch gedacht hat, Gesetze zur regulären Parteienfinanzierung gelten nur für die anderen.

Natürlich lässt Schäuble seine Verletztheit nicht öffentlich erkennen. Ist das Tischtuch zwischen ihm und Kohl zerschnitten? Nein, antwortet er in der ZDF-Sendung »Was nun?«: »Wir haben kein Tischtuch zwischen uns.« Und außerdem sei der Ehrenvorsitzende Kohl ja bereit, die Aufklärung seiner schwarzen Kassen voll zu unterstützen.

Als das Schäuble sagt, liegt gerade mal ein paar Stunden zurück, dass Kohl zuvor im CDU-Präsidium herumschwadroniert hatte, wegen der Protokoll-Panne hätte man den armen, herzkranken Terlinden nicht gleich rauswerfen müssen. »Der arme Kerl« sei ja jetzt ganz mit den Nerven runter. Der Mann, der seinen CDU-Vorsitzenden so hintergangen hatte – ein armer Kerl?

Nicht vergessen hat Schäuble, wie sich Kohl, der immer noch ohne jedes Schuldbewusstsein ist, stundenlang gegen eine Erklärung zur Spendenaffäre sperrte. »Was mute ich mir mit einer solchen Erklärung zu«, maulte er Schäuble an. »Ich wollte meiner Partei dienen«, was soll daran schlecht sein, Parteiengesetz hin, Spendenvorschriften her? Es war, erinnert sich ein Ohrenzeuge des Kanzler-Lamentos, als habe man »Kohl aufgefordert, Dreck zu fressen«.

Zwar gab es schon früher Augenblicke, in denen Schäuble wegen Kohl die Galle bis zum Kragenknöpfchen stieg. Zum Beispiel auf dem Erfurter Parteitag im April 1999, wo Kohl sich inszenierte samt gebückt herumwieselnder Entourage aus den Kanzlertagen, als ob er noch immer Kanzler wäre und es das Wahldebakel mit dem schlechtesten Ergebnis seit 1949 nicht gegeben hätte.

Unanständig fand Schäuble den Auftritt damals, den einer wie er im Rollstuhl natürlich nicht hinlegen könne. Aber dass Kohl so tückisch ihm gegenüber reagieren würde, als die Spenden-Nummer aufkam, das hatte er nicht erwartet. Nicht nach 20 gemeinsamen politischen Jahren.

Der Machtmotor im System Kohl hieß während dieser Zeit Schäuble, er war Stratege und Krisenmanager zugleich. Der Aufstand gegen Kohl 1989 – Schäuble zog damals raffiniert die Fäden, über die dann die Verschwörer Lothar Späth und Heiner Geißler auf dem Bremer Parteitag stolperten. Die Entscheidung für die Hauptstadt Berlin – der Mann im Rollstuhl hat sie durchgesetzt. Die Verbesserung der Pflegeversicherung – als Fraktionsvorsitzender rang Schäuble sie der FDP ab. Das Management der deutschen Einheit – Schäubles Sache im Alleingang.

Und waren sie, jenseits der Politik, nicht auch Freunde fürs Leben? Schäuble musste es glauben. Die Tränen in Kohls Augen, als der am Bett des Querschnittsgelähmten in der Freiburger Uniklinik stand, hatten ihn angerührt. Ihm wurden auch Gesten zuteil wie keinem anderen: Kohl streichelte ihn bei den ersten Auftritten im Rollstuhl über den Kopf. Er tröstete ihn in der schweren Zeit, als er noch mit dem Leben im Rollstuhl haderte. Er gab ihm das Gefühl, noch gebraucht zu werden. »Ich kann und werde nicht vergessen, in welchem Maß er sich um mich gekümmert hat. Ohne jeden Eigennutz, einfach aus der Bewegung heraus und der Betroffenheit«, hat er einmal gesagt.

Kohl ließ sich zusammen mit Schäuble im Kanzleramt fotografieren. In Strickjacke der eine, im Pullover der andere. Ein Foto, das Vertrautheit wiedergab. Vater und Sohn. Ein symbolisches Bild, zumal Schäuble unmittelbar zuvor eingeräumt hatte, der Versuchung der Kanzlerschaft, wenn sie denn an ihn herangetragen würde, wahrscheinlich nicht widerstehen zu können. »Wir sind Freunde«, sagte Kohl damals. Wer es nicht begreife, »gehört auf die Couch«.

Ohne Schäuble hätte es den Rekordkanzler vermutlich nicht gegeben. Er macht, auch wegen Kohl, Politik zu seinem Lebensinhalt, obwohl er seiner Frau einst versprochen hatte, dies nicht zu tun. Er bleibt nach dem Attentat bei Kohl, obwohl ihm bewusst ist, »meine Frau sitzt zur Hälfte im Rollstuhl«. Er gibt als Fraktionschef für Kohl den Abkanzler und Einpeitscher, der dessen Mehrheiten notfalls herbeiknüppelt. Zynisch sei er im Rollstuhl geworden, böse und verbittert, werfen ihm die Gegner in den eigenen Reihen zuweilen vor. Ja, soll ich denn den Molli mit mir machen lassen, den Hampelmann geben, fragt er zurück. »Wenn Sie den Laden zusammenhalten wollen, können Sie nicht nur freundlich sein.«

Nie ist Schäuble gegen Kohl marschiert, obwohl ihn viele gedrängt haben. Immer hat er stillgehalten. »Ich weiß, dass man mir das als fehlenden Willen zur Macht auslegt. Aber ich hätte die Partei zerstört, wenn ich gegen Kohl angetreten wäre.«

Egal, was geschah – die Einheit der Volkspartei CDU zu erhalten, nur das zählte für den Parteivorsitzenden Schäuble, und nichts sonst. Dem rücksichtslosen Egomanen Kohl war er damit nicht gewachsen. Der rief ihn im Herbst 1997

nach dem Leipziger Parteitag, wo Schäuble eine von der
Partei begeistert gefeierte Rede gehalten hatte, offiziell zum
Kronprinzen aus – ein Trick nur, mit dem er Schäuble einmal mehr einband, ohne sich verbindlich auf den Termin
einer Machtübergabe festzulegen. »Warte nicht länger«,
drängten damals seine Freunde Schäuble. »Wenn du nicht
antrittst, wird unweigerlich der Wechsel zur SPD und Gerhard Schröder gewählt.« Von treuen CDU-Wählern hörte
er immer wieder, noch einmal würden sie den Dicken nicht
wählen. Nein, hat Schäuble dennoch gesagt, das geht nicht.

Wer Schäuble kennt, weiß, welche Selbstbeherrschung
ihm damit abverlangt wurde. Er hasste es sein Leben lang,
zu verlieren. Im Frühjahr 1998 ging Schäuble angesichts der
Entwicklungen dann doch zu Kohl und sagte: »Helmut,
wir verlieren mit dir! Kündige den Wechsel für den Tag
nach der Wahl an!« Er hatte erwartet, dass der Kanzler ihm
antworten würde: Meinst du, mit dir gewinnen wir? Für
diesen Fall hatte Schäuble sich bereits eine Antwort zu-
rechtgelegt: »Aber wir verlieren nicht so hoch!« Der Kanzler lehnte ab mit der lockeren Bemerkung: »Dann sind wir
eben in einer Frage unterschiedlicher Meinung, aber wir arbeiten dennoch gut zusammen.« Schäuble fügte sich. Ist
aber bis heute fest davon überzeugt: »Von diesem Moment
an hat er mir nicht mehr vollkommen vertraut.«

Wolfgang Schäuble ist ein protestantischer Pflichtmensch. Nur damit lässt sich erklären, dass einer wie er, der
im Rollstuhl eine Kraft entfaltet, die vielen unbegreiflich
und einigen unheimlich ist, nicht einmal beim Blick auf die
sichere Niederlage die Kraft zum Aufstand gegen Kohl
fand. Dass bedingungslose Loyalität eine nahe Verwandte
persönlicher Feigheit ist, wollte er nicht wahrhaben.

Wäre es nicht seine Pflicht im Interesse der CDU gewesen, gegen den ihr von Kohl verordneten politischen Still-

stand mobilzumachen? Schäuble war es schließlich, der auch einmal versprochen hatte, wenn es um die CDU gehe, sei er imstande, zu Kohl zu gehen und zu sagen: »Helmut, es geht nicht mehr mit dir.«

»Hätte ich«, weicht Schäuble im Rückblick auf jene Tage beharrlich der Frage nach persönlichem Versagen aus, »die Union in eine selbstzerstörerische Zerreißprobe führen sollen?«

Die Einheit der Union: Die Frage stellte sich 1999 dringlicher als jemals zuvor. Sie war in jenen Tagen vor allem Schäubles Problem. Denn Kohls altes Beziehungsgeflecht zog sich immer noch durch die CDU. Und Schäuble musste die alten Hypotheken des »Systems Kohl« bezahlen. Der CDU-Vorsitzende Schäuble war wieder einmal, wie schon so lange in seinem Leben, erneut Kärrner Kohls. Er musste ihn mitschleppen, obwohl der ihm seine Loyalität schlecht vergolten hatte. Er musste Kohls Jammern aushalten, der nicht müde wurde, ihm zu beteuern, wie viel Gutes er in der Partei mit den schwarzen Konten bewirkt habe.

Wolfgang Schäuble befindet sich in jenen Tagen damit auf seiner bisher schwierigsten Gratwanderung: Er will das Erbe der Partei bewahren, und das heißt weiterleben mit Kohl, der weit über die Partei hinaus noch immer hohes Ansehen genießt. Wer Kohl demontiert, sagte er sich, beschädigt die CDU. Wer Kohl kaputtmacht, macht die Partei kaputt. Aber er musste gleichzeitig klarmachen, dass daneben eine neue CDU existierte. Eine Partei, die sich vom Übervater und von dessen mafiösem Geflecht lösen wollte, ohne ihn vom Sockel zu stürzen.

Schäuble will daher den damaligen Gefühlen des Zorns und der Verzweiflung über Kohl nicht nachgeben. Mit ihm persönlich ist er zwar fertig: Wenigstens bei der Amtsübergabe hätte der ihm die Altlast der schwarzen Kassen beich-

ten müssen. Er sieht zwar auch, dass Kohls Vertrauensbruch ihn freier machte für den künftigen Umgang mit dem
Ehrenvorsitzenden. Doch er will das noch immer nicht
aussprechen. Mit Sisyphos hat Schäuble einmal sein Poli-
tikverständnis verglichen. Und so sagt er sich weiterhin,
was er so oft auf dem langen Weg mit Helmut Kohl gesagt
hat: »Ich muss doch den Laden zusammenhalten.«

15. Kapitel

Spendernamen:
Das Ende einer
Freundschaft

Die beiden Männer, die sich 16 Jahre lang als enge Partner beim Machterhalt betrachtet hatten und auch einige
Jahre als Freunde fürs Leben, treffen sich zu ihrem letzten
Gespräch am Dienstag, 18. Januar 2000, 8.30 Uhr im Büro
von Helmut Kohl. Da beide später Ablauf und Atmosphäre
ihrer Begegnung ausführlich beschrieben haben,[1] gehört sie
zu jenen seltenen politisch-persönlichen Konfrontationen,
deren dramatischer Ablauf bis ins letzte Detail glaubwür-
dig offengelegt wurde, obwohl es dabei weder Augen- noch
gar Ohrenzeugen gegeben hat.

Schäuble brach niedergeschlagen zu der Verabredung
mit Kohl auf. Am Tag zuvor hatte er in den Zeitungen die
Berichterstattung über seinen Auftritt bei einer CDU-Auf-
taktveranstaltung im gerade beginnenden schleswig-hol-
steinischen Landtagswahlkampf 2000 in einer Kieler Con-
tainerhalle gelesen. Dabei stand im Vordergrund, dass
Schäuble kaum als Redner durchgedrungen ist, weil er wegen des soeben aufgeflogenen Schwarzgeldskandals der
hessischen CDU fortwährend ausgebuht wurde.

Über Liechtenstein und die Schweiz waren den Hessen
und ihrem Ministerpräsidenten Roland Koch rund 13 Millionen Mark Schwarzgeld zugeflossen. Das lenkte natürlich
nachträglich wieder die Aufmerksamkeit der Medien auf

die von Schäuble selbst bekanntgegebene Tatsache, dass er die CDU-Schatzmeisterin Brigitte Baumann um eine Empfangsbestätigung für die von ihm vom Waffenhändler Schreiber empfangene 100 000-Mark-Spende gebeten hatte. Schäuble wolle sich aus der Schwarzgeldaffäre ziehen, lautete der mediale Verdacht.

»Ich war ziemlich fassungslos«, räumt Schäuble im Rückblick ein, und er habe sich damals gefragt: »Erlaubt die Jagdzeit auf die CDU und auf mich wirklich alles?« Er erklärte seiner Frau, dass er in dieser Lage nur noch einen Ausweg sehe, nämlich noch an diesem Montag vom Amt des CDU-Parteivorsitzenden zurückzutreten. Dem Tag immerhin, an dem er nach Berlin geflogen war, um endlich seine dort angemietete Wohnung zu beziehen. Als er seinen Rücktrittsentschluss anschließend auch mit Generalsekretärin Angela Merkel besprach, beschwor sie ihn, seinen Entschluss rückgängig zu machen. Es gehe nicht an, sagte sie, den Parteivorsitzenden zu opfern, der zwar vielleicht Fehler gemacht habe, aber letztlich für die prekäre Situation der Gesamtpartei durch die Finanzaffäre Kohls und der hessischen CDU keinerlei Verantwortung trage. Ehe die Entscheidung falle, müsse die Lage noch einmal im Präsidium, im Bundesvorstand der CDU und in den Vorstandsgremien der Bundestagsfraktion diskutiert werden.

Es wurde eine turbulente Diskussion der Fraktionsführung. Es gab die Aufforderung des Abgeordneten Hubert Hüppe an Schäuble, beim Bundesparteitag im April nicht wieder als Parteichef zu kandidieren. Das traf auf entschiedenen Widerspruch von Norbert Lammert, damals Vorsitzender der nordrhein-westfälischen Landesgruppe. Es gehe nicht, dass ein Nichtverantwortlicher für dubiose Geschäfte der Partei die Verantwortung tragen müsse, während Hauptverantwortliche sich drückten. Noch härter wetterte

Friedrich Merz gegen Kohl, so dass er anschließend in einem Gespräch unter vier Augen von Schäuble um Mäßigung im Umgang mit Kohl gebeten wurde.

Dass er bereits fest zum Rücktritt entschlossen war, erwähnte Schäuble nicht. Aber als er sich am Dienstagmorgen im Hotel von seiner Frau verabschiedete, sagt er zu ihr, er wolle jetzt versuchen, Kohl dafür zu gewinnen, mit einem öffentlich nachvollziehbaren Schritt der Partei einen Weg aus der Krise zu eröffnen. Gelinge dies nicht, werde er zurücktreten. Was mit dem »Schritt« gemeint war, war klar: Kohl müsse die Namen der Spender unverzüglich nennen.

Kohl empfing ihn, wie Schäuble empfand, »eher frohgemut«. Auf Schäubles Aufforderung, jetzt endlich die Spender zu nennen und sein Wissen wahrheitsgemäß und vollständig zu offenbaren, reagierte Kohl mit der grinsend vorgetragenen Frage: »Trittst du zurück?« Dann setzte er nach: »Was meinst du mit deiner Aufforderung zur wahrheitsgemäßen Aussage?« Danach wird das Gespräch, wie Kohl seinerseits berichtet, »außerordentlich heftig«. Zu seiner Überraschung versteigt sich Schäuble zu der These, in Wahrheit habe Kohl gar keine Spender und könne sie daher auch nicht nennen. Als Kohl zurückfragt, woher denn dann das Geld komme, wiederholt Schäuble den Satz, er glaube nicht, dass irgendjemand Kohl Spenden persönlich überreicht habe.

Kohl antwortet von oben herab, Schäuble habe doch persönlich auch eine Spende von 100 000 Mark von einem Mann bekommen, den er zuvor nicht persönlich gekannt habe. Wieso solle es ihm daher nicht möglich sein, Spenden von Menschen zu bekommen, die ihm persönlich freundschaftlich verbunden seien. Die ganze Affäre sei doch keineswegs so schlimm, plaudert er weiter. Für sein Schweigen über die Spenden unbekannter Freunde habe ein Großteil der Bevölkerung Verständnis, auch die Geschichte in Hessen sei nicht so tragisch. Aus der Affäre sei lediglich durch Schäubles Umgang mit der Spende von Schreiber eine dramatische Krise geworden.

Diese Sätze, ohne jedes Schuldbewusstsein ausgesprochen, treiben Schäuble zur Weißglut. Wenn Kohl schon nicht die Namen der Spender nennen wolle, dann möge er doch wenigstens sein Mandat niederlegen. Denn die CDU befinde sich »in einer ihre Existenz bedrohenden Krise«. »In höchster Erregung«, so behauptet Kohl, habe Schäuble ihn dann noch ein letztes Mal aufgefordert, endlich die Namen der Spender zu nennen. Als Kohl sein Nein wiederholt, sagt Schäuble: »Dann bleibt mir nichts anderes übrig, als meinen Rücktritt zu erklären.«

Kohl mahnt: »Das wirst du nicht tun!«

Daraufhin greift Schäuble in die Räder seines Rollstuhls, dreht ihn mit einem rüden Ruck herum und verlässt Kohls Büro mit dem Satz: »Ich habe in meinem Leben schon zu viel meiner knapp bemessenen Lebenszeit mit dir verbracht. Es wird keine Minute mehr geben.« Und ruft von der Tür dem Altkanzler zu: »Dieses Büro werde ich in meinem Leben nicht wieder betreten.« Eine Männerfreundschaft, die unzerbrechlich schien, ist zu Ende. Nachzulesen sind die 30 Minuten dieses Gesprächs in Schäubles Buch »Mitten im Leben« und in Kohls »Mein Tagebuch 1998–2000«.

Im Nachhinein bewertet Kohl diese halbe Stunde als eine »der schlimmsten Erfahrungen meines Lebens«. Er wisse, dass ihm viele seinen Schmerz nicht glauben würden. Aber es habe ihm weh getan, »dass eine wichtige Beziehung, eine jahrelang tragfähige und belastbare Freundschaft, völlig zerbrochen ist«.

Schäuble sieht es nüchterner. Der Mann, der vor ihm saß, wirkte auf ihn wie ein selbstgerechter Pate, dem geltendes

Gesetz schnurz, die Not des Nachfolgers piepe und die Zukunft der CDU egal war. Er sagte zu seinem Freund Hans-Peter Repnik bei der Rückkehr in sein Büro nur lakonisch: »Alea jacta est.«

Nach dem Gespräch mit Repnik ließ sich Schäuble hinüberfahren zu den Sitzungen der CDU-Führungsgremien, wo er auf eine niedergeschlagene Generalsekretärin Merkel traf. Im Präsidium berichtete er über sein Gespräch mit Kohl und wiederholte seinen Entschluss zum Rücktritt. Das Präsidium widersprach und forderte, dann müsse das ganze Präsidium zurücktreten, denn es wäre falsch, wenn der Parteivorsitzende allein die Verantwortung für Entwicklungen nehme, die außerhalb der Verantwortung der derzeitigen Parteiführung lägen. Daraufhin bat Schäuble die Kollegen, ihn für ein paar Minuten zu entschuldigen.

Als er in die Sitzung zurückgekehrt war, wurde ihm eine Entschließung des Präsidiums vorgetragen, wonach Kohl noch einmal um die Nennung der Namen der Spender gebeten und zugleich aufgefordert werden sollte, den CDU-Ehrenvorsitz ruhen zu lassen, solange er die gewünschte Aufklärung nicht leiste. Stundenlang zog sich die Debatte hin, die Meinung des Präsidiums blieb unumstritten, nur über die Frage der Niederlegung des Ehrenvorsitzes durch Kohl gab es Meinungsverschiedenheiten, aber auch diese Passage wurde schließlich mit großer Mehrheit angenommen. Nach der Verabschiedung des Präsidiumsbeschlusses durch den Bundesvorstand erklärte sich Schäuble bereit, weiter als CDU-Chef zu amtieren.

Daraufhin erklärte Kohl seinen Rücktritt vom Ehrenvorsitz. Später lieferte er dazu eine hochemotionale Erklärung: Sein Verzicht habe nichts mit dem Ende eines Machtkampfs mit Schäuble zu tun. Aber er wolle »nicht verschweigen, dass mich die Trennung vom Ehrenvorsitz tief getroffen hat. Nicht die formale Trennung, sondern die Trennung meiner emotionalen Beziehungen zur Partei.« Die CDU sei ein Teil seines Lebens. »Ich kann nicht 50 Jahre meines Lebens wie ein schmutziges Hemd ablegen.« Nach dem Bruch mit Wolfgang Schäuble komme er sich »manchmal vor wie ein Aussätziger, den man wegen seiner gefährlichen, ansteckenden Krankheiten meidet«.

Aus Kohls Sicht haben einige innerparteiliche Gegner die Gelegenheit benutzt, alte Rechnungen zu begleichen. Da sei Heiner Geißler, der »seinen Hass mir gegenüber« wohl mit ins Grab nehme. Gleiches gelte auch für Kurt Biedenkopf, der es genieße, endlich auf ihn herabblicken zu können. Jetzt hätten etliche Persönlichkeiten in der CDU, die ohne ihn nicht dort angekommen wären, wohin ihre politische Karriere sie geführt habe, ihren Rachedurst stillen können.

Wolfgang Schäuble geht einen anderen Weg. Am Donnerstag jener Woche entschuldigt er sich in einer Rede im Bundestag dafür, dass er an derselben Stelle im Dezember 1999 auf Zwischenrufe von Hans-Christian Ströbele hin die Schreiber-Spende nicht offengelegt habe. »Ich habe auf Zurufe nicht so reagiert, wie ich hätte reagieren müssen.« Gegenüber Kohl hat er am Ende der selbstzerstörerischen Beziehung nur noch Verachtung. »Er war eine wichtige Beziehung für mich, für ihn war ich das nicht.«

Auch die engsten Freunde Wolfgang Schäubles, denen er, was er nur höchst selten tut, in jenen Tagen einen Blick in seine innersten Gefühle erlaubte, glauben eigentlich nicht, dass sich die beiden zu ihren Lebzeiten noch einmal aus wirklicher Überzeugung die Hand geben werden. Kohl versuchte es einmal, mit bitterem Ergebnis. Als im September 2000 im Berliner Schiller-Theater der Abschluss des Zwei-plus-Vier-Vertrags gefeiert wurde, der den Weg zur

Wiedervereinigung geöffnet hatte, saßen Kohl und Schäuble nur wenige Meter voneinander entfernt in den Reihen der geladenen Gäste. Schäuble wegen seines Rollstuhls natürlich am Rande. Kohl erhob sich, ging zu ihm hinüber und streckte ihm die Hand hin. Schäuble übersah sie, drehte den Kopf zur Seite.

Es gab später noch weitere Versuche Kohls, Schäuble näherzukommen. Vergeblich. Schäuble klinkt sich aus bei diesem Thema. Zu tief die Verletzungen, zu sehr fühlt er sich belogen und betrogen, vor allem auf menschlicher Ebene, jenseits des politischen Geschäfts.

Die Unaufrichtigkeit Kohls im Umgang mit Schäuble hat sich bei diesem vor allem durch ein Foto eingeprägt, das zwei Jahre zuvor entstanden war und die heile Welt zwischen den beiden dokumentieren sollte, in Wahrheit jedoch eine Inszenierung war, mit der Kohl unterstreichen wollte, dass er Schäuble als gleichberechtigten Partner beim Machterhalt und engen Freund für sein weiteres Leben betrachte.

Schäuble hatte im Januar 1997 im »Stern« erstmals in gänzlich offener Form seinen Anspruch auf die Kanzlerschaft nach Kohl angemeldet, dessen Abgang bei der Bundestagswahl 1998 in weiten Teilen der CDU erwartet wurde. »Ein Krüppel als Kanzler?«, hatte er gefragt und selbst geantwortet: »Ja, die Frage muss man stellen.« Das Wort »Krüppel« war bei diesem Gespräch von ihm selbst zuerst benutzt worden. Weil sein Interviewer ihn als »Behinderten« ansprach, ermahnte Schäuble ihn mit den Worten: »Reden Sie doch nicht rum, wer in meiner badischen Heimat im Rollstuhl sitzt, der ist ein Krüppel.« Er selbst jedenfalls benutze das in der Öffentlichkeit weithin tabuisierte Wort, durch das er sich »nicht im Geringsten herabgesetzt« sehe. Er fügte dann hinzu, die Kanzlerschaft wäre eine

»Versuchung, der ich wahrscheinlich nicht widerstehen könnte«. Zugleich mahnte er zu mehr Toleranz von Behinderten gegenüber Nichtbehinderten. Schäuble: »Behinderte stehen nicht unter Naturschutz.«

Kohl reagierte auf diese Ankündigung, die eine eindeutige Botschaft an ihn war, auf seine Weise – durch Inszenierung einer optischen Lüge. Er drückte in seinen ohnehin vollen Terminkalender blitzschnell noch einen speziellen Fototermin für den »Stern« hinein, den er wie alle »diese Hamburger Magazine« angeblich gar nicht las und mit dessen Journalisten er, wie er gerne wahrheitswidrig behauptete, auch nicht spreche.

Doch an diesem Tag ist er zu allem bereit, um sich und Schäuble ins beste Licht zu rücken. Als der »Stern«-Fotograf Konrad R. Müller, den Kohl besonders schätzt, seufzt, es sei ziemlich dunkel im Arbeitszimmer des Kanzlers, wohin der Schäuble zu diesem Termin bestellt hatte, ließ er seinen Ledersessel quer durchs Zimmer näher an Schäubles Rollstuhl tragen und die Vorhänge aufziehen. »Den Wolfgang müssen wir ins beste Licht rücken«, scherzte er dabei. Und gab den fürsorglichen Kanzler. »Du hast ja nur einen Pullover an, Wolfgang«, nörgelte Kohl, der natürlich weiß, dass Schäuble Jacketts nur ungern trägt, weil sie im Rollstuhl Falten bilden und kneifen, »dann hole ich jetzt auch meine Strickjacke«, worauf Schäuble spottete: »Geht nicht, Helmut, die hängt doch im Museum.« Unverzüglich schaffte der Kanzler die Ersatzstrickjacke herbei, die er sich längst zugelegt hatte. Denn das gewünschte Foto »Braver Vater mit treuem Sohn« durfte auf keinen Fall scheitern. Kohl hatte bei dieser Aktion nur eines im Sinn: Er wollte sein Format demonstrieren, seinen Machtanspruch über den Fraktionschef, der es gewagt hatte, zu sagen, das Kanzleramt könne für ihn auch Versuchung sein. Schäubles Selbstbewusstsein hatte ihn genervt. Zumal der es wagte, Sätze zu sagen, wie: »Ich fühle mich überhaupt nicht als Diener des Kanzlers, sondern als Diener der Republik.«

Helmut Kohl, so räumte sein damaliger Sprecher Andreas Fritzenkötter ein, habe gegen den Fototermin nicht den geringsten Widerspruch geduldet. Das Bild sollte ein Signal sein, sollte symbolisieren, was Kohl selbst nicht sagen wollte, weil er sich längst dafür entschieden hatte, dass er nicht daran denke, Schäuble die Kanzlerkandidatur für 1998 anzubieten. Der dürfte das spätestens gespürt haben, als Kohl sich einen Tag später der Bonner Presse stellte und über Schäubles Bemerkung, er könne einem Ruf ins Kanzleramt vermutlich nicht widerstehen, sogar öffentlich kess und abschätzig spottete. Versuchungen jeglicher Art verspüre auch er, »trotz meines Alters«, mit Ausnahme jener, Fragen dieser Machart zu beantworten.

Aber er erlaubt sich einen Gefühlsausbruch gegenüber Schäuble wie noch nie zuvor. Er schäme sich, sagt Kohl, natürlich nicht seiner »emotionalen Zuneigung« zu jemandem, der ihn seit Anfang der siebziger Jahre unterstütze, der mit ihm »rund um die Uhr« die Einheit geschmiedet habe. Er ziere sich nicht, für eine Freundschaft zu stehen, die dann das »brutale Ereignis« im Oktober 1990 noch vertieft habe. »Wir sind Freunde«, beteuert Kohl. Wer es nicht begreife, »gehört auf die Couch«.

Dass Kohl nur einen Tag nach dem Fototermin bei der entscheidenden Frage erneut kneift, ist Schäuble natürlich nicht verborgen geblieben. Als Kohl gefragt wird, ob er denn 1998 wieder als Kanzlerkandidat antritt, antwortete er ausweichend: »Kommt Zeit, kommt Rat.« Das blieb demonstrativ weit hinter dem zurück, was Kohl mit dem Vater-Sohn-Bild hatte dokumentieren lassen. Zur Wahrheit bekannte sich der Kanzler wenig später, als er am 3. April

1997 im Fernsehen verkündete, bei der Bundestagswahl 1998 erneut zu kandidieren. Das habe er sich »sehr genau und sorgfältig« überlegt. Schäuble zuvor klar zu informieren, hatte er nicht für nötig gehalten.

Wolfgang Schäuble durfte sich von dem Mann getäuscht fühlen, über den er mehr als einmal gesagt hatte: »Helmut Kohl weiß, dass ich ihn nicht bescheiße.« Umgekehrt war das, wie er lernen musste, durchaus der Fall. Denn schon 1994 hatte Kohl Schäuble die Zusage gegeben, er werde ihm zur Halbzeit der Legislaturperiode das Kanzleramt übergeben. Auch sein Satz, er wünsche sich, dass »Wolfgang Schäuble einmal Kanzler wird«, war nie aufrichtig gemeint. Nur hat Schäuble zu spät realisiert, dass dieser Mann für ihn nie etwas anderes vorgesehen hatte als die Rolle des ewigen Kronprinzen und loyalen Helfers beim Machterhalt.

Heute lässt Schäuble die Tiefe seiner damaligen Verletzungen nicht mehr so leicht erkennen. Die Frage, ob er denn damals nicht gespürt habe, dass hinter der Fassade Helmut Kohls eine egomanische Eiseskälte lag, wehrt er mit der Bemerkung ab, »dass dies mit meinen Erfahrungen im Leben mit Helmut Kohl nicht in Übereinstimmung ist. Unsere Beziehungen waren so nicht. Und dass Kohl ein eiskalter Machtmensch war und sonst gar nichts, das trifft doch auch nicht zu.« Irgendwann habe er ihm gesagt: »Helmut, so geht das nicht.« Und als er begriffen habe, wie Kohl mit ihm in der Schreiber-Affäre umgegangen war, habe er schließlich gesagt: »Nun ist es aber genug!«

Auf die Frage, ob seine Beziehung zum Altkanzler irreversibel gestört bleibt, antwortet er heute in fast sanftnachsichtiger Milde: »Helmut Kohl ist krank, und er ist unter der Obhut der Frau, von der er sagt, er würde ohne sie gar nicht mehr leben. Ich glaube nicht, dass Kohl in der

Lage wäre, darüber gelassen zu reden, weshalb wir heute nicht mehr so nett zueinander sind. Deswegen lass ich ihn in Frieden. Ich selbst empfinde gar keinen Groll mehr. Aber ich bemühe mich auch nicht um ein solches Gespräch. Rumlügen würde ich dabei sowieso nicht. Und stellen sie sich mal vor, was geschieht, wenn ich zu ihm sagen würde, Helmut, ich verzeihe dir. Dann gibt es sicherlich eine lange und vermutlich fruchtlose Diskussion über die Frage, wer wem verzeiht. Mit Hans-Jochen Vogel, der mir mal unterstellt hat, durch den Rollstuhl sei ich »böse geworden«, habe ich mich versöhnt. Mit Helmut Kohl macht das keinen Sinn mehr. Deswegen, wenn ich ihn sehe, sind wir freundlich zueinander.«

Also ist bei Schäuble kein Lebenstraum zerstört worden durch Kohl? Er beantwortet diese Frage heute mit bemerkenswerter Kürze, die allerdings sehr nach Verdrängung seiner wahren Gefühle klingt: »Nein. Ab April 1989 war ich Innenminister. Dann war ich im Rollstuhl. Und da habe ich ganz andere Vorstellungen gehabt als die, Kanzler zu werden.« Unstrittig ist indes, dass Schäuble bis Anfang des Jahres 2000 fest damit kalkulierte, doch noch Kanzler werden zu können.

Welche Verbitterung tatsächlich in ihm wegen der Spendenaffäre kochte, ließ er erst nach seinem Rücktritt vom Fraktionsvorsitz erkennen. In einem Fernsehinterview, das im April 2000 über den Sender »Phoenix« ausgestrahlt wurde, sagte er völlig eindeutig: »Vielleicht war es kein Machtkampf, vielleicht ist es einfach nur eine Intrige – aber dann war es schon eine ziemlich ordentliche Intrige, ich sage, mit kriminellen Elementen. Das Maß, wie hier gelogen wird, mit Falschaussagen operiert wird, mit Unterstellungen, wie immer neue Fährten aus dem Handbuch der konspirativen Desinformation getrieben werden, das war dann jedenfalls ein Kampf zur Vernichtung mindestens einer Person, die aber nun gleichzeitig Vorsitzender der CDU Deutschlands und der CDU/CSU-Bundestagsfraktion gewesen ist. Vielleicht ist der Begriff Machtkampf dann doch nicht völlig angemessen. Ich hoffe, dass irgendwann die Wahrheit auf den Tisch kommt.«[2]

16. Kapitel

Kohleones Hofstaat:
Die Fraktion nach der Affäre

Falls Schäuble gehofft hatte, mit seinem Rücktritt wegen der Schwarzgeldaffäre im Februar 2000 der CDU/CSU-Bundestagsfraktion wieder einen halbwegs normalen Politikbetrieb zu ermöglichen und den Start der neuen CDU-Vorsitzenden Merkel zu erleichtern, sah er sich bald getäuscht. Helmut Kohl agierte auch dem neuen Fraktionsvorsitzenden Friedrich Merz unverdrossen in die Geschäfte hinein. Der Altkanzler praktizierte das System Kohl weiterhin, spielte immer noch auf jener Machtmaschine, die er in 20 Jahren in der Union für sich aufgebaut und zum Laufen gebracht hatte. Er inszenierte die Rückkehr des machtpolitischen Patriarchen in die CDU/CSU-Fraktion.

Kohl nahm wieder, natürlich unaufgefordert, Platz am Vorstandstisch wie früher, obwohl der ehemalige Ehrenvorsitzende nach dem Protokoll nicht dorthin gehörte. Und als ihn der neue Fraktionschef Merz artig willkommen heißt, sieht Kohl, dass Wolfgang Schäuble weiter hinten in den Reihen der baden-württembergischen Abgeordneten Platz genommen hat, daraufhin ist die alte, neue Welt für ihn wieder in Ordnung: der da hinten, ich hier vorn! Aber Merz muss nun auch aushalten, was Kohl schon dem Fraktionsvorsitzenden Schäuble zugemutet hatte. Er dokumentierte politische Potenz durch Mienenspiel. Missfiel ihm ein Debattenbeitrag, plusterte der Altkanzler die Backen auf und blickte mit Leidensmiene himmelwärts. »Allein da-

durch, dass er dort sitzt«, klagte ein enger Mitarbeiter von
Merz, »versucht Kohl, Einfluss auszuüben.«

War da denn was gewesen? Spendenskandal und illegale
Parteienfinanzierung? Machtsicherung unter Missachtung
geltender Gesetze und Verstöße gegen die Verfassung?
Hatte Kohl die CDU nicht fast in den finanziellen Ruin getrieben? Von dergleichen an sich zur politischen Beschei-
denheit verpflichtenden Einsichten keine Spur. Hatte er
nicht, so schien Kohl die Seinen beeindrucken zu wollen,
das Ehrenwort gegenüber den Parteispendern gehalten, so-
sehr das einen Schatten warf auf seinen allmählichen Abschied von der Politik? Vielleicht setzt es eine kleine Geld-
strafe, schien Kohl signalisieren zu wollen. Na und? Dann
wäre die Geringfügigkeit seiner Schuld ja wohl endgültig
bewiesen. Und er hätte es dann Bedenkenträgern mal wieder richtig gezeigt: Alles lässt sich aussitzen, wenn man sich
nur nicht vor den Schwielen fürchtet.

»Eine Horrorvorstellung«, seufzte ein CDU-Abgeordneter schon im Frühjahr 2000 beim Gedanken an die Probleme, welche die Unionsfraktion nach der Sommerpause
erwarten würden. Solch offene Worte waren indes nur nach
Zusicherung strikter Anonymität zu hören. Keiner war so
mutig wie der Bundestagsabgeordnete Friedbert Pflüger,
der es dem CDU-Präsidium schriftlich gab, wie trübe er die
Zukunft auch unter den neuen Verhältnissen ohne Schäuble
sah: »Wir würden keine Chance mehr haben, wenn wir die
Vorgänge des Winters nunmehr als Kavaliersdelikte abha-
ken wollten.« Niemals dürfe die Rechtsstaatspartei CDU
ihren Anspruch auf die ganze Wahrheit aufgeben. »Solange
die Herkunft der Gelder im Ungewissen bleibt, muss es
eine gewisse, vornehme Distanz zu Helmut Kohl geben.«

Kohl hat das wenig beeindruckt. Mit Parteifreunden wie
diesem Pflüger war er schon lange fertig. Der hatte es

schließlich einmal sogar gewagt, sein Angebot zurückzuweisen, in der CDU-Zentrale Kohls Hauptabteilungsleiter
»Politik« zu werden. Stattdessen ging Pflüger, in Kohls Augen eine ganz besondere Frechheit, als Mitarbeiter zu Richard von Weizsäcker, der es immer abgelehnt hatte, nach
Kohls Pfeife zu springen. Und außerdem hatte Pflüger in
seinem Buch »Ehrenwort«[1] 25 Jahre Kohl-Regime in der
CDU saftig runtergeschrieben: »Kohl hat eine Partei hin-
terlassen, die erst wieder laufen lernen muss.« Und, noch
kesser, dieser Pflüger hatte in der Fraktion ganz offen die
Frage gestellt, was geschehen müsse, wenn der »alte Bauer
nicht vom Hof will«. Pflügers respektlose Antwort darauf:
»Dann stellt sich die Frage, wie lange man zusieht.«

Was er erwartete und noch einige mehr in der Fraktion,
war ein gemeinsames Machtwort von Angela Merkel und
Friedrich Merz. Merz, der bis heute Schäuble mit freund-
schaftlichen Gefühlen verbunden ist (»Wir haben uns
immer gut vertragen, auch wenn wir nicht immer einer
Meinung waren«[2]), zögerte, weil er dessen Situation nicht
durch neue Fronten belasten wollte. Merz hatte das Gefühl,
»Schäuble müsse sich selbst vor seinen eigenen Enttäuschungen ein bisschen schützen und geschützt werden«.
Und dem wollte er nicht entgegenarbeiten, denn nur dank
dieser Eigenschaft habe Schäuble »das dramatische Auf und
Ab in seiner politischen Karriere physisch und psychisch
überlebt«.[3] Merz sah bei Schäuble den unbedingten Willen,
»in der Politik zu bleiben, egal was es kostet«.[4] Von Merkel
erwartete Merz damals, dass sie selbst sich dazu äußere, wie
sie die Entwicklung in der Bundestagsfraktion in Richtung
Kohl bewerte. Merz: »Sie hat ja immer eine hohe strategische Begabung in eigener Sache gehabt.«[5]

Doch nichts geschah. Von der Parteivorsitzenden nicht
gestört, funktionierte das System Kohl in der Fraktion wie

eh und je. Dort saß schließlich eine halbe Hundertschaft
Kohl-Günstlinge, die zuvor den eigenen Kopf an der Ka-
binettstür abgegeben hatten, um eingelassen zu werden.
Etwa die Ex-Bundesminister Matthias Wissmann und
Friedrich Bohl, die in jenen Tagen noch immer vor dem
»Alten« buckelten. Stimmung für Kohl machten auch die
rund zwei Dutzend ehemaliger Parlamentarischer Staatsse-
kretäre, die ihren Aufstieg zu Regierungszeiten allein ihm
zu verdanken hatten, die zu den abendlichen Gelagen in
den Kanzler-Bungalow gebeten worden waren, mit ihm in
der Kanzler-Maschine zuweilen auch zu Staatsbesuchen
hatten mitfliegen dürfen.

Und diese Kohlianer wurden erstklassig organisiert
durch seinen langjährigen bewährten politischen Strippenzieher Anton Pfeifer, den ehemaligen Staatsminister im
Kanzleramt. Der lehnt es bis heute ab, über seine Jahre an
der Seite Kohls auch nur ein Gespräch zu führen. Kenner
der ehemaligen »Kampfgruppe Kohl«, wie der Politologe
Gerd Langguth, sind jedoch davon überzeugt, dass Kohl
auch gescheitert ist, weil er Pfeifer zu einem seiner engsten
Berater gemacht hat. Der wolle sich heute deshalb noch
nicht kritisch zu Kohl äußern, weil er »alles, was er wurde,
Kohl zu verdanken hatte«.[6] Das sei der charakteristische
Unterschied zu Schäuble. Langguth: »Der hat die Dinge
aus eigener Autorität entwickelt, Pfeifer war ein reines Ge-
schöpf von Kohl.«[7]

Die Oldies hatten reichlich Zeit, weil sie sich für die Arbeit mit der Fraktion in den beschwerlichen Oppositions-
zeiten zu schade fühlten. Sie amüsierten sich lieber damit,
dass der Ex-Kanzler als eine Art »Kohleone« Hof hielt.
Man tuschelte und tratschte, sie flüsterten ihm ins Ohr, wie
recht Kohl doch mit seiner Prognose gehabt habe, dass ein
Schäuble dem Job als CDU-Chef und Fraktionsvorsitzen-

der nicht gewachsen sein würde. Und als der CSU-Mann
Gerd Müller Angela Merkel in der Fraktion mit der Bemerkung anmachte, ihn, Kohl, als »offene Flanke« der CDU zu
bezeichnen, das gehe einfach nicht, da jubelten sie lautstark.
Und schon stand der Ex-Staatssekretär Manfred Carstens
auf der Matte und forderte, Kohl den Ehrenvorsitz zurück-
zugeben.

Kohl pflegte sein Netzwerk so sorgsam und so vielfältig
wie eh und je. Im Bundestag saß er gerne auf den Hinter-
bänken nahe dem Eingang, wo er die Abgeordneten leicht
mit dem gerne gehörten Ruf abfischen konnte: »Komm,
setz dich mal her!« Er telefonierte sich unentwegt durch die
Reihen der CDU/CSU. Der Weg in sein Büro im Bundes-
haus, wohin er häufig einlud, wurde bald als »CDU-Amei-
senweg« verspottet. Begeistert vom »Alten« waren vor allem viele jüngere Volksvertreter, die aus den Gesprächen
mit strahlenden Augen zurückkamen. Ihnen trichterte er
ein, was für seine Wahrheit im Spendenskandal hielt: Begreift doch, dass es gar nicht um mich geht. Man will über
mich die CDU kaputt machen.

Die politischen Erzählstunden Kohls wirkten. Eine neue
Solidarität baute sich auf, die historischen Wahrheiten wurden verdrängt. Der politische Nachwuchs blickt vielfach
bewundernd zu Kohl auf, als stünde er auf einem Sockel.
Und er fühlte sich endlich mal wieder gut in der CDU: Die
Schlappen seiner Erben wurden auf diesem Wege zur Be-
stätigung eigener Größe. Und als Merz einmal auf einem
Spargelessen der Fraktion dem Amtsvorgänger keine spezielle Begrüßung zuteilwerden ließ, auf Schäubles speziellen
Wunsch übrigens, da nahmen die Kohl-Jünglinge dies freu-
dig erregt als Beweis dafür, dass jetzt auch der neue Fraktionsvorsitzende die alt-neue Hackordnung endlich begriffen hatte und zu beachten gedenke.

Kohl arbeitete auch weiterhin mit Tricks. Als der Spenden-Untersuchungsausschuss die Terminkalender seiner Sekretärin Juliane Weber einsehen wollte, schickte er den für das Jahr 2000 unaufgefordert mit. Dort waren zahlreiche Gespräche der CDU-Mitglieder im Untersuchungsausschuss mit Kohl vermerkt. Schäubles Schwiegersohn, der baden-württembergische CDU-Abgeordnete Thomas Strobl, analysierte zutreffend: »Damit hat er die gesamte Unionsfraktion zur Solidarität mit sich gezwungen.«

Zur Kohl-Schutztruppe gehörte auch die »Gruppe 94«, ein Diskussionszirkel von rund 35 Abgeordneten, die sich nach der Bundestagswahl 1994 zusammengefunden hatten und sich unter Vorsitz des rheinland-pfälzischen Abgeordneten Wilhelm Josef Sebastian zu politischen Diskussionen trafen. Früher hatte Kohl diese Gruppe nie zur Kenntnis genommen, aber jetzt fand er es nicht mehr müßig, auch mal drei Stunden bei Nudeln und Rotwein für sich Stimmung bei ihnen zu machen.

Wurde er zu diesen Zeiten auf seinen dramatischen Bruch mit Schäuble angesprochen, konnte er dessen Groll nicht verstehen. Er verteidigte sich dann gerne so: Habe er denn nicht geweint, als er Schäuble nach dem Attentat in der Freiburger Klinik besucht habe? Habe er denn nicht im Kanzleramt die Türen breiter machen lassen, damit der Rollstuhl passieren könne. Dies sei doch ein Beweis dafür, dass er Schäuble zu seinem Nachfolger habe küren wollen. Doch dann komme Schäubles Bruder Thomas Jahre später daher und erkläre vor aller Welt: »Ich verabscheue Helmut Kohl!« Das sei doch ein sehr viel schwerwiegenderes parteischädliches Verhalten, als man ihm beim Umgang mit Schäuble unterstelle: »Ich will doch nur eins, dass die CDU wieder nach vorn kommt.«

Immerhin hielt wenigstens Angela Merkel in jenen Tagen

zu Wolfgang Schäuble. Zwar gratulierte sie Kohl artig zum 70. Geburtstag. Aber sie beauftragte Schäuble zum Ärger Kohls auch mit der Europapolitik im Präsidium und erwog ernsthaft, ihn zum neuen Chef der Adenauer-Stiftung zu machen, was dann jedoch von anderen Schäuble-Gegnern erfolgreich hintertrieben wurde. Merkels Linie indes war klar: »Die politische Zukunft dieser Partei wird nicht von Helmut Kohl bestimmt.« Und: »Wenn man dieser Partei nicht klarmachen kann, dass sie an Kohl und nicht an hundert Tagen Merkel gescheitert ist, dann ist ihr nicht zu helfen.«

Ihr interner Machtkampf mit Kohl war damit eindeutig eröffnet. Vermutlich hatte sie das Buch ihres Parteifreundes Wulf Schönbohm, einst langjähriger Mitarbeiter Helmut Kohls, später bei ihm in Ungnade gefallen, aufmerksam gelesen. In diesem CDU-Schlüsselroman tritt ein Kanzler mit dem Namen »Klumper« auf, ein Mann, der so beschrieben wird: »Mit politischen Urinstinkten geboren, eine politische Kampfmaschine, die nichts anderes konnte und wollte, als politische Macht zu erobern und auszuüben.«[8] Zu »Klumpers« Erwartungen an seine Parteigänger findet sich der Satz: »Gegner musste man bekämpfen, und besiegte Gegner durfte man nicht zu großmütig behandeln. Posten wurden nur an verdiente Kampfgefährten vergeben. Wer im Dschungel lebte, brauchte Freunde und musste seine Feinde kennen. Das war das Gesetz.«

Eben einer wie Kohl. Ob Schäuble das Buch gelesen hat, ist nicht bekannt. Wenn ja, vielleicht nicht so aufmerksam wie Angela Merkel.

17. Kapitel

Beinahe Präsident:
Als Kandidat missbraucht

Im Fraktionssaal der Unions-Parteien werfen sie am Freitag, 5. März 2004, Blumen ins offene Grab ihres Kandidaten. Wie einzigartig seine politische Lebensleistung sei, barmt die Fraktionsvorsitzende Angela Merkel. Einer unserer Allerbesten, schmachtet der CDU-Bundestagsabgeordnete Friedbert Pflüger.

Alles erlesene Krokodilstränen.

Der Mann, um den CDU wie CSU pflichtgemäß an diesem Freitag trauern, sitzt derweil 100 Meter Luftlinie entfernt in seinem Büro nahe dem Osteingang des Reichstags. Zwei Menschen, die ihm eng zugetan sind, haben Wolfgang Schäuble soeben besucht. Hans-Peter Repnik und Thomas Strobl, CDU-Parlamentarier, heute auch baden-württembergischer CDU-Chef und Schwiegersohn Schäubles.

Nein, sagt Schäuble im Gespräch an diesem Tag, »es gibt keine Rachegefühle. Ich fühle mich befreit.« Er trägt ein offenes Hemd und den geliebten dunkelblauen Pulli. Das Jackett liegt quer über einem Stuhl. Er raucht Pfeife, in Kette. Und gibt sich dennoch ganz ruhig. Blickt auf das gerahmte Foto mit seiner Frau Ingeborg und den vier Kindern. »So ist Politik«, sagt er und bläst Rauchwolken in die Luft, als wolle er sich von schwerer Last befreien. »Ich kenne die Regeln.« Auch wenn man es ihm nicht abnehme, sagt er, »ich fühle mich ganz entspannt«.

Natürlich stimmt das nicht. Vor ihm auf dem Schreibtisch liegt der Pressespiegel der CDU/CSU-Fraktion vom Tage. »Union lässt Schäuble fallen« und »Schäuble scheitert an Westerwelle«, »Schäuble wird nicht Bundespräsident«, schreien ihn die nachgedruckten Schlagzeilen des Tages an. Die Texte dazu erzählen die Geschichte, wie Parteifreunde den Menschen Schäuble für ihr Machtstreben benutzten. Wie sie fairen Umgang einem Mann verweigerten, der der Politik seine Gesundheit geopfert, sich in diesem Geschäft Verletzungen zugemutet hatte, die einen anderen als den protestantischen Pflichtmenschen Schäuble zerbrochen hätten.

Aber er wird weitermachen, als Abgeordneter und als stellvertretender Fraktionsvorsitzender. »Ich will beitragen, was ich kann, damit das Land bald wieder besser regiert wird als bisher«, sagt er, und außerdem fügt er tapfer hinzu: »Ich bin nicht wirklich beschädigt.« Von anderen Beteiligten des Geschachers um das Amt des Bundespräsidenten lasse sich das nicht sagen. Namen will er keine nennen. Wie weh tut es, dass einmal mehr ein Traum zerbrochen ist? »Anderes hat mir stärker weh getan.« Der Satz schlüpft wie ein Seufzer aus seinem Mund. Zum Beispiel? Schäuble schweigt.

Gleich wird er in den Handlauf seines Rollstuhls greifen und durch den unterirdischen Tunnel in den Reichstag hinüberrollen. Das Plenum debattiert die Afrikapolitik. »Da muss ich hin«, sagt er. Sein Blick geht hinauf zu dem Porträt Adenauers, das an der gegenüberliegenden Wand hängt. Was hätte der »Alte« wohl gesagt, wenn er die Manöver von Angela Merkel, Edmund Stoiber und Helmut Kohl sowie deren Strategien erlebt hätte? Schäuble schweigt lange, dann lässt er dem Sarkasmus freien Lauf, hinter dem er seine Befindlichkeit gerne versteckt: »Der war im Umgang mit Menschen doch noch skrupelloser.«

Mag sein. Bekannt geworden ist allerdings so ein vergleichbar skrupelloser machtpolitischer Vorgang des »Alten« nie, wie Angela Merkel ihn sich in der Präsidentenfrage gegenüber Schäuble geleistet hat. Altpräsident Richard
von Weizsäcker hat es Merkel im Nachhinein sogar schriftlich gegeben: Es handelte sich »um ein Bubenstück aus
Mädchenhand«, erklärte er. Oder freundlicher ausgedrückt:
Diese Frau macht nur ungern Rechnungen auf, deren Ergebnis sie nicht schon im Voraus kennt. Ein Bundespräsident Schäuble hätte in ihr taktisches Basissystem niemals
hineingepasst. Also handelte sie gegen ihn – auf ihre Art der
politischen Taktiererei.

Anfang März 2004, an einem Mittwoch, sitzt das CDU-Präsidium beisammen. Es stand da schon fest, dass Johannes
Rau bei der nächsten Präsidentenwahl am 23. Mai 2004
nicht mehr kandidieren würde. Wer sollte zu diesem Termin für die Unionsparteien antreten? Der hessische Ministerpräsident Roland Koch und der stellvertretende Vorsitzende der Unionsfraktion im Bundestag, Friedrich Merz,
plädierten für Wolfgang Schäuble. Sie waren sich sicher,
dass er in der Bundesversammlung auch eine Mehrheit bekommen würde, obwohl ein CDU-Kandidat dafür die
Stimmen von CSU und FDP benötigte. Die CDU-Vorsitzende Angela Merkel war es nicht. Offen gesprochen wurde von ihr über das sensible Thema allerdings nicht. Als
ernsthafte Kandidaten galten zu diesem Zeitpunkt nur noch
Wolfgang Schäuble, Annette Schavan und Horst Köhler.
   Die Präsidiumssitzung schleppte sich stundenlang hin,
bis gegen halb zwei Uhr am Morgen. Schäuble hatte, erkennbar genervt, die Runde der CDU-Präsidien bereits gegen
halb zwölf verlassen, weil er schon da das sichere Gefühl
hatte, dass Merkel an ihm als Kandidaten nicht ernsthaft

interessiert war. Koch machte dann noch den schweren
Fehler, dass er seinem Sprecher Dirk Metz die SMS-Bot-
schaft schickte: Schäuble wird es. Sie lief alsbald über die
Nachrichtenagenturen und trug eine chaotische Stimmung
in die Präsidiumssitzung hinein. Als in der weiteren, hek-
tischen Diskussion von Friedrich Merz gegen Köhler der
Einwand kam, der stehe als Geschäftsführender Direktor
beim Internationalen Währungsfonds (IWF) in Washington
für die Bundesrepublik auf einem der wichtigsten internationalen Posten und man solle ihn daher nicht abziehen, da
man mit Schäuble ja bereits einen Kandidaten habe, der alle
Voraussetzungen erfülle, mischte sich Merkel in die Debatte ein und sagte, Köhler wolle von sich aus unbedingt nach
Deutschland zurück, wie sie wisse, und er würde, wie ihr
zudem bekannt sei, von den Amerikanern auch gar keinen
zweiten Vertrag erhalten.

Am Sonntag, 7. März, konferierten die Präsidien von
CDU und CSU gemeinsam im Konrad-Adenauer-Haus.
Köhler saß nun zwischen Merkel und Edmund Stoiber. Er
bedankte sich herzlich für die Einladung und sagte: Er sei
doch sehr überrascht gewesen, als ihn Angela Merkel bereits im Januar angerufen und gefragt habe, ob er Bundespräsident werden wolle, denn da habe er mitten in den Ver-
handlungen mit den Amerikanern über seinen ihm damals
angebotenen zweiten Vertrag beim IWF gestanden.

In dieser Sekunde richteten sich die Blicke der CDU-Prä-
sidiumsmitglieder sehr überrascht auf Merkel, die ihnen ja
nur wenige Tage zuvor erzählt hatte, Köhler wolle in die
Bundesrepublik zurück und werde auch keinen neuen Vertrag bekommen. In den CDU-Reihen der Sitzungsteilneh-
mer brach daraufhin Unruhe aus. Viele fragten sich: Kann
es sein, dass diese CDU-Vorsitzende im Kampf um das
Amt des Bundespräsidenten die eigene Partei belügt? Hatte

diese Frau an der CDU-Spitze seit September 2003 nicht immer so getan, als ob sie unbedingt Schäuble wolle? Und hatte sie damit das Präsidium nicht systematisch hinters Licht geführt? Und heimlich mit Köhler telefoniert? Noch heute erinnern sich manche Teilnehmer daran, dass Merkel unter den kritisch fragenden Blicken der Parteifreunde einen »feuerroten Kopf« bekam. Einer der Teilnehmer gesteht: »Ich war betroffen. Es war in dieser Minute glasklar: Sie hat den Schäuble systematisch vor den Baum fahren lassen. Aus zwei Gründen: Sie hatte erstens wahrscheinlich zu Recht den Eindruck, dass er ihr in diesem Amt zu mächtig werden könnte, weil er, zweitens, Reden hält in diesem Amt, denen sie politisch und intellektuell nicht gewachsen ist.«

Dass Merkel zudem vielleicht die Angst umtrieb, sie würde für Schäuble vielleicht keine Mehrheit in der Bundesversammlung erhalten, weil die FDP ihn ablehnte, schließen diese Kritiker nicht aus. Schließlich hatte auch die CSU immer wieder bestimmte Vorbehalte gegen Schäuble erkennen lassen. Und in der Bundestagsfraktion war auch immer mal wieder der Satz zu hören gewesen: »Ein Mann im Rollstuhl kann nicht Präsident werden, denn der kann doch nicht mal eine Parade abnehmen.«

Warum Angela Merkel sich in der Präsidentschaftsfrage schließlich zumindest zunächst verbal doch auf eine Kandidatur Schäubles eingelassen hatte, beruhte auf ganz anderen Überlegungen. Realpolitisch, wie sie denkt, zumal in Machtfragen, hat sie sich einerseits gesagt: Es gibt außer Schäuble keinen Politiker mit einer vergleichbar intimen Kenntnis der deutschen Politik. Eben einen, der alle internen Dossiers kennt, zwei Jahrzehnte an allen wichtigen Entscheidungen beim Personal und in der Sache beteiligt war. Unterm Strich also in ihren Augen ein Mann, den man zum längeren Überleben in der Politik gerne an seiner Seite hat, weil er alle Schliche der Gegenseite mit dem ersten Blick erkennt.

Andererseits musste Merkel klar sein, dass dieser Schäuble nicht halbwegs so pflegeleicht sein würde wie ein Horst Köhler, der im Vergleich zu Schäuble fast als Politikamateur daherkam. Früher oder später hätte Schäuble als Präsident in die Räder ihrer Politik eingegriffen und ihr vielleicht Schwierigkeiten gemacht. Der Politikwissenschaftler Gerd Langguth: »Merkel hatte aber keine Lust, jemand über sich zu haben, der vom Amt her weniger mächtig ist als die Kanzlerin, aber dennoch so eine Art Gouvernante ihr gegenüber hätte sein können. Sie wollte keinen Schäuble, sondern einen möglichst pflegeleichten Präsidenten.[1] Köhler dürfte ihr als das kleinere Übel erschienen sein. Grundsätzlich gelte bei Merkel, so Langguth, dass sie Konkurrenz, die ihr aus ihrer Sicht einmal gefährlich werden könnte, stets aus ihrem unmittelbaren Umkreis entfernt hat. Zum Beispiel einen Friedrich Merz, später dann Christian Wulff, denn sie ins »goldene Gefängnis von Schloss Bellevue verfrachtete«. Und jetzt zuletzt den Wahlverlierer in Nordrhein-Westfalen, Norbert Röttgen.

Schäuble selbst bestreitet bis heute strikt, dass seine Beziehung zu Angela Merkel dadurch belastet worden sei, dass sie ihn nicht als CDU-Kandidaten für die Nachfolge von Rau nominiert habe. »Ich wollte ja auch gar nicht Bundespräsident werden. Aber ich habe mich überreden lassen. Der Urheber des Gedankens, dass ich Bundespräsident werden solle, ist Richard von Weizsäcker gewesen«, sagt Schäuble. Der sei schon sehr früh zu ihm gekommen und habe gesagt: Sie müssen das machen. Er selbst habe da gedacht: Um Gottes willen, ein Rollstuhlfahrer. Das geht doch nicht. Aber er habe ihm nicht sagen wollen – ich will das nicht, ich kann das nicht. Und er räumt heute immerhin ein, schließlich habe das Angebot auch seiner Eitelkeit geschmeichelt.

Was er indes nicht vergessen, was ihn damals sehr gestört hat, war die Haltung der FDP, die wissen ließ, die Liberalen akzeptierten jeden Kandidaten von der CDU, nicht aber Schäuble. »Die These, jeden CDU-Mann, aber nicht den, das war schon verletzend«, sagte Schäuble später. Er ist heute noch davon überzeugt, dass er in der Bundesversammlung gewählt worden wäre. Natürlich habe Merkel aber das Risiko der FDP-Drohung ernst nehmen müssen.

Am wenigsten kann Schäuble verstehen, dass damals der FDP-Bundestagsvizepräsident Hermann Otto Solms gegen ihn in der Präsidentenfrage massiv opponiert hat. Schließlich habe er mit Solms als Kanzleramtschef, als CDU/CSU-Fraktionsvorsitzender und Bundesinnenminister früher eng und konfliktlos zusammengearbeitet. Noch heute vermutet er deswegen ein »schlechtes Gewissen« bei Solms, fügt aber hinzu: »Der war ein toller, fairer Partner.« Mit Solms habe er wirklich eine »bärenstarke, enge, richtig freundschaftliche vertrauensvolle Beziehung gehabt. So eng wie mit sonst niemand.«

Noch mehr dürfte ihn verletzt haben, dass Angela Merkel ausgerechnet am Tag seines Scheiterns im vertraulichen Gespräch mit Journalisten schmunzelnd gute Laune vorführte. Sie zitierte Helmut Kohl und ausgerechnet noch dessen brutalstmögliche Machtmaxime: »Entscheidend ist, was hinten rauskommt.« Der Satz ist offenbar auch im politischen Werkzeugkasten der Machtfrau Merkel der wichtigste Maßstab. Nur keinen Parteifreund vor sich haben in der politischen Hierarchie, dessen intellektuelle Qualitäten und politische Erfahrungswerte, wie etwa auch bei Friedrich Merz, man fürchten muss. Kohl, ebenfalls in wonniger

Laune über Schäubles Scheitern, präsentierte den ersten Band seiner Memoiren, die bis zum Jahr 1982 reichen, zum Beginn seiner Kanzlerschaft. Nicht eine Zeile im Namensregister erübrigt er darin für Schäuble.

Thomas Strobl, Schäubles Schwiegersohn, findet das an diesem Tag alles »zum Kotzen«. Er kommentiert[2] damit das Schauspiel einer Demütigung, das die »Süddeutsche Zeitung« mit den Worten »so schäbig, so unehrlich und so gemein« beschreibt. Es ging dabei nicht um die beste Entscheidung, es ging um eine Entscheidung, die ins Machtkalkül Merkels passte. Ein Amt wurde verschachert, Schäuble für die Strategien anderer benutzt – wie schon zuvor in seinem politischen Leben, das an diesem Tag wieder einmal eine Tragödie genannt werden muss.

Hatte er wirklich zu viele innerparteiliche Feinde, um Kandidat fürs höchste Staatsamt zu werden? War er tatsächlich ein unkalkulierbares Risiko, wie Merkel und ihre Wasserträger monatelang flüsterten?

Zwar hatte sich Schäuble 2002 gegen Merkel als Kanzlerkandidatin positioniert. Er war damals auch gegen die von Merkel betriebene Ablösung von Friedrich Merz an der Spitze der Unionsfraktion. Doch er hat zugleich versucht, sagt einer der wenigen, denen Schäuble zuweilen einen Blick ins Innere seiner Gedanken erlaubt, »seine Grundsympathie für Angela Merkel zu erhalten«. Aber weshalb hat sie nie öffentlich über die Kandidatur Schäubles fürs Präsidentenamt gesprochen, wenn er doch, wie sie behauptete, ihr Favorit war seit September 2003, als Johannes Rau den Verzicht auf eine zweite Amtszeit verkündet hatte? Schäuble hatte schließlich seine Nachfolgerin im CDU-Vorsitz eindringlich gebeten: »Ich möchte nicht noch mehr verletzt werden, als dies bereits geschehen ist. Ich habe genügend Verletzungen aushalten müssen, mein Bedarf ist gedeckt.«

»Ich fürchte, das Amt kommt auf mich zu«, sagte Schäuble, noch wenige Tage bevor die Entscheidung Merkels und Westerwelles endgültig gegen ihn fiel. Da hatte Richard von Weizsäcker ihn soeben mit dem Satz ermuntert: »Sie müssen es werden!« Und selbstverständlich war Schloss Bellevue ihm all die Monate der nervigen Präsidentensuche eine verlockende Perspektive. »Ich würde der Versuchung nicht widerstehen«, gestand er kurz zuvor dem Autor – mit exakt denselben Worten hatte er 1997 die Frage beantwortet, ob er sich die Kanzlerschaft nach Kohl zutraue.

Vor allem jedoch erinnert er sich an eines noch sehr gut: Nur wenige Tage zuvor war Angela Merkel zu ihm gekommen und hatte das Gespräch mit der direkten Frage eröffnet: »Wollen Sie Bundespräsident werden?« Seither hatte er das Amt als Chance zur politischen Gestaltung und der persönlichen Selbstverwirklichung betrachtet, hatte darüber nachgedacht, wie er es im Fall seiner Wahl wahrnehmen werde. Er hoffte, die Menschen könnten ihn als fairen Begleiter auf dem Weg zu grundsätzlichen Reformen der Gesellschaft akzeptieren. Er wollte, im Falle seiner Wahl, ein »Präsident sein, der Mut zur Veränderung macht«. »Er hätte es verdient, er wäre ein Glücksfall für die Nation gewesen«, sagt sein Freund Repnik.[3]

Und Schäuble hatte das Amt bereits fest in seine künftige Arbeit im politischen Raum eingebaut. Mit seinem Buch »Scheitert der Westen? Deutschland und die neue Weltordnung«. Mit einem Vorwort, das einem künftigen Bundespräsidenten angemessen gewesen wäre – von Henry A. Kissinger. Und Passagen, an denen viele Parteifreunde ideologische Schluckbeschwerden bekamen. »Obwohl gegen das Prinzip des Marktes wegen seiner ungeheuren Effizienz und seiner unbestrittenen Wohlstandsbildungskraft per se nichts zu sagen ist, spricht vieles gegen die wahllose Übertragung seiner Prinzipien auf den gesamtgesellschaftlichen Rahmen.« Das Problem stellt sich heute schärfer denn je.

Auch an anderen Stellen des Textes dürften sich etliche Konservative gefragt haben, ob dieser Mann wirklich der von ihnen zu verantwortende angemessene Präsidentschaftskandidat sei. War er vielleicht gar ein verkappter Grüner, denn da las man: »Unsere wohl wirklich maßlose Lebens- und Wirtschaftsweise gefährdet auch Wälder, Artenvielfalt, Wasserreserven und Böden, die allesamt für das Überleben der Menschheit von zentraler Bedeutung sind.«[4] Auch nach links öffnete er sich und rügte, dass im Jahr 1998 in Deutschland in zwölf Monaten »11 400 Rüstungsexportgenehmigungen erteilt und 27 verweigert worden« sind. Kein Wunder, dass Joschka Fischer sogleich bereit war, die Laudatio auf Schäubles Buch zu halten.

Genüsslich druckte schließlich der »Spiegel«[5] ein »altersmildes« Urteil Schäubles über die Grünen: Sie seien, als sie vor 20 Jahren kamen, »eine frühe und notwendige Reaktion auf die Philosophie der unendlichen Veränderbarkeit von Mensch und Natur gewesen«. So wie es aussehe, laufe es also auf Schäuble zu, prognostizierte daher das Nachrichtenmagazin mit Blick auf das Präsidentenamt.

Doch auch Schäubles zweiter Lebenstraum nach der Kanzlerschaft zerrann, weil Edmund Stoiber und Angela Merkel nicht für ihn gegen die FDP gekämpft haben. Stoiber hatte ihn unmittelbar vor den Stunden der Entscheidung gefragt, ob er notfalls auch drei Abstimmungen in der Bundesversammlung durchstehen werde. Schäubles Antwort: »Wenn Sie durchhalten, halte ich auch durch.« Dann stand der Bayer doch nicht, und die CDU-Vorsitzende zog ihr spezielles Spiel der egomanischen Machtverteidigung durch: Sie wollte Schäuble nie, aber sie wollte ihn nicht selbst verhindern – und hat daher die Karte der Verhinde-

rung der FDP und Guido Westerwelle zugespielt. Friedrich
Merz gehörte zu den wenigen, die heute daran Kritik wa-
gen: »So durfte man mit Schäuble nicht umspringen. Gerade er hatte es verdient, dass man ihm im Vorfeld reinen
Wein einschenkt.«[6]

Was viele Kritiker Angela Merkels im Zusammenhang
mit der Präsidentenfrage und der Nominierung von Horst
Köhler häufig übersehen: Sie hat die Frage, ob die CDU mit
Schäuble oder Köhler als Kandidaten antreten solle, aus-
schließlich unter dem Gesichtspunkt der persönlichen
Machtverteidigung entschieden. Genauso hat sie im Übrigen taktiert, als sie 2010 Christian Wulff zum Nachfolger
von Köhler machte. 2004 waren die Mehrheitsverhältnisse
in der Bundesversammlung für die schwarz-gelbe Koalition mit nur 15 Stimmen Vorsprung relativ knapp wie auch
2010, als Wulff drei Wahlgänge benötigte, um ins Schloss
Bellevue zu kommen.

Wenn Schäuble bei der Präsidentenwahl tatsächlich kandidiert und verloren hätte, wäre die Situation auch für Merkel politisch überaus heikel geworden. Als CDU-Vorsitzende war sie in der eigenen Partei immer noch nicht bei
allen akzeptiert, und Ende 2004 musste sie sich im Amt der
CDU-Chefin der Wiederwahl stellen. Wäre ihr Kandidat
Schäuble gescheitert, hätte die Schlappe ohnehin schon vor-
handene erhebliche Zweifel an ihrer Führungsfähigkeit ge-
nährt. Außerdem war ihr klar, dass es gegen den Kandidaten Schäuble vor allem in der FDP erhebliche Vorbehalte
gab.

FDP-Chef Westerwelle hatte Merkel unmissverständlich
gewarnt. Es gebe, sagte er, »keinen Automatismus« für
Wolfgang Schäuble. Die Liberalen erinnerten sich nur zu
gut daran, dass ausgerechnet dieser Schäuble sie noch zu
Kohls Kanzlerzeiten immer mal wieder politisch gedeckelt

hatte. Westerwelle träumte davon, durch die Präsidentenwahl auch den damaligen FDP-Fraktionsvorsitzenden
Wolfgang Gerhardt über eine Kandidatur fürs Präsidentenamt bequem loswerden zu können, um sich zum FDP-Vor-
sitz auch noch die Fraktionsführung zu sichern.

Hinzu kam bei Merkel noch der zusätzliche Vorbehalt
gegen Schäuble, dass an dessen Person erneut die Diskussion über sie und den CDU-Spendenskandal festgemacht
werden könnte, mit dessen Hilfe sie selbst erst den Sprung
an die CDU-Spitze geschafft hatte. Denn die ehemalige
CDU-Schatzmeisterin Brigitte Baumann hatte ausgerechnet zum Zeitpunkt der Präsidentenwahl ein Buch zum
Skandal angekündigt. Noch immer befürchtete man in der
CDU weitere Enthüllungen über die Aktivitäten des Waf-
fenhändlers Schreiber. Und letzten Endes war Schäuble
auch in der eigenen Partei nicht unumstritten als Kandidat.
Der damalige saarländische CDU-Ministerpräsident Peter
Müller hatte den ehemaligen Bundesumweltminister Klaus
Töpfer als Kandidaten ins Spiel gebracht.

Schäuble hat damals die Problematik seiner Kandidatur
durchaus erkannt. Obwohl sich die CSU auf ihrer traditionellen Klausursitzung zum Jahresbeginn 2004 eindeutig zu
ihm als Kandidaten bekannt hatte, nahm er das Zögern
Merkels sehr wohl kritisch zur Kenntnis. Er kennzeichnete
seine Ausgangslage als Kandidat mit dem Wörtchen »Mai-
käfersituation« – bewegungsunfähig auf dem Rücken und
abhängig von der Zögerlichkeit einer Frau Merkel, die einmal mehr an der Verteidigung ihrer eigenen politischen Situation stärker interessiert war als an seinem Schicksal.

Ob das egomanische Verhalten Merkels bis heute die Be-
ziehung zwischen Schäuble und ihr belastet, ist umstritten.
Bruno Kahl, langjähriger enger Mitarbeiter Schäubles im
Innen- und im Finanzministerium, sieht indes bis heute

kein besonderes Konfliktpotenzial im Taktieren Merkels.
»Ich glaube, dass er gar nicht so gerne Bundespräsident geworden wäre«, sagt Kahl.[7] Immer mal wieder habe Schäuble jedoch darauf verwiesen, dass man es nicht dementieren
dürfe, wenn man als Kandidat fürs Amt des Bundespräsidenten im Gespräch sei. Falls Schäuble damals enttäuscht
gewesen sei, dann habe er diese Gefühle heute im geliebten
Amt des Finanzministers längst überwunden. Diese Position, in der er weiterhin ein aktiver politischer Mitspieler
sein könne, sei ihm sehr viel mehr auf den Leib geschnitten
als die Rolle des Präsidenten, in der er sich erhebliche politische Zurückhaltung hätte auferlegen müssen.

Irgendwann am Samstagabend jener Woche seines Scheiterns auf dem Weg zum Bundespräsidenten hat Schäuble
jedenfalls eine Flasche entkorkt mit dem geliebten Grau-
burgunder aus der badischen Heimat und hat mit seiner
Frau angestoßen. Die Schäubles sprachen an diesem Wochenende noch einmal darüber, dass man in solchen Tagen
zuweilen auch Solidarität findet, wo man sie nicht unbedingt erwartet hat. Johannes Rau hat angerufen, um sein
Mitgefühl für eine auch von ihm als »zynisch empfundene
Prozedur« zu übermitteln. Hella Herrhausen, Ehefrau des
von RAF-Terroristen ermordeten Bankiers Alfred Herrhausen, erklärte aus Protest gegen Merkels Taktieren ihren
Austritt aus der CDU.

Und irgendwann an diesem Abend hat Schäuble zu seiner Frau hinübergebrummelt: »'s kummt, wie's kummt!«
Und irgendwann den Satz gesagt, den er auf seinem Lebensweg auch schon benutzt hatte, um einen Schlussstrich
unter den Traum von der Kanzlerschaft zu ziehen: »Auch
gut, dass der Kelch an mir vorübergegangen ist.«

Bitter klang das allerdings, sehr bitter. Das Gefühl muss
man ihm nachsehen. Schließlich hatten Angela Merkel, Ed-

mund Stoiber und Guido Westerwelle seine Demütigung
als Kandidat bei einem sogenannten »Geheimtreffen«, das
keines war, am Esstisch in Westerwelles Wohnung gut gelaunt beschlossen, als sie sich für den Kandidaten Horst
Köhler entschieden. Das »Geheimtreffen« diente vor allem
der Selbstdarstellung des Trios, denn unten auf der Straße
vor Westerwelles Berliner Wohnung warteten schon die
Fernsehkameras. Zu einem persönlichen Kontakt mit
Schäuble blieb bei dieser Art geheimer Personalpolitik offenbar keine Zeit. Er wurde als Kandidat für das Präsidentenamt der schwarz-gelben Machtperspektive rücksichtslos
geopfert.

Gut möglich, dass Schäuble vor diesem Hintergrund sich
außergewöhnlich scharf äußerte, als Köhler im Mai 2010
sein Amt über Nacht hinwarf. Schäuble sagte, es sei in Ordnung, als Präsident beim Volk beliebt sein zu wollen. Aber
man müsse sich diese Beliebtheit erwerben durch Autorität
und nicht dadurch, dass man die politische Klasse schrecklich finde.

Die Frage, ob denn mit diesem Scheitern noch einmal ein
Lebenstraum zerstört worden sei wie zuvor bei der Kanz-
lerfrage, akzeptiert Schäuble nicht mehr. Er habe »keineswegs persönlichen Ehrgeiz gehabt, Bundespräsident zu
werden«. Wenn man jedoch gefragt werde, ob man bereit-
stehe, dann könne man beim ranghöchsten Staatsamt nicht
nein sagen. Und wenn es dann doch scheitere, sagt Schäuble heute, »dann ärgerst du dich am Schluss, das ist schon
wahr«.

Schäuble selbst bestreitet strikt, dass seine Beziehung zu
Angel Merkel dadurch belastet worden sei, als sie ihn nicht
als CDU-Kandidaten für die Nachfolge von Rau durchgesetzt habe. »Ich wollte ja gar nicht Bundespräsident werden. Aber ich habe mich überreden lassen.«

Wie weit das bis in den innersten Kern des Menschen Schäuble zutreffend ist, muss offenbleiben. Es könnte durchaus auch eine Schutzbehauptung Schäubles vor sich selbst sein. Eine Methode, sich selbst vor den Enttäuschungen ein bisschen zu schützen. Wenn Schäuble diese Eigenschaft nicht hätte, dann wäre er wohl kaum in der Lage gewesen, all seine Niederlagen physisch und psychisch zu meistern und zu überleben. Er hatte den unbedingten Willen, in der Politik zu bleiben, egal, was es ihn kostet. Er akzeptierte dafür Höchstpreise.

Fürs Streben nach dem Amt des Bundespräsidenten dürfte für Schäuble der gleiche Maßstab gegolten haben wie einst für sein Streben nach dem Kanzleramt. Einem sehr prominenten politischen Freund hat er einmal gesagt: »Wer mit einigermaßen Begabung in die Politik geht, so wie wir beide, der muss den Ehrgeiz haben, Kanzler zu werden.«

Merkels egoistisches Taktieren mit der Person Schäuble hat sich für sie am Ende nicht ausgezahlt. Ohne die Zwischenstation Köhler wäre der Bundespräsident Wulff nicht möglich gewesen – das bislang peinlichste Staatsoberhaupt der Bundesrepublik. Angela Merkel hat es möglich gemacht.

18. Kapitel

Beißhemmung:
Schäuble und Lafontaine

Was mag Oskar Lafontaine angetrieben haben an jenem Abend, kurze 18 Tage vor der Bundestagswahl 1998? Kein Untertönchen Hohn klingt mit, kein Augenfältchen zuckt verräterisch, als der SPD-Chef am Ende einer ZDF-Runde eines »ganz klar sagen« wollte: Er habe sich über Wolfgang Schäuble zwar »sehr oft geärgert«. Aber dessen »Lebensleistung verdient den höchsten Respekt«. Und »selbstverständlich« könnte der querschnittsgelähmte CDU/CSU-Fraktionsvorsitzende auch das Amt des Kanzlers übernehmen. Notfalls, fügte Lafontaine an, werde die SPD auch als Juniorpartner in eine Große Koalition mit der CDU/CSU gehen.

Ein hohes Lob für den politischen Gegner, feierlich mitten in der heißesten Wahlkampfphase vorgetragen vor einem Millionen-Publikum – die Zuschauer staunten, und Schäuble musste sich redlich Mühe geben, seine Gefühle zu verbergen. Aber ein kurzes Zucken der Oberlippe verriet doch, wie verlegen er in diesem Moment war. Und wie überrascht.

»Ja, das stimmt«, räumt der Adressat der Eloge viele Jahre später im Gespräch ein. Er sei, sagt Schäuble, beeindruckt gewesen, wie unverkrampft dem SPD-Mann das Kompliment ehrlicher Wertschätzung über die Lippen gekommen sei. Und einige Tage später, während er im schweren schwarzen Benz durch die engen Täler des Südschwarzwalds gefahren wird, plagt Schäuble sich zögernd mit der Antwort ab auf die Frage: Könnte er denn mit Lafontaine? »Wir haben zwar noch nie miteinander politisch verhandelt«, antwortet er ein bisschen steif, »aber ich glaube, wir halten uns beide frei von der Haltung, dass man den anderen nicht ertragen kann.« Ein Satz, der kaum misszuverstehen ist: Natürlich könnte ich mit dem. Das passt andererseits auch zu einem früheren kessen Satz Lafontaines, der versichert hatte, die SPD werde bei dieser Frage sich »nicht anstellen wie in einem Mädchenpensionat«.

Das war, wie sich fast ein Jahrzehnt später erkennen ließ, eindeutig mehr als professioneller Respekt. So fern ihre politischen Welten sich waren, es verknüpfte die Lebenswelten der beiden Männer ein inneres Band – sie waren auf ihre Weise auch eine Schicksalsgemeinschaft, deren Leben durch Attentate dramatisch verändert worden war. Seither sprach Lafontaine, zum ersten Mal in einem gemeinsamen Interview mit Schäuble im »Stern«, von einer »Beißhemmung«, die er gegenüber Schäuble verspüre, und Schäuble seinerseits räumte eine zusätzliche »Hemmschwelle« gegenüber Lafontaine ein.[1]

Ein enger an den innersten Kern einer bemerkenswerten Beziehung gehendes Gespräch zwischen zwei deutschen Spitzenpolitikern, wie es Lafontaine und Schäuble mit den »Stern«-Journalisten Axel Vornbäumen und Jens König geführt haben, hat es kaum je gegeben. Darin wird eindrucksvoll klar: Zwei Attentate, nur wenige Monate auseinanderliegend, hatten das Leben der beiden Politiker im Jahr 1990 und ihre Beziehung in einer Weise verwoben, die sie jenseits ihrer weit auseinanderliegenden politischen Grundüberzeugungen menschlich lebenslang miteinander verknüpfte. Beide waren politische Einzelkämpfer. Beide hatten eine hohe Meinung von sich selbst. Und beide trieb der

Ehrgeiz um, politische Vordenker ihrer Parteien zu sein. Sie wollten gestalten, die großen Entwicklungen beeinflussen. Einerseits bescheinigte Schäuble Lafontaine ein hohes Maß an »demagogischer Skrupellosigkeit«, andererseits aber eben auch »sportlichen Respekt«.

Und noch etwas verband sie. Beide sind sie politische Alphatiere, die nie das geworden sind, was sie eigentlich werden wollten: Kanzler. Beide dürfen sich verdrängt fühlen von aus ihrer Sicht Konkurrenten zweiter Klasse. Der eine von Angela Merkel, der andere von Gerhard Schröder. Und beide sind nicht so aufrecht gegangen, wie dies Friedrich Merz und Roland Koch taten, als ihnen klar war, dass sie ihre persönlichen Konkurrenzen mit Merkel oder Schröder nicht gewinnen können. Lafontaine wie Schäuble fehlte der innere Mut zu sagen: Schluss jetzt, ich gehe aufrecht, ich mache das Spiel nicht mit. Lieber verdiene ich ein paar Millionen in der Wirtschaft. Schäuble ist in zuweilen zynische Betrachtung des politischen Geschäfts geflüchtet, Lafontaine in die Rolle eines Brutalos der Politik, der die Linkspartei in seinem Sinne vorantreibt.

Am 25. April 1990 stach die 42-jährige ehemalige Arzthelferin Adelheid Streidel den damaligen SPD-Kanzlerkandidaten Lafontaine in der Stadthalle Köln-Müllheim bei einem Wahlkampfauftritt mit einem Messer, das sie in einem Blumenstrauß versteckt hatte, in den Hals. Die Frau war an paranoider Schizophrenie erkrankt. Sie wollte einfach irgendeinen Politiker als Opfer sehen. Es hätte auch Johannes Rau sein können, der an diesem Abend ebenfalls auf dem Podium saß. Ihr Messerstich ging um Haaresbreite an der Schlagader Lafontaines vorbei. Nur durch eine Notoperation konnte er mit großem Glück vor dem Verbluten gerettet werden.

Im Oktober desselben Jahres schoss der 36-jährige Dieter Kaufmann Wolfgang Schäuble bei einem Wahlkampfauftritt in der Gaststätte »Bruder« im badischen Oppenau nieder. Auch dieser Attentäter war psychisch krank. Sein Anschlag galt dem »Staat«, von dem er sich physisch verfolgt fühlte.

Der ehemalige Präsident des Bundeskriminalamts, Hans-Ludwig Zachert, vermutet, dass es eine Art psychologische Verbindung zwischen den beiden Attentaten gegeben haben könnte: Kaufmann habe seinen Entschluss, Schäuble zu töten, unmittelbar nach dem Attentat auf Lafontaine im April gefasst. Bei Taten von Psychopathen gehe erfahrungsgemäß ein »starker Nachahmungsreiz« aus. Andere Zusammenhänge zwischen den beiden Männern gab es nicht; Kaufmann hätte ursprünglich sogar lieber auf Helmut Kohl geschossen.

Ein verbindendes Element zwischen den beiden Männern kam später hinzu. Lafontaine besuchte fünf Wochen nach dem Attentat, am 30. November 1990, Schäuble in der Rehabilitationsklinik Langensteinbach, in der der CDU-Mann lag. Warum er den CDU-Mann besucht hat, daran kann sich der Saarländer heute gar nicht mehr genau erinnern. »Ich dachte, es wäre richtig.« Schäuble sah darin den Versuch, ihm helfen zu wollen.[2]

Schäuble: »Unser persönliches Verhältnis ist schon ein besonderes, das ist klar. Ich erinnere mich noch sehr gut an seinen damaligen Besuch bei mir im Krankenhaus. Ich lag noch im Bett. Herr Lafontaine hatte anfragen lassen, ob es mir recht sei, wenn er mich besuchen würde. Ich habe gesagt: Ja, gern, wenn er keine Wahlkampfshow daraus macht.«

Lafontaine: »Ich hatte nicht vor, eine Show daraus zu machen. Das wäre geradezu peinlich gewesen. Also passte ich höllisch auf, dass die Journalisten davon nichts mitbekamen. Sie lauerten ja überall, ich war damals SPD-Kanzlerkandidat, ständig waren Fotografen an meiner Seite. Aber es ist mir gelungen, sie alle abzuhängen, keiner folgte mir.«

Dieses Gespräch in der Klinik dürfte eine der bemerkenswertesten menschlichen Begegnungen über die Parteigrenzen hinweg zwischen deutschen Spitzenpolitikern gewesen sein. Man verbrachte einen langen Abend miteinander. Man war sich nahe, mied aber jede Einschmeichelei.

So sagte Schäuble – typisch für ihn: »Wir haben zwar völlig unterschiedliche politische Vorstellungen, und keine einzige von Lafontaines unsinnigen Ansichten wird durch unsere Beziehung besser.« Es antwortete Lafontaine darauf – typisch für ihn: »Sie waren bis jetzt so brav, Herr Schäuble!«[3] Und der knüpfte sofort das innere Band, das sie von damals bis heute verbindet: »Aber der politische Wettbewerb ist das eine, das persönliche Verhältnis das andere. So können wir vernünftig miteinander umgehen.« Lafontaine erinnert sich: »Eine solche Begegnung ist etwas Besonderes. Wir kannten uns ja vorher nicht so gut. Ich glaube, das war die intensivste Begegnung, die wir hatten.«

Beide haben danach politisch weitergemacht. Lafontaine dachte nach dem Attentat auf ihn zuweilen über den Ausstieg aus der Politik nach, Schäuble nicht eine Sekunde. Lafontaine: »Solche Überlegungen hatte ich auch vorher immer mal wieder gehabt. Die Politik frisst einen manchmal auf. Es gab Zeiten, wo ich mir den Vorwurf machte, zu wenig zu Hause zu sein, zu weit weg von der Familie … Nach dem Attentat habe ich mich das erst recht gefragt: Solltest du jetzt nicht ganz aussteigen?«

Schäuble wiederum hat solche Gedanken nie an sich herangelassen. »Mir hat die Politik geholfen, mit der Veränderung in meinem Leben fertigzuwerden. Meine Frau hat

damals zu mir gesagt: ›Jetzt kannst du aufhören mit der Politik.‹ Ich war ziemlich entsetzt: ›Meinst du das jetzt im
Ernst?‹ Irgendwann hat sie eingesehen, dass es besser für
mich war, weiterzumachen.«

Es gibt Fernwirkungen dieser Attentate bis in die Gegenwart, bis in die Zeiten der Linkspartei hinein. So hat Lafontaine damals zugegeben, dass er konsequenter geworden ist
in der Politik, »vor allem wenn es um Krieg und Sozialabbau geht. Vielleicht wäre ich sonst eher bereit, hier und da
noch einen Kompromiss mehr zu machen.« Das Attentat
war für ihn eine entscheidende Wegmarke auf seinem Weg
von der SPD zur Linkspartei. Auch Schäuble hat das Attentat konsequenter gemacht: »Ich mache auch nicht alles mit,
aber das habe ich noch nie getan. Insofern hat meine Gelassenheit auch etwas mit meiner Unabhängigkeit zu tun. Ich
bin innerlich ziemlich frei.«

Trotz der programmatisch sehr viel größer gewordenen
Distanz verbindet die Attentatserfahrung die beiden Politiker bis heute. Lafontaine: »Ich habe erfahren, wie verletz-
lich ich in Wahrheit bin, und war danach innerlich sehr viel
unsicherer als zuvor.« Schäuble: »Ich habe eine andere, mir
bis dahin völlig unbekannte Erfahrung gemacht: Von einer
Sekunde auf die andere kann alles anders sein.«

Sie eint auch, wenn die Attentate mit späteren politischen
Einstellungen verknüpft werden. Beide fanden es später
indiskutabel, als ihre körperlichen Schwächen und die Erfahrung mit Attentaten mit ihrer Einstellung zur inneren
Sicherheit verknüpft wurden: Sie könnten seither die
Schwäche des Staates nicht aushalten, lauteten journalisti-
sche Deutungen. Schäubles von Lafontaine nachdrücklich
unterstützte Meinung dazu: »Dann kannst du als Behinderter nicht mehr an der politischen Debatte teilnehmen, wenn
dir unterstellt wird, du hast jetzt eine Meinung, die durch

deine Behinderung begründet ist. So diskriminiert man Minderheiten.« Und für »Unsinn« halten es beide, wenn ihnen unterstellt wird, wie vom Psychoanalytiker Wolfgang Schmidbauer geschehen, die Attentate hätten sie politisch-ideologisch kompromissloser gemacht. Lafontaine wolle seither dem Kapitalismus an den Kragen, Schäuble die Grundrechte einschränken lassen. Schäuble kommentiert das mit dem Satz: »Das ist respektlos und absurd.«

Lafontaine leugnet zwar eine Verhärtung im Laufe seines Lebens nicht. Das sei aber keine Folge des Attentats, sondern beruhe auf der Einsicht, während seines langen politischen Lebens »nicht weit genug dabei gekommen zu sein, den Sozialabbau zu verhindern und die Lebenssituation von Menschen gerechter zu machen«.

Das erste Gespräch Schäubles mit Lafontaine nach dem Attentat auf ihn war auch jenseits seiner Thematik eine interessante Begegnung. Denn Lafontaine kam gerade von seiner letzten Wahlkampfveranstaltung als SPD-Kanzlerkandidat, als er zu Schäuble fuhr. Und er wusste zu diesem Zeitpunkt auch schon, dass er keine Chance mehr hatte, die Wahl gegen Kohl zu gewinnen. Er kam trotzdem, wie sich Schäuble erinnert, »in relativ gelöster Stimmung«.

Das Treffen im Krankenhaus fand acht Jahre vor der Bundestagswahl 1998 statt, die von der Spekulation geprägt war, am Ende könnte eine Große Koalition stehen. Und vielleicht spielte, vor allem bei Schäuble, schon ein Stückchen hoffnungsvolle Überlegung darüber mit, was kommen könnte am Sonntag, dem 27. September 1998: dass sie tatsächlich miteinander können müssten, er und der Saarländer aus der SPD-Führung.

Lafontaine: »Wenn es zu einer Großen Koalition gekommen wäre, hätte ich mit Schäuble keine Probleme gehabt.«

Aus seiner Sicht hatte der CDU-Mann allerdings größere
»Berührungsängste als ich. Ich hatte keine. Aber er hatte
Angst, vor der eigenen Wählerschaft eine inhaltliche Nähe
zu mir erkennen zu lassen.«

Kanzler Schäuble, Vizekanzler Lafontaine – wenn der
Wähler es gewollt hätte? Lafontaine hätte es locker können,
»denn Schäuble ist ja Argumenten zugänglich«. Auch
Schäubles Abneigung gegen ein schwarz-rotes Bündnis
schien geringer gewesen zu sein, als Lafontaine glaubte,
auch wenn er knapp zwei Jahre zuvor noch gekraftmeiert
hatte: »Ich halte nichts von Großen Koalitionen, und mit
dieser SPD schon gar nicht.« Die Frage, ob er als Kanzler
oder Vizekanzler einer Großen Koalition zur Verfügung
stünde, beantwortete er vor dem Wahltag relativ entspannt:
»Die Volksparteien sollten vor Wahlen keine Große Koalition anstreben. Das ist im Grunde unpolitisch. Wenn dann
eine Große Koalition doch sein muss, dann ist das kein nationales Unglück.«

Das war alles andere als eine Absage an den Mann, dem
Schäuble bei gleicher Gelegenheit bescheinigte, Lafontaine
»hat im Umgang mit der Macht eine beachtliche Brutalität
entwickelt«. Das habe der ja auch durch den Sturz des SPD-
Vorsitzenden Scharping auf dem legendären Mannheimer
SPD-Parteitag bewiesen. »Zimperlich ist Lafontaine nicht,
und die Pose des Machers im wehenden Mantel gefällt
ihm.« Sein finales Urteil über den politischen Gegner in jenen Jahren: »Er kalkuliert im Kampf um die Macht zynisch.«

Was für ein Wahlausgang wäre das gewesen! Wahrhaftig
eine Kapriole der Zeitgeschichte: Da balgen sich die Kandidaten Helmut Kohl und Gerhard Schröder um den Platz
im Kanzleramt – und am Schluss gehen beide leer aus. Dafür hätten in diesem Fall zwei andere im Mittelpunkt des

Geschehens gestanden, die gerne selbst angetreten wären, aber nicht durften: Schäuble und Lafontaine.

Lafontaine, der Liebling der SPD – als Bewerber verhindert von 2068477 Niedersachsen, die im März des Jahres 1998 Schröder zu so imposanten 47,9 Prozent verhalfen, dass dem SPD-Chef gar nichts anderes übrigblieb, als Schröder an- und auszurufen: »Hallo, Kandidat.« Keine schöne Lage für einen, der es bis dahin gewohnt war, wichtige Entscheidungen im Alleingang zu treffen.

Auf der anderen Seite Wolfgang Schäuble, der Hoffnungsträger der CDU – von Kohl vor einem Jahr unmittelbar nach dem CDU-Parteitag in Leipzig offiziell zum Kronprinzen ausgerufen. Was immer Schäuble seither sagte, wurde stets in gleicher Weise abgeklopft: Geht das gegen Kohl? Scharrt da einer mit den Füßen, der nicht länger warten will? Arbeitet er heimlich auf eine Große Koalition (»kein nationales Unglück«) hin, weil er nur so an Kohl vorbei und an die ganze Macht kommt? »Seit Leipzig war ich ein Vogel mit gestutzten Flügeln«,[4] klagte Schäuble im Rückblick auf diese Zeit immer wieder.

Trotzdem haben sich beide loyal zu ihren mit ihnen innerhalb der eigenen Partei konkurrierenden Kandidaten verhalten, jeder auf seine Art. Wie das Vaterunser hat Lafontaine ihn heruntergebetet, den einen entscheidenden Satz: »Zwischen Gerhard Schröder und mich passt kein Blatt.« Und hat dabei, streng gegen sich selbst, stets darauf geachtet, dass sein Springteufelchen im Kasten blieb und nicht – wie früher so oft – ein spitzbübisches Grinsen oder schelmisches Augenzwinkern verriet: Leute, ihr wisst doch, ich muss das jetzt sagen. Aber glaubt mir kein Wort. Und er hat schließlich dafür gesorgt, dass einerseits die Schröder-Freunde in ihrem Modernisierungsdrang nicht zu weit vorausstürmten und andererseits die Schröder-Gegner den innerparteilichen Frieden nicht störten. »Ihr wisst doch, wie der Gerhard ist«, bügelte er Kritik am Kandidaten nieder.

Lafontaine hatte in der Vergangenheit einiges getan, um seinen Ruf als Ideologe zu festigen. Vermutlich tat ihm unrecht, wer ihn damals als verbohrten Traditions-Sozi qualifizierte, nur weil er – im Wahlkampf – zuweilen tief in die Klamottenkiste mit gewerkschaftsfreundlichen Verheißungen gegriffen hat. Man solle sich nicht täuschen, sagte einer aus dem Saarland, der Lafontaine lange und gut kennt: »Der Oskar wird jede soziale Grausamkeit mittragen, die nötig ist.«

Ohnehin hatte dieser Lafontaine längst gelernt, Politik in langen Linien zu denken. Eine dieser Linien reicht von seinem Krach mit den Gewerkschaften um mehr Flexibilität in den achtziger Jahren bis zum Mannheimer Parteitag 1995, als er in den wirtschaftspolitischen Leitantrag schrieb, die Sozialpolitik habe sich »auf die besonders dringlichen Aufgaben zu konzentrieren«. Und: »Die Ansprüche an den Staat müssen zurückgenommen werden: Vieles, was wünschbar wäre, ist nicht mehr finanzierbar.« Für die SPD war das eine Revolution. Doch drei Jahre später stand ganz selbstverständlich das Wort »Finanzierungsvorbehalt« im SPD-Wahlprogramm – und das war keineswegs allein Schröders Verdienst. Das war Lafontaines Handschrift.

Die politische Wellenlänge zu Schäuble stimmte damit. Der war in jenem Wahlkampf für wohlfeile Versprechen ebenfalls nicht zu haben. »Kann es uns gelingen, der Anspruchsdynamik noch Herr zu werden?«, fragte er und rügte damit 16 Jahre Kohl-Politik, die er stets tapfer mitgetragen hatte. »Wir haben leider zugelassen, dass der Sozialstaat schrittweise zur Wohlfahrtsagentur mutiert ist.«

Nüchtern beschäftigte er sich mit dem Gedankenspiel

einer Großen Koalition. Zunächst einmal sei sie zwar ein Anschlag auf das Prinzip des Wettbewerbs. Über Nacht, so warnte er, könnten Große Koalitionen zu Bündnissen verkommen, in denen man sich bis zur Bewegungslosigkeit belauere und blockiere. Und ob am Ende den Kanzler eines solchen Bündnisses Dank und Anerkennung erwarten, sei offen. »Denken Sie an Kurt Georg Kiesinger – was ist aus ihm geworden?«

Schäuble dachte ohne Vorurteil über die Partnerschaft mit Lafontaine nach. Eine Frage allerdings bewegte ihn doch heftiger: Kann einer wie der Napoleon von der Saar, der noch nie mit einer Koalition hatte hantieren müssen, sondern immer herrschen und kommandieren durfte, auch partnerschaftlich teilen? Andererseits, wie Lafontaine sich im Wahlkampf hinter Schröder zurückgenommen habe, »das habe ich bewundert«. Und er traute es Lafontaine durchaus zu, die SPD noch weiter in Richtung Pragmatismus zu bugsieren.

Als »kalt kalkulierenden Troupier«, wie es dessen politischer Freund Peter Glotz einmal gesagt hatte, der, »wenn es darauf ankommt, mutig und wendig« sei, charakterisierte auch Schäuble diesen Lafontaine. Glotz war es dann auch, der eindeutig für das schwarz-rote Bündnis unter Schäuble / Lafontaine plädierte. »Es wird viel Geschrei geben, harte soziale Konflikte, schmerzhafte Entscheidungsschlachten.« Deshalb, schlussfolgerte Glotz, könnte am Ende »das blockierte Deutschland ein paar machtgestützte Truppenführer – wie Schäuble und Lafontaine – dringend brauchen.«

Es hat sie nicht bekommen. Und es gehört zu den zeitgeschichtlich spannendsten politischen Spekulationen, wo die Bundesrepublik heute stünde, wäre es zu dieser Figuration gekommen. Schwer zu sagen, muss man einräumen – offen muss zum Beispiel bleiben, ob es zu jener harten SPD-Kurswende gekommen wäre, die Gerhard Schröder mit den Grünen packte. Mit Sicherheit aber hätte es die Kanzlerin Merkel nicht gegeben, nicht in einer Großen Koalition mit den Genossen, nicht in einem Bündnis mit der FDP. Ein spannendes Kräftemessen und den Verfolg neuer politischer Ziele hätte die Bundesrepublik mit diesem Duo an der Spitze auf jeden Fall erlebt.

Letztlich verbindet die beiden Politiker die Gemeinsamkeit einer gescheiterten Kanzlerkandidatur. Schäuble brachte vor der Wahl 1998 die Kraft zum Konflikt mit Kohl nicht auf, Lafontaine hat aus Schäubles Sicht den Fehler gemacht, seine Kandidatur vom Ergebnis der damaligen Niedersachsenwahl abhängig zu machen, die mit einem Triumph Schröders endete.

Schäuble und Lafontaine – zwei grundverschiedene Leben wären in einer Großen Koalition zusammengespannt gewesen. Der eine ein protestantischer Pflichtmensch, der andere hat zeitlebens sehr katholisch das Leben genossen. Kein Zufall, dass es den einen im Urlaub mehr in die Toskana zog, der andere den Schwarzwald liebte, ehe er mit dem Rollstuhl auf Sylt seine Entspannung suchte.

19. Kapitel

2010:
Ein lausiges Jahr

4. November 2010. Es war eine Pressekonferenz, wie selbst altgediente Politikberichterstatter sie weder in Bonn noch in Berlin bis dahin erlebt haben. Eine Pressekonferenz im Bundesfinanzministerium, die zum Theaterstück wird, mit Wolfgang Schäuble, dem Bundesfinanzminister, als Hauptdarsteller.

Geboten werden sollen eigentlich die Zahlen der jüngsten Steuerschätzung. Mit grimmiger Miene rollt Schäuble in den Saal der Pressekonferenz. Sein Pressesprecher Michael Offer begrüßt die Journalisten und erklärt, die zum Thema gehörende Pressemitteilung sei soeben verteilt worden. Widerspruch aus dem Publikum. Offer schiebt nach, wenn das noch nicht geschehen sei, dann werde sie gleich verteilt.

Schäuble pampt wütend in Richtung der Presse dazwischen: »Dann haben Sie nämlich die Zahlen, und ich brauche sie Ihnen nicht vorlesen. Die können Sie mitlesen.« Und mit giftigem Blick Richtung Offer fügt er an: »Das habe ich grad vor 20 Minuten noch gesagt, es wäre schön, wenn die Zahlen verteilt wären.«

Als Offer die Verzögerung damit erklären will, dass der Minister den an sich schon fertigen Pressemitteilungen noch Grafiken hinzugefügt sehen wollte und die Verspätung darauf beruhe, macht Schäuble ihn von der Seite barsch an: »Herr Offer, reden Sie nicht! Sondern sorgen Sie dafür, dass die Zahlen verteilt werden. Und so lange verlasse ich jetzt noch einmal diese Pressekonferenz, und wenn Sie diese Zahlen verteilt haben, sagen Sie mir Bescheid.« Und fügt wutschnaubend hinzu: »Ich habe Ihnen vor einer halben Stunde die Wette angeboten, Sie werden sie nicht verteilt haben.« Greift wütend in die Räder seines Rollstuhls, wendet und fährt weg.

Offer schluckt schwer und sagt: »Gut, ich kümmere mich. Wir sehen uns gleich.«

20 Minuten später. Zweiter Akt des Dramas. Ein offenbar wieder glänzend gelaunter, breit lächelnder Minister kehrt in die Pressekonferenz zurück. Doch Sprecher Offer fehlt noch.

Schäuble grient: »Kann mir mal einer den Offer herholen?« Dann lacht er breit und schiebt den Satz hinterher: »So viel Zeit muss sein. Wir warten noch, bis der Offer da ist. Er soll den Scherbenhaufen schon selber genießen.« Und dann noch einmal: »Aber jetzt holen wir den Offer noch her! So viel Zeit muss sein!«

Michael Offer kehrt zurück, die Pressezettel in der Hand. Schäuble macht ihn ironisch von der Seite an: »Zeigen Sie mir mal, was Sie verteilen lassen. Ja, ich bin vorsichtig.«

Ob er denn jetzt noch einmal warten solle, fragt Schäuble sein Publikum und fügt sarkastisch an: »Im Gegensatz zu Ihnen habe ich ja Zeit.«

Fünf Tage später bittet Offer um Versetzung in einen anderen Arbeitsbereich, da ihm klargeworden sei, »dass ich leider nicht Ihr volles Vertrauen bei der Ausübung meiner Funktion als Ihr Pressesprecher habe«. Schäuble nimmt den Rücktritt seines Sprechers an. Zu seinen rüden Umgangsformen erklärt er lediglich kühl: »Bei aller berechtigten Verärgerung habe ich vielleicht überreagiert.« Vielleicht? Typisch Schäuble.

Bei den eigenen Leuten und in den Reihen der Opposition wurde der missglückte Auftritt sogleich als Symptom für die Überlastung Schäubles interpretiert. Der FDP-Politiker Wolfgang Kubicki sagte auf einem FDP-Landesparteitag sogar, der »Mann steht unter Drogen«, insofern sollten die Jungen Liberalen des Landes ihren Antrag noch einmal überdenken, die zulässige Menge an Rauschgift für den Eigenbedarf wieder zu erhöhen. Das war selbst seinem damaligen Parteivorsitzenden Guido Westerwelle zu viel. Er reagierte mit den Worten: »Was du zu Schäuble gesagt hast, geht so nicht, und ich weise das in aller Form zurück.«

Im Finanzministerium hieß es hinter vorgehaltener Hand, Offers Schritt verdiene Respekt. Schäuble pflege einen autoritären Führungsstil und gebe Informationen im eigenen Haus nur sehr zögerlich weiter, was für den Pressesprecher ein Problem gewesen sei. »Die Kommunikation von oben nach unten ist katastrophal«, ließ sich ein hochrangiger Beamter zitieren. Die Trennung von Offer wurde auch deshalb nicht verstanden, weil Schäuble mit ihm einen ausgewiesenen Experten in der Haushaltspolitik verlor. Er hatte sich seinen Namen mit diesem Thema als Mitarbeiter der CDU/CSU-Fraktion gemacht, bevor er wieder in das Ministerium und zu Schäuble zurückgekehrt war.

Nachdem die öffentliche verbale Ohrfeige für Michael Offer auch in der Koalition Kritik ausgelöst hatte, sah sich das Kanzleramt veranlasst, durch Regierungssprecher Steffen Seibert die aufgekommenen Zweifel an der Personalführungskompetenz Schäubles zurückzuweisen. Solche Zweifel gebe es bei Kanzlerin Angela Merkel nicht, erklärte Seibert.

Auch enge langjährige Weggefährten Schäubles können sich den groben öffentlichen Umgang mit Offer bis heute trotz guter Kenntnisse des Charakters Schäubles nicht erklären.

Der heutige Bundesumweltminister Peter Altmaier, der ihm im Innenministerium als Parlamentarischer Staatssekretär lange zugearbeitet hatte, weist darauf hin, die Umgangsformen seines damaligen Chefs mit den Mitarbeitern seien in dieser Zeit »immer von großem gegenseitigem Respekt geprägt gewesen«. Als Schäuble vom Innenministerium ins Finanzministerium wechselte, weinten seine Sekretärinnen viele Tränen. Walter Bajohr, der Schäuble fast ein Jahrzehnt als Pressesprecher zugearbeitet hat, kann sich an keine einzige Szene erinnern, in der sein Chef jemals vergleichsweise rüde mit ihm oder anderen Mitarbeitern umgesprungen ist.

Offer selbst schweigt bis heute beharrlich zu der Szene, die über eine Million Mal im Internet angeklickt worden ist. Er verweist lediglich akzentuiert auf ein Interview, das Schäuble im Sommer 2011 im »Stern«[1] gegeben hat und in dem er auf die Frage, ob er sich denn als älterer Mensch zuweilen die Frage stelle, wieweit er dem mit hohen politischen Ämtern verbundenen Stress physisch und psychisch noch gewachsen sei, antwortete: Das Jahr 2010 »war teilweise lausig«. Aber das sei vorbei, betonte Schäuble, »mir geht es gut«.

Der Hinweis Offers ist berechtigt.

Sehr wahrscheinlich war 2010 das »lausigste« all der 20 Jahre, in denen Schäuble bis dahin Politik im Rollstuhl gemacht hatte. Dass er das kann, als Querschnittsgelähmter in höchsten politischen Ämtern, als Fraktionschef, Parteivorsitzender und Bundesminister, politisch aktiv zu sein, das hatte er bis zum Frühjahr 2010 täglich bewiesen. Um dann im Oktober 2010 zum ersten Mal ernsthaft darüber nachzudenken, nun doch aus der Politik auszusteigen.

Da hat er Sätze gesagt, die bis dahin noch niemand von ihm gehört hatte: »Es ist nicht so, dass man mich aus dem Amt davontragen muss. Wenn es nicht geht, dann geht es eben nicht.«[2]

Doch dann hat sich Schäuble und seiner Resignation schnell selbst widersprochen. Einerseits sagte er: »Mit den Problemen, die ich habe, geht es mir dann hinterher auch nicht besser.« Will er also doch im Amt bleiben? Dazu antwortete er sich selbst: »Es ist doch auch klar, dass angesichts der Häufigkeit, in der ich in diesem Jahr doch ausgefallen bin, man sich einer Grenze nähert.«

Der Selbstdialog stand am Ende einer fast einjährigen Quälerei, deren Beginn er sich zumindest zum großen Teil selbst eingebrockt hatte und in deren Verlauf er um zehn Kilo abmagerte.

1993 hatten die Ärzte ihm in einer zwölfstündigen Operation ein Gerät eingebaut, das bei einem Querschnittsgelähmten die Darmtätigkeit stimuliert. Das musste im Frühjahr 2010 ersetzt werden, da es altershalber untauglich geworden war. Man versuchte zunächst, das neue Gerät mit einem leichteren Eingriff zu implantieren. Als das misslang, wurde die Operation in einem erneut achtstündigen Eingriff wiederholt. Das Problem dabei: Die Geräte konnten nicht wieder an der alten Stelle eingebaut werden. Hinzu kam, dass Schäuble sich vor dem Eingriff in einer schwierigen psychischen Verfassung befand, weil unklar war, ob die vorangegangenen Beschwerden nicht bösartig waren. Die mühevolle Operation gelang dann doch, und ebenso ungeduldig wie glücklich wartete Schäuble auf den Tag seiner Entlassung.

Aber zwei Tage davor geriet er erneut in Lebensgefahr, weil er sich eine der typischen Krankenhausinfektionen zugezogen hatte. Seitdem verheilte die Wunde schlecht. Und

Schäuble erlag, wie schon so oft, seiner Versuchung, sich nicht die Zeit zu nehmen, die noch offene Wunde in Ruhe ausheilen zu lassen. Zurück in den Rollstuhl, zurück ins Geschäft, so schnell wie irgend möglich. Eine typische Schäuble-Reaktion, klagt seine Familie.

Seither plagten ihn die sogenannten Dekubitus-Probleme – die offenen Stellen am Steiß heilten durch das viele Sitzen nicht, und es kam immer wieder zu Entzündungen. Der Heilungsprozess kam auch dadurch nicht ordentlich in Gang, weil Schäuble bald danach in seinen traditionellen Urlaub auf Sylt ging, obwohl die Entzündung nicht ausgeheilt war. Da bräunte ihn die Sonne bei seinen Fahrten auf den Strandwegen, und letztlich sah er weitaus gesünder aus, als er wirklich war. Aber schon von Sylt aus musste er immer wieder mal zurück nach Berlin ins Krankenhaus. Denn eine Keimbildung während der Wundheilung ist bei Querschnittsgelähmten ein besonderes Problem, da sie eigentlich längere Zeit, unter Umständen ein halbes Jahr, seitlich liegen müssten, wenn sie Sitzbeschwerden haben. Die Haut an der Sitzfläche ist ohnehin einer Dauerbelastung ausgesetzt. Hat man sich dort eine Entzündung zugezogen, so müsste man sie komplett ausheilen und dürfte auch nicht ein einziges Mal darauf sitzen.

Wie hätte das funktionieren sollen bei einem Bundesfinanzminister, während zugleich schwere finanzpolitische Turbulenzen Europa schüttelten?

Die Ärzte rieten Schäuble, sich jetzt wenigstens mal drei Wochen seitlich ins Bett zu legen. Doch er dachte: Na schön, das kann ich doch auch in Etappen abliegen, und verdrängte flott, dass Heilung nur möglich ist, wenn man liegen bleibt, bis die Entzündung in der Wunde komplett ausgeheilt ist. Zu spät sah Schäuble ein: »Das war natürlich ein schöner Selbstbetrug.«

Die Folgen waren bei der Wahlparty aus Anlass der Landtagswahl in Nordrhein-Westfalen im Mai 2010 in der Berliner CDU-Zentrale spektakulär zu besichtigen. Während die Hochrechnungen eintrudelten, lief in kleiner roter Schrift die Meldung über die Bildschirme: »Schäuble in Brüssel im Krankenhaus«. Seine weitere Teilnahme an den Beratungen der EU-Finanzminister über ein Rettungspaket für finanzschwache Euroländer war nicht mehr möglich. Der gesundheitliche Rückschlag wurde verharmlost. Die Hauptschuld wurde einem neuen Medikament zugeschoben, das Schäuble nicht vertragen habe, und er habe deshalb in eine Brüsseler Klinik eingeliefert werden müssen. Es war von einem anaphylaktischen Schock die Rede, einer allergischen Reaktion auf ein bestimmtes Element, die zu einer lebensgefährlichen Störung der Blutzirkulation führen kann. Dann wurde außerdem darüber spekuliert, die Gerinnung seines Blutes funktioniere noch immer nicht gut genug.

Die Wahrheit aber war, dass die Wunde sich immer wieder entzündet hatte, obwohl Schäuble seinen Ministerposten deshalb vom Krankenhausbett aus im Liegen absolvierte. Seine Mitarbeiter verschleierten und verharmlosten den ernsthaften Rückschlag systematisch. Schäuble regiere im Liegen vom Bett heraus effektiver als andere Minister der schwarz-gelben Koalition am Schreibtisch, erzählten sie. Und überhaupt sei das eine »bewährte Methode, denn schon die persischen Großkaiser Xerxes und Darius regierten ihre Weltreiche weitgehend im Liegen«.

Dennoch kursierten im politischen Berlin munter Spekulationen über eine Ablösung Schäubles aus gesundheitlichen Gründen. Genannt wurden die Namen Roland Koch, der als hessischer Ministerpräsident damals unbedingt aus Hessen wegwollte, und Thomas de Maizière, der im Kanz-

leramt während der Großen Koalition schon einmal den
Abwehrkampf gegen die Finanzkrise im Jahr 2008 organisiert und zuvor in Sachsen auch schon als Finanzminister
amtiert hatte. Die Frage sei doch berechtigt, ob Schäuble
weiterhin den Stressjob eines Finanzministers bewältigen
könne.

Nach dem Verlassen des Krankenhauses wischte dieser
die Bedenken auf einer Pressekonferenz kess vom Tisch.
»Inzwischen ist mein Sitzfleisch wieder in der Lage, dass
ich notfalls auch den Götz von Berlichingen zitieren kann.«
Und hinterher scherzte er über seine drastischen Worte und
gestand: »Jetzt wird mich meine Frau bestimmt wieder fragen: Hast du das jetzt wirklich sagen müssen?«

Schäuble selbst, der der Kanzlerin im Frühjahr 2010 bereits den Rücktritt angeboten hatte, und auch Merkel wollten die fortwährende Schwäche einfach nicht wahrhaben.
Dabei hatte Schäuble zwei Wochen vor dem Brüsseler Zu-
sammenbruch seine Teilnahme an einem Treffen der G7-
und G20-Finanzminister während der Frühjahrstagung des
Internationalen Währungsfonds in Washington ebenfalls
kurzfristig absagen müssen. Kanzlerin Merkel war seither
beunruhigt, nur Schäuble selbst machte auf Wohlbefinden:
»Wenn Sie mich fragen, wie es mir geht, sage ich: fast schon
wieder furchtbar gut.« Und in seiner direkten Art beantwortete er andere Nachfragen nach seiner Gesundheit mit
dem barschen Satz: »Ich habe es nicht am Kopf, sondern
am Hintern.«

Erst Ende Oktober 2010 räumte er endlich ein, dass es
viel schlechter um seine Gesundheit bestellt gewesen war,
als er zugegeben hatte, auch gegenüber der Kanzlerin. Er
war endlich bereit, die ihm von den Ärzten seit langem an-
geratene vierwöchige streng einzuhaltende Pause zu machen. Er nahm Kontakt zu Merkel auf und sagte ihr: »Ich

kann so nicht weitermachen. Ich hätte Verständnis, wenn Sie sich einen anderen Finanzminister suchen.« Daraufhin antwortete sie: »Nein, das möchte ich auf keinen Fall. Nehmen Sie sich alle Zeit, die Sie brauchen.« Es folgte eine längere Diskussion, und man einigte sich darauf, wenn aus den vier Wochen sechs Monate werden sollten, »dann geht das nicht«.

So rundum zufrieden war Schäuble auch mit diesem Kompromiss nicht. Denn er war davon überzeugt: »Wenn ich die Sitzprobleme los sein würde, war nicht gesagt, dass es mir hinterher bessergehen würde.« Und er antwortete sich selbst: »Wenn ich das Amt los bin, bin ich den Rollstuhl nicht los. Die Krankheit kommt ja nicht vom Amt, es sind die damit verbundenen Belastungen für einen im Rollstuhl.« Aber er war fest entschlossen, im Ernstfall die Konsequenz des Amtsverzichts zu ziehen. Doch Merkel bestärkte ihn zu bleiben – auch über seine Frau, wie Schäuble respektvoll bemerkt.

Vier Wochen müsse Wolfgang Schäuble noch einmal ins Krankenhaus, sagte Angela Merkel dann später vor der Bundestagsfraktion. Und manche Abgeordneten hatten Tränen in den Augen, als ziehe er sich nicht nur für ein paar Wochen zurück, sondern als wäre das ein Abschied für immer.

Die Kanzlerin nahm dem Augenblick mit ein paar Worten sein Gewicht, indem sie den Abgeordneten dringend riet, jetzt sollten sie ihn aber wirklich mal für ein paar Wochen in Ruhe lassen. Wenn denn etwas ganz wichtig wäre, dann könne man ruhig auch bei ihr anrufen, sie wisse schließlich auch Bescheid.

Hinter die »vier Wochen« setzte Schäuble selbst sogleich ein Fragezeichen und verriet seinen Vertrauten: »Ganz sicher ist das nicht«, es könne auch länger dauern. Ausgehalten hat er dann letztlich gerade mal drei Wochen. Getreu der Vorgabe, die CDU/CSU-Fraktionschef Volker Kauder gegeben hatte: »Ende Oktober muss er wieder da sein.« Er war wieder da, weil er es zum ersten Mal geschafft hatte, die Ratschläge der Ärzte zu befolgen: keine Interviews geben, nie auf dem Rücken liegen. Regiert im seitlichen Liegen hat er trotzdem. »Telefonieren tut meinem Sitzfleisch ja nichts.« Und er hatte das angenehme Gefühl, dass die Mehrheit seiner Parteifreunde dachte, »eigentlich ist es ganz gut, wenn wir warten.« Er selbst war fest entschlossen, im Ernstfall abzutreten. »Solange ich das Gefühl habe«, sagte er, »dass die Mehrheit von Schwarz-Gelb der Meinung ist, dass ich der Koalition doch recht guttue, solange ich das Gefühl habe, ich helfe noch was, selbst in einem etwas eingeschränkten Zustand, ist es besser, ich mache mit. Ich habe dann auch die Freude, es noch zu machen. Aber wenn es nicht geht, dann geht es eben nicht.«

Und schon damals wagte er eine Kritik an der Kanzlerin, die sich seine Parteifreunde erst gut ein Jahr später mit Blick auf das aktuelle politische Geschehen zutrauten: »Sie muss jetzt endlich Entscheidungen durchsetzen, auch zeigen, dass sie entscheidet. Ihr Prinzip, von hinten zu führen, muss sie aufgeben.«

Typisch Schäuble. Statt auf den Ratschlag mancher Leitartikler zu hören, die ihm rieten, »sich selbst aus der Pflicht zu nehmen«[3], predigte er anderen sein Verständnis von der Pflicht des Pflichtmenschen.

Sehr dabei geholfen, dieses lausige Jahr so aufrecht durchzustehen, hat ihm seine Frau Ingeborg. Sie, die sich lange ein Leben ohne Politik gewünscht hatte, akzeptierte sein Weitermachen jetzt. »Wenn er nach einem Ausstieg daheim sein müsste, dann hätte er schwere Entzugserscheinungen, das würde ihn nicht gesünder machen«, räumte sie ein.[4]

Thomas Schäuble warnte allerdings in aller Konsequenz und in Kenntnis seines Bruders: »Ich nehme an, dass er die schweren Folgen seines Lebens im Rollstuhl bis hin zu seiner Existenzvernichtung in Kauf nimmt.«[5]

Nach der spektakulären Entlassung seines Pressesprechers Offer war vielfach von Schäuble als einem »Minister Gnadenlos« die Rede. Das trifft zu, vor allem in Bezug auf sich selbst. Seine Niederlagen in der Politik, seine Enttäuschungen darüber, wie manche seiner Partner ihn hintergangen haben, versucht Schäuble bis heute zu verdrängen. Er will und wird weitermachen, über das Jahr 2013 hinaus, auch wenn es »natürlich eine Ausnahme bleiben muss, dass einer so lange im Bundestag bleibt wie ich.«

Hat Schäuble Angst vor einer Leere nach dem Leben in der Politik? Er verneint tapfer, »weil das Leben nicht nur aus der Politik besteht«. Und er fügt einen Satz an, den alle, die Schäuble sehr nahestehen, für eine eindeutige Botschaft halten: »Aber solange es mir geschenkt ist, politisch tätig zu sein, bleibe ich.«

Er hat sich angeblich auch heute noch nicht entschieden, ob er nun weitermacht und zur nächsten Bundestagswahl erneut antritt. Die Antwort, die Schäuble dem Berliner Journalisten Dieter Wonka für die »Leipziger Volkszeitung« Ende April 2012 auf die Frage »Treibt Sie noch was an? Wem wollen Sie noch was beweisen?« gegeben hat, liefert eine im Prinzip unmissverständliche Auskunft über den weiteren Lebensweg dieses Mannes: »Mir macht Politik Freude. Ich bin nicht in die Politik gegangen, um jemanden etwas zu beweisen, sondern weil mir politisches Engagement Freude gemacht hat. Ich habe das ja als Hobby angefangen. Und wenn aus dem, was Sie als Liebhaberei, als Hobby, machen, Ihr Beruf und ein Teil vom Lebensinhalt wird, haben Sie nicht viel zu beklagen. Ich führe ein manchmal anstrengendes Leben, aber es zwingt mich niemand. Ich mache es gerne, ich mache es mit Freude. Und solange ich kann und das Vertrauen genieße, macht es mir weiterhin Freude.« Und besitzt er fürs Weitermachen auch den Segen seiner Frau? Schäuble: »Ach Gott, ich bin mit meiner Frau in ganz guten Beziehungen.«

20. Kapitel
Fast ein Ehrenmufti:
Deutsche Islam Konferenz

Im November 2005 kam es zu einem Amtswechsel im Amt des Bundesinnenministers, wie er optisch für die Bundesbürger nicht krasser hätte dargestellt sein können. Es trat ab: der Sozialdemokrat Otto Schily. Und es trat an: der Christdemokrat Wolfgang Schäuble. Es ging der »rote Sheriff«, wie er sich in den Medien gerne genannt sah. Und der sich den Bundesbürgern optisch schon sehr früh als ein Mann einzuprägen versucht hatte, der entschlossen war, sich der islamistischen Bedrohung, wie sie sich am 11. September 2001 bei den Terroranschlägen in New York und dem Tod von 3000 Menschen offenbart hatte, energisch entgegenzustellen. Also inszenierte sich Otto Schily in einem Foto, das bundesweit vielfach auf der ersten Seite der Tageszeitungen abgedruckt wurde. Ein offenbar gut gelaunter Schily war zu sehen: mit Helm auf dem Kopf, mit Knüppel in der hoch aufgereckten Hand, mit siegessicherem Lächeln um den Mund. Die Nachricht war: Ich bin der eiserne Otto. Seht her, hieß die aggressive Botschaft, hier steht einer, der durchgreift, der zupackt, wenn es ernst wird. Auf den könnt ihr euch verlassen, Bürger, der macht Sicherheitspolitik mit eiserner Faust. Der beschützt euch!

Im Rollstuhl ein vergleichbares Schauspiel inszenieren? Nie und nimmer möglich für einen Wolfgang Schäuble, der sowieso noch nie ein hysterischer Sicherheitsfanatiker gewesen war. Der sich auch nie dem psychischen Druck gebeugt hatte, die traumatischen Erlebnisse seines eigenen Lebens durch überscharfe Sicherheitspolitik zu verarbeiten oder zu verdrängen. Bei der Lösung sicherheitspolitischer Probleme hat er immer sorgsam Pro und Contra abgewogen.

Schily dachte nach dem islamistischen Terror des Jahres 2001 nur noch auf einer Spur: Wie lässt sich die »tickende Zeitbombe« jüngerer islamistischer Männer entschärfen? Was muss geschehen, um terroristischen Aktivitäten der in der Bundesrepublik lebenden Muslime zuvorzukommen? Unvorstellbar dürfte für ihn gewesen sein, dass sein Nachfolger Schäuble schon im ersten Amtsjahr fünf Reden zur besseren Integration der in Deutschland lebenden Muslime halten könnte. Schließlich hatte sich die rot-grüne Koalition, für die Schily Sicherheitspolitik machte, nie konkret mit dem Thema Integration des Islam befasst und sich nicht mit den sozialen und religiösen Bedürfnissen der größten Zuwanderergruppe beschäftigt. Sie plauderte lieber sehr unverbindlich über das Thema »Multikulti«.

Noch überraschter dürfte Schily gewesen sein, dass sein Nachfolger alsbald auf einem Symposium »Europäisches Einwanderungs- und Asylrecht« das Vorhaben ankündigte, zu einer Islam Konferenz im Herbst 2006 einzuladen. Denn im Umgang mit den Muslimen sei eine »geregelte institutionalisierte Beziehung« notwendig.

Der gedankliche Ansatz war klar. Schäuble wollte diskutieren, wie die gut vier Millionen Muslime in der Bundesrepublik politisch konkret wahrzunehmen seien und ihren Kindern ein Recht auf Religionsunterricht zu beschaffen wäre. Dass er dabei auch künftige CDU-Wählerchancen im Auge hatte, steht außer Frage. Des Risikos, die Muslime zu thematisieren, war er sich klar bewusst. Denn er sagte auch: »Jedes Mal, wenn ich über den Islam rede und sage, der ist

Teil unserer Gesellschaft, verliere ich 1000 Wähler in meinem Wahlkreis.« Schäuble formulierte auf der Fachtagung »Globale Migration am Beginn des 21. Jahrhunderts: Eine Welt ohne Grenzen?« dennoch den Satz: »Wir müssen diesen Weg gehen, damit wir einen Partner haben, um bestimmte Fragen besprechen und regeln zu können, aber natürlich auch, um zu vermitteln, dass Muslime, die hier leben wollen, wissen und anerkennen müssen, dass die Scharia mit unserem Grundgesetz, mit europäischer Zivilisation, Kultur, Tradition und Geschichte nicht zu vereinbaren ist und dass man die Aufklärung in jeder Religion ein Stück weit leisten muss. Bei manchen Muslimen muss ein stärkeres Verständnis für die Gleichberechtigung der Menschen wachsen – und zwar nicht nur unabhängig von der Hautfarbe, sondern auch unabhängig vom Geschlecht – und ebenso für die Trennung von staatlicher und religiöser Ordnung.«

Das war eine politisch riskante Botschaft, zumal alle Sicherheitsbehörden im Jahr des Amtsantritts Schäubles die Gefahr islamistischer Terrorakte in Deutschland als immer noch sehr ernst einstuften. Der dänische Karikaturenstreit wirkte auch nach Deutschland; in London und Madrid kam es zu Anschlägen des islamistischen Terrornetzwerks al-Qaida.

Aber Schäuble sagte ungeachtet dieser Anschläge am Tag der ersten Islam Konferenz, dem 27. September 2006, Muslime in Deutschland sollten sich sicher fühlen können, und fügte hinzu: »Integration als eine der wichtigsten innenpolitischen Herausforderungen, das war und ist für mich einer der Gründe, warum ich zu dieser Konferenz eingeladen habe.« Er wolle keinen unverbindlichen Dialog anstoßen, fügte Schäuble überaus selbstbewusst hinzu, sondern die Konferenz »soll benennen, wo wir gemeinsam in fünf, zehn oder dreißig Jahren stehen wollen und wie wir dahin kommen«.

Rigoroser hätte man die Prinzipien des Dialogs mit den Muslimen, wie er unter Amtsvorgänger Schily gepflegt worden war, nicht umdefinieren können. Der hatte mit den Muslimen in erster Linie unter dem Gesichtspunkt der Anti-Terror-Politik und der Gefahrenabwehr mit Blick auf die innere Sicherheit reden wollen, ein gedanklicher Ansatz, der im Bundesinnenministerium nach Schäubles Einzug noch immer vielfach präsent war. Die Idee für einen Dialogprozess mit deutschen Muslimen, der auch Probleme ihrer Religionsausübung oder ihrer besseren Integration in die deutsche Gesellschaft umfassen könnte, war von Schily und seinen Beamten strikt ausgeklammert worden.

Sofern Dialog mit den deutschen Muslimen überhaupt stattfinden müsse, solle er über das ihm unterstellte Bundeskriminalamt (BKA) laufen, war Schilys Devise. Nach einem solchen Gespräch, das von den muslimischen Verbänden angeregt worden war, weil sie befürchteten, unter Generalverdacht gestellt zu werden, veröffentlichte das BKA eine Pressemitteilung (am 22. September 2005), in der es unmissverständlich hieß: »Im Rahmen des Gesprächs erörterten die Teilnehmer Möglichkeiten einer engeren Kooperation mit dem Ziel, extremistische Bestrebungen und Gefährdungen möglichst frühzeitig aufzudecken und dagegen vorgehen zu können.«

Zu einem ernsthaften Dialog mit dem Islam ist Schily nie bereit gewesen. Die Integration der vier Millionen Muslime war zu seinen Zeiten kein Ziel. Der SPD-Minister erklärte schlicht: »Die beste Form der Integration ist die Assimilierung.« Junge türkisch-islamische Männer standen bei ihm unter Generalverdacht, »tickende Zeitbomben« zu sein. Am zentralen Gedanken der Prävention eventueller terroristischer Aktivitäten von in Deutschland lebenden Muslimen orientierte sich auch die inhaltliche Strukturierung im Innenministerium, wo es zwar eine für die Integration zuständige große Abteilung gab. Aber die Beschäftigung mit dem Islam war in der Wahrnehmung des Ministers Schily vor allem Sache der Sicherheitsabteilung.

Kurz nach Amtsantritt reformierte der neue Minister Schäuble die Referatsstrukturen. Das Kirchenreferat in der Verfassungsabteilung, wo der bisher für den Islam zuständige Referent gearbeitet hatte, wurde in die Grundsatzabteilung verlegt. Es wurde ein eigenes sich mit dem Islam befassendes Referat in der Grundsatzabteilung, gerne auch die »Denkfabrik« des Ministeriums genannt, geschaffen. Das war das für die später folgende Islam Konferenz zentral verantwortliche Referat, in dem die Linie für den Dialog mit den vier Millionen Muslimen in der Bundesrepublik entwickelt wurde. Dort schlug man Schäuble die institutionalisierte Begegnung unter dem Titel »Deutsche Islam Konferenz« (DIK) vor, und zwar in einem Format, in dem nicht nur die in Verbänden organisierten Muslime eine Stimme haben sollten, sondern auch Vertreter der sogenannten säkularen Muslime, die sich als »Stimme« einer »schweigenden Mehrheit« verstanden, die nicht in Verbänden organisiert ist. Gemeinsamer Nenner dieser Initiative, mehrheitlich von Türken und türkischstämmigen Deutschen gegründet, ist das Prinzip der Trennung von Religion und Politik.

Das Thema der Deutschen Islam Konferenz war beim Abteilungsleiter im Innenministerium, Markus Kerber, angesiedelt, dem eigentlichen Architekten der Islam Konferenz, weil er Schäuble im offiziellen Dialogprozess mit den Muslimen entscheidend bestärkte. Kerber als Leiter der Grundsatzabteilung war eine Entscheidung »typisch

Schäuble«, vermutlich wäre sie bei keinem anderen Bundesminister möglich gewesen. Denn Kerber war ein bemerkenswerter Seiteneinsteiger in der festgefügten Beamtenhierarchie des Ministeriums. Ursprünglich war der Mann, der heute als Hauptgeschäftsführer des Bundesverbands der Deutschen Industrie (BDI) arbeitet, als Investmentbanker in der internationalen Finanzwelt tätig gewesen, ehe er im Jahr 2003 in die Politik umstieg, gefördert und geleitet von Hans-Peter Repnik, über den er schließlich im Jahr 2006 zum Leiter der Grundsatzabteilung im Innenministerium avancierte. Als Schäuble nach der Bundestagswahl 2009 ins Bundesfinanzministerium wechselte, nahm er Kerber als einzigen Abteilungsleiter mit – wenn man so will, als eine Art Pfadfinder durch die Welt der internationalen Finanzpolitik, deren Ecken, Tricks und Fallgruben auch ein so erfahrener Finanzpolitiker wie Schäuble beim Amtsantritt noch nicht alle kannte. Und vor allem, weil er im neuen Ressort einen Mann seines uneingeschränkten Vertrauens haben wollte.

Von Schäuble bekam Kerber beim Blick auf die Islam-Problematik einen Rat, den dieser bei der Lösung schwieriger politischer Probleme stets selbst beherzigte: »Versetzen Sie sich immer erst mal in die Perspektive der anderen.« Und Schäuble und Kerber kooperierten auch bei schwierigen Lagebesprechungen stets eng.

Das nahe Verhältnis der beiden erwies sich dann auch als eine solide, jederzeit belastbare Basis für die Arbeit in der Islam Konferenz, deren vielschichtige Probleme zunächst gar nicht überblickt werden konnten. Kein Zufall, dass Kerber bei der ersten (Motto: »Muslime in Deutschland – deutsche Muslime«) der insgesamt vier Islam Konferenzen Leiter der konfliktträchtigsten Arbeitsgruppe wurde. Sie trat am 27. September 2007 zusammen und diskutierte »deutsche Gesellschaftsordnung und Wertekonsens«. Hier ging es um den Schutz der Grundrechte, das Verhältnis von Staat und Religion sowie die Grenzen religiöser Freiheit.

Für Schäuble war das Ziel der Islam Konferenzen einfach: Muslime in Deutschland sollten sich als deutsche Muslime fühlen können. Er erklärte: »Integration als eine der wichtigsten innenpolitischen Herausforderungen, das war und ist für mich einer der Gründe, warum ich zu dieser Konferenz eingeladen habe.«[1]

Seine Erwartungen waren: »Wir sind kein christlich dominierter Staat, aber durchaus ein Staat, dessen Tradition, Werte und Rechtsverständnis christliche Wurzeln haben und stets haben werden. Wer in Deutschland heimisch werden will, der muss diese Wurzeln respektieren. Er darf natürlich an seinem Glauben und an vertrauten Traditionen festhalten, aber er sollte gleichzeitig die Rechte, die in diesem Land gelten, kennen und für sich akzeptieren.« Dass Frauen wie Männer die gleichen Rechte haben sollten, das Recht auf die Freiheit des religiösen Bekenntnisses, dass die Scharia mit dem Grundgesetz nicht zu vereinbaren ist, das schockierte nicht nur die konservativen Muslime, das provozierte natürlich auch die Ablehnung vieler Konservativer in Schäubles eigener Partei. Sie waren gegen einen Dialog mit den Muslimen auf dieser Ebene. Aber er ließ sich nicht beirren und blieb bei seinen Prinzipien: Die Muslime in Deutschland sollten sich zu Hause fühlen, und die Muslime in Deutschland stellten keine Bedrohung dar, sondern bedeuteten Vielfalt. Dass sich unter diesen Voraussetzungen seine Partei und er nicht in den Armen liegen,[2] räumte er offen ein.

Gabriele Hermani, die im Innenministerium von 2006 bis 2010 für die Kommunikation der Islam Konferenz verant-

wortlich war und diese in einer Studie analysiert hat,[3] charakterisiert den Dialogprozess mit den vier Millionen Muslimen mit einem Zitat aus der »Zeit« vom 8. April 2009.[4]
Dort schrieb Patrick Schwarz: »Wenn die Union sich allmählich der neuen Wirklichkeit öffnet, dann, weil der Innenminister neu gedacht hat. Schäuble ist als Polizeiminister in die Islam Konferenz hineingegangen und nach drei
Jahren als Integrationsminister herausgekommen.« Die Islam Konferenz habe den »latent reaktionären Minister zivilisiert«. Hermani findet es angemessen, dass Schwarz in
Wolfgang Schäuble einen »Ehrenmufti« ausmacht,[5] vergleichbar dem »Obermufti«, den zuvor bereits der Journalist Jörg Lau[6] beschrieben hatte.

Hermanis abschließende Bewertung folgt einer Beurteilung durch den Schriftsteller und Orientalisten Navid Kermani, die lautet: Schäubles »religiöse Empfindsamkeit, gepaart mit der Fähigkeit, den Streit unter den Muslimen in
der Islam Konferenz emphatisch zu moderieren und vielfach zu schlichten, lässt die These zu, dass es eine Islam
Konferenz über vier Jahre ohne einen Wolfgang Schäuble
nicht gegeben hätte«.[7]

Offen ist die Frage allerdings, ob die Union die am Beispiel der Islam Konferenz vorgeführte Integrationspolitik
ohne einen Schäuble und nach seinem Wechsel ins Bundesfinanzministerium künftig fortzusetzen gedenkt. Kerber
ist skeptisch: »Es ist natürlich auffällig, dass die Bundesregierung im Moment nicht den Eindruck macht, als würde
ihr dieses Thema noch nahe am Herzen liegen. Ich sehe
dieses Thema jetzt eher in interessanten Werbespots wie
etwa beim Deutschen Fußball Bund (DFB) angesprochen,
der gezeigt hat, wie international und multireligiös auch
unsere Fußball-Nationalmannschaft mittlerweile ist, wo
die Hauptleistungsträger nicht mehr unbedingt Müller,

Meier oder Schmidt heißen. Aber ich glaube, dass der Anfangsimpuls von Schäuble unzerstörbar in die deutsche Gesellschaft eingebracht worden ist. Die Deutschen insgesamt gehen mit diesem Thema Integration nach dieser Islam Konferenz trotz Sarrazin viel entspannter um. Die Frage ist allerdings, wie lange hält das?«

Aus Kerbers Sicht ist entscheidend, was Schäuble bei der letzten Islam Konferenz gesagt hat: »Wir haben die Plattform im Bund geboten, wir haben alle Parteien zueinandergebracht. Jetzt müssen diejenigen die Probleme lösen, die dafür zuständig sind. Und das sind die Bundesländer bei Fragen wie dem Religionsunterricht und anderen sozialen Fragen, die im schulischen Umfeld liegen wie etwa die vorschulische Förderung von Kindern mit Migrationshintergrund.«

Dass die Sichtweise des neuen Bundesinnenministers Hans-Peter Friedrich das Thema enger und weniger gesellschaftspolitisch definiert, ist offenbar. Der fährt eher die klassische Linie, wie schon die Vorgänger von Schäuble im Innenministerium. Friedrich gehört der CSU an, die dieses Thema immer bewusst anders betrachtet hat als die CDU. Kerber: »Die CSU ist in weiten Teilen von den pragmatischen Ansätzen wie in NRW und anderen Ländern weniger geprägt, weil die Integration in Bayern von Anfang an eine andere Rolle gespielt hat. Dort hatte man weniger Probleme mit dem Islam und hat daher weniger Notwendigkeit gesehen, sich intensiv mit ihm auseinanderzusetzen oder mit muslimischer Bevölkerung.«

Dass die Integrationsdebatte im Sinne Schäubles unter Friedrich nicht weitergeht, ist eindeutig. Denn auf der ersten Islam Konferenz unter seiner Leitung erklärte der Gastgeber seinen Gästen, dass der Islam als Religion nicht zu Deutschland gehöre. Das lag genau auf der Linie, die Fried-

rich den muslimischen Gesprächspartnern Schäubles praktisch am Tag seines Amtsantritts mit dem Satz markiert hatte: »Der Islam gehört historisch nicht zu Deutschland.«
Nach der Konferenz berichteten die muslimischen Teilnehmer, dass die Stimmung deutlich abgekühlt sei. Der neue
Minister habe von seiner neuen Idee der »Sicherheitspart-
nerschaft« geredet, wonach die Muslim-Verbände wachsa-
mer gegenüber radikalisierten Glaubensgenossen sein und
Verdachtsfälle den Behörden melden sollten. Friedrich be-
wege sich offenbar viel zu sehr in seinem CSU-Komfortbe-
reich, in dem die deutsche »Leitkultur«, die Ausgrenzung
des »anderen« und die Sicherheitspolitik die Überlegungen
bestimmten. Offenbar solle die Konferenz jetzt nur noch
der Förderung des Denunziantentums dienen, rügen die
Kritiker. Die Muslime würden wieder unter Generalverdacht gestellt, statt Integration sei nur noch eine Sicher-
heitspartnerschaft gefragt.

Schäuble äußert sich sehr vorsichtig beim Blick zurück
und auf das, was aus seiner Islam Konferenz geworden ist:
»Ich glaube, meine Nachfolger haben ein Stück weit andere
Akzente gesetzt.« Er räumt aber ein: »Manches ist noch
nicht erreicht.«

Bleibt es bei der Linie Friedrichs, wofür vieles spricht,
wäre es ein Ausverkauf der Politik Schäubles im Rahmen
der Islam Konferenz, die immerhin zu einer realistischen
Wahrnehmung der Probleme geführt hat. Das war eine
innenpolitische Entspannungspolitik auf einem Feld, das
den Deutschen schwer ins Gesicht hätte schlagen können.
Die Bundesrepublik musste im Gegensatz zu Frankreich,
Holland oder Großbritannien keine großen Migrations-
unruhen bewältigen. Und auch die in Europa weithin gras-
sierende Islamophobie ist in Deutschland wesentlich geringer ausgeprägt – was mit dem hohen Anteil an türkisch-

stämmigen Muslimen zu tun hat. Man darf nicht übersehen, dass wir mit der vor allem türkischstämmigen muslimischen Bevölkerung in Deutschland einen großen Vorteil haben, weil die Türkei selbst einen riesigen Wandlungsprozess durchgemacht hat im Verhältnis von Staat und Religion. Die aus der Türkei stammenden Muslime bringen aus ihrem Heimatland, historisch und aktuell, dieselbe Auseinandersetzung mit, die sie mit Wolfgang Schäuble am Konferenztisch hatten. Und waren deshalb intellektuell darauf vorbereitet.

Woher hatte Schäuble die Motivation zu diesem Thema? Dazu Kerber: »Schäuble ist ein sehr umsichtiger politischer Stratege. Im Bereich der Sicherheitspolitik war er der Meinung, dass wir im Umgang mit unseren muslimischen Bevölkerungsgruppen noch tief, tief im Stadium der Koexistenz sind und dass es nach drei Generationen wichtig und notwendig sei, zu einer Annäherung in der Gesellschaft zu kommen. Es war ihm wichtig, die Teile der Bevölkerung, die zwischen den Lagern standen und sich ständig fragten, bin ich Muslim und gehöre beispielsweise zur Türkei, oder bin ich Muslim und gehöre zu Deutschland, in einen Dialog einzubeziehen. Er hat die muslimischen Zögerer mit ausgestreckter Hand einfach eingeladen, deutsch zu werden, indem er ihnen ihre muslimische Identität gelassen hat.«

Und das ging so. Im März 2006 sagte Schäuble zu seinen Mitarbeitern: »Ich muss ein paar Muslime kennenlernen.« So geschah es ganz schnell. Man traf sich an drei Abenden in einem Berliner Restaurant zum Abendessen. Schäuble bat seine Gäste: »Erzählen Sie doch mal was von sich.« Und fragte: »Wie fühlen Sie sich in Deutschland?« Nach dem dritten Treff sagte Schäuble zu seinen Beamten: »Toll, wie weit es diese Menschen bei uns gebracht haben. Wir müssen sie besser einbinden, denn die haben Power.«

Gabriele Hermani kommt in der Sache ebenfalls zu einer
für Schäuble erfolgreichen Bilanz: »Mit der Veröffent-
lichung der Studie ›Muslime in Deutschland‹ Ende 2007
ist der Zeitpunkt zu verorten, an dem eine in der Summe
islamängstliche terrorismuskonnotierte Berichterstattung
und Kommentierung umschlug in eine integrationskon-
notierte.« Sie zieht aus der Islam Konferenz auch eine für
die Charakterisierung des Politikers Schäuble zutreffende
Bilanz: Ohne die Islam Konferenz »gäbe es heute keine öffentliche Wahrnehmung eines Wolfgang Schäuble als Politiker, der, wenn er ein Problem erkannt hat, nach mehr-
heitsfähigen Lösungen sucht«.[8] Es sei ihm durch die Islam
Konferenz gelungen, dass sich in der öffentlichen Wahrnehmung der Muslime etwas positiv verändert hat.

Hohes Lob spendete auch die »FAZ«[9] für den Dialog
Schäubles mit den Muslimen. Es sei doch gewiss als politischer Erfolg verbuchbar, schrieb ihr Berliner Korrespon-
dent Peter Carstens, wenn das Bundeskriminalamt inzwischen verlauten lasse, dass die Sicherheitsbehörden davon
überzeugt seien, dass »aus dem Umfeld der Moscheen und
muslimischen Prediger in Deutschland keine unmittelbare
Terrorgefahr ausgeht«.

Offen ist indes, ob sich die mit dem Dialogmodell
Schäubles erreichte Position der Muslime gegenüber dem
säkularen Staat unter seinem Amtsnachfolger Friedrich bewahren lässt. Wer Walid Nakschbandi dazu befragt, erntet
nur ein energisches Kopfschütteln. Nakschbandi ist ein
1968 in Afghanistan geborener Muslim, heute deutscher
Journalist, Fernsehproduzent und Manager in der Verlags-
gruppe Georg von Holtzbrink. Er war Redakteur der Sen-
dung »Talk im Turm« und wurde Produzent der ZDF-Sendung »Versteckte Kamera«. Seit 1999 ist er Geschäftsführer
und Chefredakteur der AVE Gesellschaft für Fernsehpro-

duktion. Kurz, ein Mann der sich in der deutschen politischen und journalistischen Szene glänzend auskennt. Und vor allem ein Muslim, der sich nicht durch seine Religion definiert.

Nakschbandi wurde bereits im Vorfeld der Islam Konferenz von Schäuble und Kerber zur Teilnahme an vielen Gesprächen eingeladen. Rückblickend sagt er: »Schäuble hat hier eine zentrale innenpolitische Frage gesehen, die aus mehreren Gründen zu besetzen sei: Erstens gehe es dabei nicht mehr um eine Minderheit, da es sich um eine Gruppe von vier Millionen Menschen handle, und die sei gesamtgesellschaftlich bedeutsam, müsse in die deutsche Gesellschaft eingebunden werden. Zweitens sei diese Einbindung wichtig, um die andere Gruppe, die in der deutschen Gesellschaft islamistisch radikal unterwegs ist, zu isolieren.« Schäuble habe ein Thema gesehen, das sich auch parteipolitisch verkaufen lasse.

Schäuble selbst bestreitet heute energisch, dass er sich für die Islam Konferenz nur aus parteitaktischem Kalkül engagiert habe. Vielmehr habe er das Faktum zur Kenntnis genommen, »dass der Islam ein Teil unseres Landes geworden ist«. In Deutschland gebe es nicht nur Protestanten, Katholiken und Menschen, die keiner Kirche angehören, sondern auch viele Muslime, die gesagt haben, sie würden gerne anerkannt werden. Da habe er sich für eine Politik des Wandels durch Annäherung entschieden.

Seine frühen Mitstreiter wie Nakschbandi bestreiten gar nicht, dass Schäuble zu Beginn voll engagiert war an dem neuen Thema. »Er wollte die Sache vorantreiben, ohne Zweifel.« Doch am Ende habe er nicht mehr hinter der Konferenz gestanden, sei nicht mehr interessiert gewesen an einem optimalen Ergebnis. Als das erkennbar geworden sei, verlor das Thema auch im Ministerium an Fahrt.

Nakschbandi: »Dort erkannte man, dass der Minister selbst nicht mehr mit der Kraft und dem Engagement zu dem Projekt stand wie am Anfang.«

Das war keine Überraschung. Denn relativ schnell hatte Schäuble erkannt, dass er mit diesem Projekt im Kanzleramt und bei der Kanzlerin Merkel nur auf sehr bedingte Zustimmung stieß. Dort wollte man einen anderen Akzent gesetzt sehen: Nicht die religiöse Frage sollte in den Vordergrund der Diskussion geschoben werden, sondern das Thema Integration. Man versuchte daher, in Konkurrenz mit der Islam Konferenz, im Kanzleramt einen Integrationsgipfel zu organisieren.

Als Schäuble dessen gewahr wurde, ließ er die eigenen Dinge laufen, zumal er enttäuscht hatte zur Kenntnis nehmen müssen, dass die Kanzlerin bei keinem einzigen Treffen der Islam Konferenz persönlich präsent war außer bei einem im orientalischen Garten in Berlin-Marzahn. Sinn des Abends war es gewesen, die Islam Konferenz von Schäuble auch zu einem Thema von Merkel zu machen. Das gelang nicht, wie Schäuble bald erkannte. Also hat er das Thema auslaufen lassen. Dass sich daran unter seinem ersten Nachfolger Thomas de Maizière nichts änderte, konnte ihn nicht überraschen. Denn der Kollege hatte ja zuvor im Kanzleramt die Konkurrenzveranstaltung Integrationsgipfel angeschoben. Zudem stellte der politische Realist de Maizière strenger als alle anderen Beteiligten die kritische Frage: Welchen konkreten Sinn macht denn diese Islam Konferenz? Er beantwortete die Frage mit einem eindeutigen Urteil: keinen Sinn. Denn am Ende hätte die Anerkennung dieser Religionsgemeinschaft in Deutschland mit klaren Rechten und Pflichten stehen müssen. Daran hatte selbst Schäuble nie gedacht. Die Anerkennung der Religionsgemeinschaft wollte er nie. Und unter dem Nach-

Nachfolger Friedrich war dann ja sogleich wieder ohne erheblichen politischen Widerspruch aus den Reihen der Unionsparteien die altbekannte These zu hören: Der Islam gehört nicht zu Deutschland.

Nakschbandis eher resigniertes finales Urteil über die Islam Konferenz lautet: »Sie ist leider letztlich zur Talkshow verkommen.«[10] Es seien zwar weiterhin Arbeitskreise gegründet und gepflegt worden, doch spiele das Thema in der öffentlichen Debatte leider keine Rolle mehr. Es gebe auch keine publizistischen Nachfragen mit dem Tenor: Was ist eigentlich daraus geworden? Und wenn man einen der früher engagiert Beteiligten darauf anspreche, komme stets als Antwort: Jetzt liegt der Ball »Muslime in Deutschland« doch bei den Bundesländern, die für Fragen wie Religionsunterricht aber schon früher immer allein zuständig gewesen waren.

Was waren die Ziele Schäubles mit der Islam Konferenz gewesen? Er wollte, erstens, die sehr unterschiedlichen Teile der muslimischen Bevölkerung in der Bundesrepublik an einen gemeinsamen Tisch bringen, um sie mit der sehr unterschiedlichen Verfassungswirklichkeit der jeweiligen Zuständigkeiten auf Länder- und Bundesebene vertraut zu machen. Den Muslimen wollte er, zweitens, klarmachen, dass sie, wenn sie auch keine homogene Bevölkerungsgruppe sind und keine gemeinsamen Ziele haben, so doch zumindest ein gemeinsames Merkmal, nämlich die Religion, haben und daher auch neben anderen großen Religionen als eine Gruppe wahrgenommen werden. Und er versuchte, drittens, der Öffentlichkeit die Erkenntnis zu vermitteln, dass als Ergebnis der Arbeitsimmigration vier Millionen Muslime bei uns leben und dank der Kinder ein stetig steigender Anteil der Bevölkerung dem Islam angehören würde. Unterm Strich ist er zufrieden mit dem Ergebnis der

Islam Konferenz: »Meine Nachfolger haben zum Teil ein Stück weit andere Akzente gesetzt, aber manches ist doch erreicht worden. Wer interessiert sich noch für Herrn Sarrazin? Das ist doch auch wieder weit weg. Also ein Stück weit ist erreicht worden, was erreicht werden sollte. Aber es ist noch nicht alles erreicht.«

21. Kapitel
Geldwäsche:
Ein verpuffter Skandal

Wo leben wir? Die Fachzeitschrift »Capital« hat es im Januar 2012 großflächig allen Deutschen mitgeteilt: »Im Geldwäsche-Paradies«. Und mit einer Fotomontage geschmückt, die die Bundeskanzlerin Merkel mit einem Wäschekorb unterm Arm zeigt, wie sie dicke Euroscheine an der Wäscheleine zum Trocknen aufhängt. Gut illustriert: die deutsche Kanzlerin beim Geldwaschen. Publizistische Überzeichnung? Mitnichten!

In Palermo lebt ein Mann namens Roberto Scarpinato, 60 Jahre alt, von denen er mehr als 20 in den Kampf gegen die Mafia investiert hat. Dabei musste er Tag und Nacht unter polizeilicher Bewachung leben. Denn zwei seiner Amtsvorgänger sind von der Mafia in die Luft gejagt worden. Einen besseren Kenner der Mafia und ihrer weltweiten kriminellen Operationen im Bereich der Politik, der Wirtschaft und des organisierten Verbrechens gibt es nicht. Und dieser Mann, an dessen Seriosität nicht ein Fünkchen Zweifel erlaubt ist, ebenso wenig an seiner Sachkunde, sagt laut und öffentlich auf der Tagung des Bundes Deutscher Kriminalbeamter (BDK): »Wenn ich Mafioso wäre, würde ich in Deutschland investieren.« Denn nirgendwo wäscht sich, seiner Überzeugung nach, schmutziges Geld, das aus kriminellen Operationen stammt, leichter als in der Bundesrepublik. Gewaschen werden dabei Milliarden Euro, die etwa aus Geschäften mit Drogen-, Waffen- und Frauenhandel stammen.

Liegt Palermo wirklich an Rhein und Spree? Mit absoluter Sicherheit, nimmt man den Ablauf eines internen Dienstgesprächs zur Kenntnis, das am 1. Dezember 2011 im Berliner Bundesfinanzministerium stattgefunden hat. Es saßen mit am Tisch: Bundesfinanzminister Wolfgang Schäuble, Regierungsdirektor Dr. Pleyer, persönlicher Referent des Ministers, Ministerialdirigent Dr. Misera, Unterabteilung IV A im Finanzministerium, sowie Vertreter von Attac, BDK (Bund Deutscher Kriminalbeamter), Campact e. V., einer Nichtregierungsorganisation, bei der 500 000 Menschen registriert sind, von Tax Justice Network (TJN), einer Organisation für Steuergerechtigkeit, und von der Gewerkschaft Verdi.

Thema war zunächst die damals von Schäuble mit der Schweiz ausgehandelte Steuervereinbarung. Das Abkommen hält Schäuble für eine gelungene Sache. Sebastian Fiedler, ein Spezialist für Wirtschaftskriminalität, Korruption und Geldwäsche beim BDK, hingegen befürchtet, dass durch die darin vorgesehene Schonung von Schwarzgeldsündern der Strafanspruch des Staates gegen die organisierte Kriminalität ausgehebelt wird. Bei den deutschen Steuerhinterziehern in der Schweiz, die durch das Abkommen in den Genuss einer anonymen Amnestie kommen sollen, geht es aus der Sicht der Kriminalbeamten auch um Gelder aus Drogen- und Menschenhandel, Korruption und Betrug. Bei den Steuerhinterziehern, die mutmaßlich 100 bis 300 Milliarden Euro auf Schweizer Banken bunkern, handle es sich zu einem nicht unerheblichen Teil um hartgesottene und unbelehrbare Straftäter, welche die bisherigen Steueramnestien mit der Pflicht zur Offenlegung ihrer Vermögen bislang abgelehnt oder nicht, wie Tausende andere Bundesbürger, aus Angst vor Entdeckung Selbstanzeige erstattet hätten.

Da auch künftig die Anonymität der Schweizer Konten gewahrt bleiben soll, seien neben den Steuerhinterziehern die Schweizer Banken die großen Gewinner des Steuerabkommens. Daher bezeichnen sie das Steuerabkommen auch als »eine Brücke zur Steuerehrlichkeit bei gleichzeitiger Wahrung der finanziellen Privatsphäre«. Nach einem Zusatzprotokoll zum Steuerabkommen soll es künftig der Bundesrepublik verboten sein, Steuerdaten – etwa auf CDs – einzukaufen und zu nutzen. Dadurch würden deutschen Ermittlern zusätzlich die Hände gebunden.

Schäuble folgte der Diskussion. Als der Kriminalexperte Sebastian Fiedler darauf hinwies, dass durch die vereinbarte anonyme Amnestie die organisierte Kriminalität geschützt und Geldwäsche geduldet werde, zeigte er vertieftes Interesse.

Er vergewisserte sich, wie Teilnehmer des Gesprächs hinterher berichteten, bei seinem Mitarbeiter Pleyer, ob das Bundesfinanzministerium für die Gesetzgebung im Kampf gegen die Geldwäsche zuständig sei. Als der dies bejahte, wollte Schäuble bestätigt wissen, dass aber die Umsetzung der Gesetze im Kampf gegen die Geldwäsche bei den Bundesländern verankert sei.

Im Folgenden wurde zudem diskutiert, dass Schäuble schon als Bundesinnenminister vom 2. November 2005 bis zum 27. Oktober 2009 für die Gesetzgebung bei der Geldwäschebekämpfung zuständig gewesen war. Im Januar 2011 wurde durch Beschluss der Bundesregierung die Federführung für das Thema Geldwäsche auf das Bundesfinanzministerium übertragen. Die Probleme bei der Geldwäsche entstehen in der Durchsetzung der Gesetze durch die zuständigen Bundesländer. Fiedler machte die Runde darauf aufmerksam, dass die Bundesregierung im Gesetzentwurf zur Optimierung der Geldwäscheprävention selbst festge-

stellt habe, dass das Geldwäschegesetz seit 1993 nicht aus-
reichend umgesetzt wird.

Heute erklärt Schäuble dazu, dass die Kontrolle der
Spielhallen, wo sehr viel Geld gewaschen werde, »durch
eine Fülle unterschiedlicher Verwaltungen erfolgt, die alle
Behörden der Länder sind, die das aber offensichtlich nicht
sicherstellen können«. Die Problematik der Spielhallen, die
in der Diskussion aufgeworfen worden sei, habe er bis
dahin nicht vollständig auf dem Radar gehabt, setzte er hinzu.

Eine ziemlich unvollständige Antwort in der Sache.
Denn zwecks Bekämpfung der internationalen organisier-
ten Kriminalität und der Finanzierung des internationalen
Terrorismus hat sich die Bundesrepublik verpflichtet, die
EU-Geldwäscherichtlinie aus dem Jahr 1991 und die Emp-
fehlungen der Financial Action Task Force on Money
Laundering (FATF, international zuständig für Bekämpfung der Geldwäsche) zur Geldwäschebekämpfung kompromisslos in nationales Recht umzusetzen. Das wäre dringend geboten gewesen. Denn im Prüfbericht der FATF vom
Februar 2010 wurde festgestellt, dass in Deutschland jedes
Jahr rund 50 Milliarden Euro kriminell erwirtschaftet und
potenziell gewaschen werden. Wahrscheinlich liegen die
effektiven Beträge bei einem Mehrfachen, wenn man die
Gelder hinzurechnet, welche nach Deutschland – etwa von
der Mafia – eingeschleust werden. Einigkeit der Experten
besteht allerdings darüber, dass weniger als ein Prozent der
kriminellen Gelder eingezogen werden. Im Ergebnis bedeutet dies, dass die organisierte Kriminalität in Deutschland jedes Jahr um mindestens 50 Milliarden Euro reicher
wird.

Die Unterwanderung ganzer Staaten durch die international organisierte Kriminalität stellt laut einer Resolution

des Europäischen Parlamentes mit dem Ziel, »der Mafia den Zutritt in den legalen Wirtschaftskreislauf zu verwehren«, eine reale Gefahr dar. Laut der Resolution, die am 25. Oktober 2011 mit großer Mehrheit vom Europaparlament verabschiedet wurde, »nutzt die organisierte Kriminalität, insbesondere die mit mafioser Struktur, die Globalisierung, den Wegfall der Grenzen innerhalb der EU und die unterschiedlichen Gesetze der Mitgliedsstaaten zu ihren Gunsten aus, um erhebliche Profite zu erzielen und gleichzeitig ungestraft davonzukommen«. Das ist möglich, weil die organisierte Kriminalität die öffentliche Verwaltung und die legale Wirtschaft »tiefgreifend und massiv unterwandert hat«.

Der Bundesnachrichtendienst (BND) stellt zur internationalen organisierten Kriminalität und zum Problem Geldwäsche sogar fest, dass »diese Gefährdungspotenziale die Sicherheit unseres Staates heute stärker beeinträchtigen als unmittelbare militärische Risiken, die wir aus der Zeit des Ost-West-Konfliktes kannten«. »Damals sprach man von symmetrischen Gefahren, die bei einem Krieg mit herkömmlichen Waffen zwischen Streitkräften mit klaren Frontlinien bestehen, heute dagegen sehen wir uns zunehmend der Konfliktform der asymmetrischen Bedrohung, zum Beispiel durch terroristische Netzwerke, ausgesetzt«, erklärt der BND. Der Präsident des Bundeskriminalamtes Jörg Ziercke warnte anlässlich der »Berliner Sicherheitsgespräche« in einem Referat im Januar 2012: »Geldwäscheaktivitäten müssen mit Priorität versehen werden. Wir können nicht einfach zur Tagesordnung übergehen. Wir brauchen im Grunde weitere Initiativen, was Geldwäsche angeht, denn Deutschland hat, im internationalen Vergleich gesehen, keine herausragende Position. Das gilt auch, wenn man dies auf bestimmte Parameter runterbricht.« Dann

merke man doch, dass andere Länder intensiver und syste-
matischer das Thema Kampf gegen die Geldwäsche betrieben.

Die Botschaften des Europaparlamentes, der Mafiajäger,
des BND und des Bundeskriminalamts sind unmissverständlich: Die Bevölkerung wird unkalkulierbaren Risiken
und Gefahren ausgesetzt, vergleichbar sogar mit kriegeri-
schen Auseinandersetzungen, wenn Geldwäsche und die
internationale organisierte Kriminalität nicht oder nur un-
zureichend bekämpft werden. Aber genau das findet nach
der Aussage der Bundesregierung seit 18 Jahren in Deutschland statt, ohne dass daraus Konsequenzen gezogen werden. Denn die Bundesregierung bestätigt in dem Gesetzentwurf zur Optimierung der Geldwäscheprävention vom
17. August 2011, dass das Geldwäschegesetz seit Inkrafttre-
ten im Jahr 1993 nicht umgesetzt wird. Das bedeutet, dass
Schwerstverbrechen in Deutschland belohnt werden.

Diese Nachricht hätte im politischen Berlin, vor allem im
Bundesfinanzministerium, wie eine Bombe einschlagen
müssen. Die Frage nach der Verantwortung für diesen
Skandal hätte tagelang die Medien füllen können, sagt An-
dreas Frank. Frank ist ein anerkannter Experte für Geldwä-
schebekämpfung und wurde bereits mehrmals auch als
Sachverständiger zu Hearings des Bundestags zum Thema
Geldwäsche geladen.

Seit mehr als 14 Jahren macht Frank die zuständigen Behörden in Deutschland auf die massiven Defizite bei der
Geldwäschebekämpfung aufmerksam. Alle zuständigen
Bundesminister wurden von ihm persönlich angeschrieben.
Auch Bundesminister Schäuble erhielt mehrmals persönlich Post von ihm. Die Botschaft: Schäuble trage seit Jahren
die Verantwortung für die Durchsetzung der nationalen
und internationalen Gesetze zur Geldwäschebekämpfung.

Er müsse sich persönlich die bestätigten Defizite bei der Geldwäscheprävention und Geldwäschebekämpfung in Deutschland zurechnen lassen, sagt Frank.

Die seit langem bestehende Verantwortung von Finanzminister Schäuble würde, so Frank, auch nicht durch die Tatsache gemildert, dass die Defizite bei der Geldwäschebekämpfung hauptsächlich im sogenannten Nichtfinanzsektor bestehen, für dessen Kontrolle die Bundesländer zuständig sind. Frank weiter: Die Bundesrepublik habe sich schließlich gegenüber der Völkergemeinschaft kompromisslos zur Bekämpfung der Geldwäsche verpflichtet, daraus erwachse dem zuständigen Ressortminister des Bundes eine gesamtstaatliche Verantwortung.

Wer den Werdegang von Wolfgang Schäuble kennt, wird kaum glauben, dass dieser von seiner Verantwortung für die Geldwäschebekämpfung nichts gewusst haben will. Denn: Weil die deutschen Behörden auf alle Hinweise wegen der bedrohlichen Defizite bei der Geldwäschebekämpfung nicht reagierten, initiierte Frank 2005 und 2009 zwei Vertragsverletzungsverfahren wegen der Nichtumsetzung der EU-Geldwäscherichtlinie gegen Deutschland. Um einem Verfahren vor dem Europäischen Gerichtshof mit potenziell hohen Strafzahlungen zu entgehen, sah sich die Bundesregierung gegen Ende 2009 gezwungen, die Länder zur Beseitigung der beanstandeten Defizite bei der Umsetzung der Richtlinie zu drängen. Bis Ende 2009 existierten tatsächlich in den Bundesländern keine funktionierenden geldwäscherechtlichen Aufsichtsbehörden, obwohl diese schon im Geldwäschegesetz von 1993 vorgesehen gewesen waren.

Hinzu kommt: EU-Vertragsverletzungsverfahren werden immer an die zuständigen Ressortminister des jeweiligen Landes gerichtet. Somit muss Schäuble von seiner Ver-

antwortung Kenntnis gehabt haben, es sei denn, er hätte
tatsächlich seine Post nicht gelesen. Ebenso konnte ihm
nicht verborgen geblieben sein, dass die Einstellung der
Vertragsverletzungsverfahren durch die EU-Kommission
nicht deshalb erfolgte, weil Deutschland die Geldwäsche in
allen Bereichen kompromisslos bekämpft hatte, sondern
weil die EU-Kommission durch falsche Angaben zur Einstellung der Verfahren verleitet worden war. Deutschland
setzt seit Jahren die EU-Geldwäscherichtlinie nicht um und
täuscht die Hüterin der Verträge, die EU-Kommission.

Auch den extrem negativen Bericht der Financial Action
Task Force (FATF) zur Lage des Kampfs gegen die Geldwäsche in Deutschland, der am 19. Februar 2010 veröffentlicht
wurde, muss sich Schäuble persönlich zurechnen lassen.
Wie die EU-Kommission mit Schreiben an Frank mitteilte,
»haben die Vertreter der Bundesrepublik Deutschland beim
Treffen der FATF in Abu Dhabi vom 15. bis 19. Februar
2010 die Schwächen ihres gegenwärtigen Anti-Geldwäsche-
Systems anerkannt und – noch viel wichtiger – ein klares
Bekenntnis dazu abgelegt, das nationale System zur Vor-
beugung, Erkennung und Unterdrückung von Geldwäsche
und Terrorismusfinanzierung zu verbessern«.[1]

Beim oberflächlichen Bekenntnis zur Aufgabe, hier endlich Abhilfe zu schaffen, ist es bisher trotz dreier Ergän-
zungsgesetze zum Geldwäschegesetz im Jahr 2011 geblieben. Geldwäsche wird im Nichtfinanzsektor weiterhin
nicht bekämpft, wie Frank in seinem Schreiben an Schäuble
vom 19. Dezember 2011 erneut beklagte. Darin stellte er
fest, ohne seine jahrelange Arbeit und ohne die erfolgreichen Beschwerden bei der EU-Kommission, der FATF
sowie anderen Organisationen und Behörden würden die
zuständigen deutschen Behörden weiter unwidersprochen
behaupten, es gebe keine Defizite bei der Geldwäschebe-

kämpfung. Sein Fazit: Es ist geradezu paradox, dass ein Bürger den Staat seit 14 Jahren an die Einhaltung von wichtigen Gesetzen ermahnen muss.

Es wäre Zeit, so Frank, dass Wolfgang Schäuble einsieht, dass sein Ministerium beim Kampf gegen die Geldwäsche überfordert ist oder aber Geldwäsche billigend in Kauf nimmt. Wenn der zuständige Ressortminister das Thema zur Chefsache erklären würde, könnte mit Unterstützung externer Beratung der Kampf gegen die Geldwäsche und somit gegen die internationale organisierte Kriminalität und die Finanzierung des Terrorismus effektiver geführt werden. Deutschland könnte dann im Bereich der Geldwäschebekämpfung eine Führungsrolle übernehmen. Weil sich die für die Defizite bei der Geldwäsche Verantwortlichen in den Behörden seit über 14 Jahren als absolut beratungsresistent erwiesen haben, müsse die Initiative von Schäuble kommen, fordert Frank.

Frank und Fiedler haben Schäuble und dem Finanzministerium mehrfach Hilfe angeboten. Auch Fiedler schrieb in einem Brief an den Minister, da die »Geldwäschebekämpfung bereits in Ihrer Amtszeit als Bundesinnenminister und seit 2010 erneut in Ihrem Verantwortungsbereich liegt, würden wir gerne konstruktive Vorschläge zu den Problembereichen unterbreiten, die nicht nur politisch mehrheitsfähig sein dürften, sondern die Kriminalitätsbekämpfung einen großen Schritt in die richtige Richtung bringen«.

Nützlich könnte dies sehr wohl sein. Im FATF-Bericht vom Februar 2010 bekam der gesamte Nichtfinanzsektor in der Bundesrepublik eine eindeutige Gesamtnote: »Durchgefallen«. Und Nichtfinanzsektor heißt: Immobilienmakler, Versicherungsvermittler, Juweliere sowie Personen, die gewerblich mit Gütern handeln. In diesen Bereichen wird

wegen fehlender staatlicher Kontrollen Geldwäsche billigend in Kauf genommen, kritisiert Frank. Die Frage ist:
Wieso soll ein Juwelier jemals den Verdacht melden, dass
bei ihm jemand einen Sack voll Schmuck gekauft und mit
500-Euro-Scheinen aus der Hosentasche bezahlt hat? Er
hat ein gutes Geschäft gemacht, und der »Kunde« kann seinen Schmuck wieder für »sauberes« Geld problemlos verkaufen. Und die Finanzminister von Bund und Ländern
kassieren mit, über die Steuern der Juweliere. Frank: »Weil
die Länder direkt oder indirekt von den Geldwäscheaktivitäten profitieren, blicken die Kontrollinstanzen nicht sehr
genau hin. Das ist schlicht kriminell.«[2]

Ein Scarpinato könnte Schäuble zu mehr Einnahmen
verhelfen: Der hat allein in Sizilien in drei Jahren 4,5 Milliarden Euro durch Aktionen gegen Geldwäscher für die
Staatskasse beschafft.

22. Kapitel

Europäer:
Schäubles Lebensthema

Samstag, der 12. Dezember 2011 ist ein Tag, an dem Wolfgang Schäuble glücklich ist wie selten zuvor in seinem Leben. Die Nachricht erreicht ihn, dass ihm der Karlspreis 2012 verliehen werde. Er sagt bescheiden: »Das ist schön.« Und fügt mit glücklichem Gesicht hinzu: »Das ist eine große Ehre.«

Das Karlspreis-Direktorium in Aachen würdigte mit der Verleihung Schäubles Beiträge zur Stabilisierung der Währungsunion und zum europäischen Einigungsprozess. Mehr noch: Sie ist die Auszeichnung seines politischen Lebenswerks. Ihm wird der Preis verliehen, wie es in der Begründung hieß: »In Würdigung seiner herausragenden Verdienste um die Überwindung der Teilung Deutschlands und Europas und seiner Rolle als Ideengeber und wichtiger Akteur bei nahezu allen Integrationsfortschritten in den vergangenen drei Jahrzehnten und in Anerkennung seiner bedeutenden Beiträge zur Stabilisierung der Währungsunion«[1]. Keineswegs trieben nur fiskal- und währungspolitische Probleme ihn um, heißt es in der Begründung des Direktoriums weiter. Viel häufiger rufe er ganz grundsätzliche Fragen in Erinnerung. Und es folgt dann ein Satz, der den Europäer Schäuble mit Abstand am präzisesten beschreibt: »Europa ist für ihn Herzensangelegenheit und innere Überzeugung.«[2]

Thomas Strobl, Landesgruppenchef der baden-württem-

bergischen Bundestagsabgeordneten und Schwiegersohn
Schäubles sagt: »Er hat Europa in allen politischen Lebens-
lagen immer gelebt. Ich glaube daher, dass er sich über diese
Auszeichnung freut, dass sie ihn wirklich glücklich macht.
Sie passt zu ihm besser als zu jedem anderen CDU-Politiker.«[3] Anders als Helmut Kohl hat Schäuble nie Grenz-
steine an der deutsch-französischen Grenze ausgerissen
oder Grenzbäume zersägt. Aber zu seinem rationalen politischen Überzeugungskanon hat immer gehört, dass ein
vereintes Europa die richtige Perspektive auch für Deutschland ist. Strobl: »Er ist ein Überzeugungstäter. Er ist jemand, der die Dinge zwar mit kühlem Kopf, aber auch mit
einer unwahrscheinlichen Leidenschaft betreibt, und das
schon einige Jahrzehnte.«

Zum Kronzeugen der Ehrung wird der Philosoph Jürgen
Habermas gemacht, der im dienstältesten Abgeordneten
des Bundestags »den letzten profilierten Europäer im Kabi-
nett« erkennt.[4] Schäuble selbst wird mit dem Satz zitiert:
»Die europäische Einigung trägt der Tatsache Rechnung,
dass der Nationalstaat das, was er seit dem siebzehnten
Jahrhundert geleistet hat, seit der Mitte des zwanzigsten
Jahrhunderts nicht mehr leisten kann. Was wir daher im
einundzwanzigsten Jahrhundert brauchen, ist eine neue
Form der Regierungszusammenarbeit.«[5]

Offen bleibt, ob Wolfgang Schäuble bei dieser Formulie-
rung des neuen europäischen Ziels schon in vollem Umfang
bewusst war, wie schwer es werden würde, der politischen
Verantwortung für das neue Europa gerecht zu werden.
Konzeptionell sicher, denn er hatte schon im September
1994 zusammen mit dem CDU-Bundestagsabgeordneten
Karl Lamers ein Grundsatzpapier zur europäischen Politik
vorgelegt, in dem die zentralen, aktuellen Probleme der Europapolitik von heute bereits fixiert sind. Das Schäub-

le/Lamers-Papier fordert: »Ziel muss die Stärkung der Handlungsfähigkeit der EU und ihre demokratische und föderale Ausgestaltung sein. Dazu ist die Beantwortung der grundlegenden Verfassungsfrage – wer macht was? – in einem verfassungsähnlichen Dokument notwendig, das die Kompetenzen von Europäischer Union, Nationalstaaten und Regionen in klarer Sprache abgrenzt und die ideellen Grundlagen der Union definiert ... Alle vorhandenen Institutionen, der Rat, die Kommission, die Präsidentschaft und das Europaparlament müssen reformiert werden.«[6] Auf diesem Reformweg befindet sich die Europapolitik inzwischen und tut sich schwer genug dabei. Schäuble hat schon damals gefordert, worauf er auch jetzt im Amt des Bundesfinanzministers bereits mehrfach nachhaltig gedrängt hat: »eine gemeinsam gleichgerichtete Politik« in den Bereichen Geld-, Fiskal-, Haushalts-, Wirtschafts- und Sozialpolitik. Das war der Ruf nach einer Währungsunion, mit deren Problemen Schäuble sich inzwischen intensiver befassen und abmühen muss als jemals zuvor.

Nie hat er sich von seinem politischen Lebensziel distanziert, selbst nicht in seinen schwierigsten Situationen. Als er das Amt des CDU-Chefs verloren hatte, war er sich nicht zu schade dafür, den eher bescheidenen Job des Leiters einer Arbeitsgruppe zur Kompetenzverteilung zwischen der EU und ihren Mitgliedsstaaten zu übernehmen. Dort plädierte er für eine Kompetenzverteilung, für die er heute noch steht: mehr Befugnisse der EU in der Außen-, Sicherheits- und Verteidigungspolitik. Die EU-Kommission müsse »Züge einer europäischen Regierung« annehmen, forderte Schäuble bereits damals, wie er es auch heute tut.

Der in Baden geborene Schäuble ist immer ein »Europäer« gewesen, später dann einer von denen, die seit Beginn der

achtziger Jahre auf die europäische Integration konsequent
hinarbeiteten. Sein wichtigster politischer Beitrag in diesem
Zusammenhang war der Einheitsvertrag, mit dem erst die
Teilung Deutschlands und damit Europas überwunden
wurde. Er war auch beteiligt am Vertrag von Maastricht
(1992), mit dem die Währungsunion geschaffen wurde, am
Stabilitäts- und Wachstumspakt (1997), am Vertrag von
Amsterdam und am Vertrag von Lissabon (2007).

Seit Merkel ihn 2009 zum Bundesfinanzminister gemacht
hat, steht er an der entscheidenden Schlüsselposition der
Europapolitik mit dem großen Ziel: mehr Europa und zugleich mehr Stabilität. Er hat schließlich schon in seiner Jugend im badisch-elsässischen Grenzgebiet gelernt, dass die
europäische Einigung im »existenziellen Interesse« der
Deutschen liegt. Von der Bundesrepublik als größtem Mit-
gliedsstaat werde dabei erwartet, im »engen Schulterschluss
mit Frankreich eine Führungsfunktion zu übernehmen.
Denn nur wenn Deutschland und Frankreich an einem
Strang ziehen, können oft schwierige Fragen gelöst werden.« Kurz gesagt: Auch in »Mercozy«, der Harmonie zwischen dem ehemaligen französischen Staatspräsidenten Sar-
kozy und der deutschen Kanzlerin, erfüllte sich ein europapolitisches Ziel Schäubles, von dem er sich auch unter
neuer französischer politischer Führung nicht abdrängen
lassen wird.

Was trieb den geborenen Europäer Schäuble an, immer
dieser politischen Lebenslinie treu zu bleiben, bis in die
jüngste Gegenwart, in der ihm wieder dicke politische Steine in den Weg gelegt werden? Etwa mit dem chronischen,
fast schon notorischen Nein der Liberalen zu einer Finanz-
markttransaktionssteuer, mit der Schäuble die Spekulanten
an den Kosten der Krise beteiligen will, notfalls auch allein
in der Euro-Zone, falls sich Großbritannien weiterhin

energisch gegen diese Maßnahme stellt. An Europa hält
Schäuble auf jeden Fall unbeirrbar fest: »Es lohnt sich, am
Ziel festzuhalten, auch wenn nicht jede Einzelheit klar ist.«
Dies auch dann, wenn die Gefahr besteht, dass Paris den
vereinbarten und vom Bundestag beschlossenen Fiskalpakt
wieder in Frage stellt. Klar ist für ihn, dass die Nationalstaaten ihr Regelungsmonopol verloren haben, und daher
»brauchen wir stärkere europäische Institutionen«.[7] Ohne
sie, so Schäuble mit dem Blick auf die Globalisierung, werden »wir auf Dauer unsere europäische Handlungsfähigkeit
verlieren«.

Tiefer in sein europäisches Herz ließ er bei einer Rede
blicken, die Schäuble anlässlich des 60-jährigen Bestehens
der Europäischen Bewegung Deutschland (EBD) am
16. Juni 2009 in Berlin gehalten hat. Mehr Mut für Europa
forderte er damals, eine Botschaft, die auch an die eigene
Kanzlerin gerichtet war: »Wer etwas erreichen will … muss
vertrautes Terrain hinter sich lassen. Er muss … raus aus
der Komfortzone.«[8] Neuland betreten, lautete seine Forderung, die vor allem von der FDP misstrauisch betrachtet
wird. Der schleswig-holsteinische FDP-Politiker Wolfgang
Kubicki hat Schäuble einmal als »bekannten FDP-Hasser«[9]
beschimpft. Der könne nicht vergessen, dass die Liberalen
bei der Wahl des Bundespräsidenten 2004 Schäubles »persönliche Karrierepläne« nicht hätten umsetzen wollen.

Andere FDP-Politiker bestreiten den »Schäuble-Hass«
entschieden. Zumindest im Blick auf die schwarz-gelbe
Koalition unter Kanzler Kohl treffe das überhaupt nicht
zu, betont etwa Hermann Otto Solms. Vor der Bundestagswahl 1998 habe er im Amt als damaliger FDP-Fraktionsvor-
sitzender mit Schäuble sogar darüber gesprochen, ob der
nicht als Kanzlerkandidat der CDU antreten solle. Solms:
»Ich habe damals mit Schäuble darüber verhandelt, weil ich

nicht glaubte, dass wir mit Kohl noch einmal gewinnen
würden.«[10] Solms ist sich auch bis heute sicher, dass ein vor-
gezogener Kanzlerwechsel von Kohl zu Schäuble trotz damaliger knapper Mehrheitsverhältnisse im Bundestag geklappt hätte.

Mit Blick auf Europa zitiert Schäuble gerne den Osteu-
ropa-Experten Karl Schlögel, der einmal gesagt hat: »Für
jemanden wie mich, der noch ganz im Schatten des Eiser-
nen Vorhangs aufgewachsen ist, liegt über dem, was seit
1989 geschieht, noch immer der Zauber dessen, dass etwas
eingetreten ist, auf das man schon nicht mehr hoffen konnte.«[11] Und an einem Punkt lässt Schäuble überhaupt nicht
rütteln: »Europa hat sich gerade für Deutschland als
Glücksfall erwiesen.«

Dieser Europäer Schäuble hält die Europäische Union
für das mit Abstand interessanteste Modell unter den neuen
Formen über- und zwischenstaatlicher Zusammenarbeit,
die im Zuge der Globalisierung von Bedeutung sind. »Nationalstaat adieu« ist der innere Schlachtruf Schäubles. Auf
immer mehr Gebieten müsse mehr gemeinsam von den Eu-
ropäern gehandelt werden, lautet sein Credo. Gemeinsamer
Markt, gemeinsame Steuerung von Migrationsströmen, gemeinsamer Kampf gegen den Klimawandel, für die Sicherung der Energieversorgung, gegen den Terrorismus. »Europa musste und muss weiter lernen, nach innen und nach
außen geschlossen aufzutreten, um etwas zu erreichen.«

Und exakt an dieser Stelle der vielfach erreichten Ziele
sieht Schäuble auch die Probleme der heutigen Europapolitik. Das hohe Maß an Sicherheit und Wohlstand, das erreicht worden ist, bewirke, dass »eine verbindende Leitidee
nicht mehr wirklich zu erkennen ist«. Dass Europa die
Deutschen »nicht mehr zum Träumen bringt«, wie dies in
seinem eigenen Politikerleben stets der Fall war, das

schmerzt ihn. Aber er warnt vor Stillstand: »Europa muss weiter bereit sein, sich zu bewegen, sich institutionell zu reformieren, mit einer Stimme zu sprechen, um neue Herausforderungen bewältigen zu können.«

Seine Überzeugung steht eisern fest, auch im jüngsten Kampf gegen die Eurokrise: »Mehr Europa muss her!« Und dies nach einem klaren Maßstab: »Nur Aufgaben, die nicht auf lokaler, regionaler oder nationaler Ebene erfüllt werden können, gehören nach Europa.« Insofern müsse die Handlungsfähigkeit der Europäischen Union auf »eine neue vertragliche Grundlage gestellt werden«.[12] Dorthin gehören aus seiner Sicht: Neuordnung der Finanzstruktur, Aufsicht über die europäischen Finanzmärkte, Neuregelungen für Ratingagenturen sowie zu den Eigenmitteln der Banken, mehr gemeinsame Bekämpfung von organisierter Kriminalität und Terrorismus. So konsequent wie Schäuble blickt kein deutscher Politiker in die europäische Zukunft: »Wer, wenn nicht Europa, könnte vorangehen, um ein offenes System internationaler Regierungsführung zu fördern? Mit der Europäischen Union haben wir ein funktionierendes Modell für Multilateralismus entwickelt.«

Bei Wolfgang Schäuble ist immer noch vorhanden, was der luxemburgische Premierminister Jean-Claude Juncker einmal bestritten hat: »Europa bringt uns nicht mehr zum Träumen.« Der Karlspreis machte Schäuble bis tief ins Herz hinein glücklich, weil er ihn belohnte für konsequenten politischen Einsatz für sein politisches Lebensthema – eben für Europa. Karl Lamers stimmte der Wahl Schäubles aus vollem Herzen zu: »Endlich mal der richtige Mann!«[13]

Die Auszeichnung stellt Schäuble in eine Reihe großer Namen der jüngeren Europäischen Geschichte. Neben die deutschen Kanzler Adenauer, Kohl, Merkel. Zu den wichtigsten Architekten der europäischen Union wie den Be-

gründer der Paneuropabewegung Richard Graf Coudenhove-Kalergi, den ersten aller Karlspreisträger, wie Robert
Schuman, Winston Churchill, Paul Henri Spaak und Jacques Delors – alle verbunden mit großen Verdiensten um
die Vertiefung des europäischen Integrationsprozesses der
vergangenen sechs Jahrzehnte und um den umfassenden
Zusammenschluss der europäischen Völkerfamilie.

Schäuble, der sich gleichermaßen als Herzenseuropäer
versteht wie als Vernunfteuropäer, empfand die Auszeichnung zu Recht als ganz außergewöhnliche Ehrung seiner
Person. »Wenn man nicht Staats- oder Regierungschef ist,
dann ist das schon etwas Besonderes, wenn Sie den Karlspreis kriegen. Ich bin daher wirklich berührt.« Und er fügt
hinzu: »Also bei mir ist Europa eine Sache von Herz und
Verstand. Ich meine auch von Vernunft.« »Denn ich glaube
schon, dass wir eine gute Chance im einundzwanzigsten
Jahrhundert haben, Europa voranzubringen. Denn der Nationalstaat hat sich meines Erachtens ein Stück weit überlebt.«

Wie Schäuble auf dem Europäischen Bankenkongress im
November 2011 ankündigte, will er den »Rückfall in die
Regelungsmonopolstellung des klassischen Nationalstaats«
verhindern durch einen »sehr viel zukunftweisenderen Ansatz«. Damit stellt er sich in eine klare Gegenposition zu
Äußerungen, wie sie bereits vom Staatsrechtler Christoph
Degenhart zu hören waren: »Die weitere EU-Integration
ist mit der Verfassung nicht vereinbar.«

Sein einstiger enger europapolitischer Mitstreiter Lamers
lässt mit Blick auf die Europapolitik die These von den
zwei Leben des Wolfgang Schäuble nicht gelten: »Der Europäer Wolfgang Schäuble hat nur ein Leben gelebt. Wir
werden in fünf Jahren ein anderes Europa haben, und daran
hat Schäuble ein großes Verdienst.«[14] Und er erinnert daran,

dass bereits im Papier zur Europapolitik, das er gemeinsam mit Schäuble 1994 verfasst und veröffentlich hat, eine europäische Währungsunion als der harte Kern einer politischen Wirtschaftsunion gefordert worden ist. Erreicht habe man bisher nur die Wirtschaftsunion, nicht die Währungsunion. Insofern operiere an dieser politischen Front mit Schäuble »endlich der richtige Kandidat«. Lamers wundert sich nicht, wie Schäuble europapolitisch vorgeht. »Er weiß, wo er hinwill. Er nimmt Rücksicht auf die Machtverhältnisse und marschiert zuweilen maskiert voran in Richtung seiner Ziele.« Dieser Mann stehe dazu, auch gegen innenpolitischen Widerstand, so wie dies bereits 1994 geschehen sei, als sie das europapolitische Papier gemeinsam nur vier Wochen von der Bundestagswahl 1994 veröffentlicht hätten.

Illusionen darüber, dass offen ist, wann er seine europäischen Lebensziele erreichen wird, und über die weiterhin zu erwartenden Widerstände auf dem Weg dahin macht sich Schäuble nicht.

Kühn mutete seine Prognose auf dem Europäischen Bankenkongress in Frankfurt im November 2011 an, in weniger als 24 Monaten werde die Schaffung einer Fiskalunion der Eurostaaten durch entsprechende Änderungen der EU-Verträge gelingen, um die gemeinsame Währung zu stärken. Danach ging es sehr viel zügiger als gedacht mit der Fiskalunion voran, in der die Regeln für die Neuverschuldung, die Rückführung der Staatsverschuldung und die Stärkung der Wettbewerbsfähigkeit »verbindlich und durch die EU-Kommission durchsetzbar« festgelegt wurden. In einer Währungsunion, so der tragende Gedanke, ohne gemeinsame Fiskal- und Budgetpolitik steckten zu viele Lücken. Das Ziel wurde zunächst schneller als erwartet erreicht – die Fiskalunion stand Anfang Februar 2012, auch wenn Großbritannien und die Tschechien nicht mitmachten und um die endgültige Verabschiedung mit Sicherheit noch länger gerungen werden muss.

Die Unterstützung der Kanzlerin Merkel besaß Schäuble bei diesem Projekt. Auch die FDP signalisierte frühzeitig Zustimmung, denn ihr Finanzexperte Solms nannte die Fiskalunion, die ohne stützende Eingriffe der Europäischen Zentralbank (EZB) und ohne Gemeinschaftsanleihen (Eurobonds) auskommen soll, »durchaus vernünftig«,[15] aber zunächst mal sei es richtig, die Verantwortung für das Einhalten ihrer Regeln auf nationaler Ebene zu belassen. Die Vorstellung eines europäischen Schuldenstaats lehnt die FDP ab. Es sei falsch, sagt Solms, »jetzt Europa ein zentralistisches Gebilde aufzustülpen«. Es müsse das Subsidiaritätsprinzip beachtet werden, das den nationalen Parlamenten Selbstbestimmung und Eigenverantwortung belasse. »Das spricht gegen einen Bundesstaat«, betont die FDP, die Schäuble vorwirft, er gehe da zu weit. »Die Bürger müssen sich in den Entscheidungen wiederfinden. Brüssel ist zu weit weg für die Bürger.« Eine Fiskalunion, bei der nicht mehr die gewählten Parlamente für die Finanzen zuständig sind, wie dies in einem zentralistischen Bundesstaat der Fall wäre, lehnt Solms daher strikt ab. Hinzu kommt, dass die FDP Schäuble in seiner Rolle als Bundesfinanzminister als »ausgesprochen unfreundlich« empfindet, weil er ihre Steuersenkungspolitik bisher systematisch blockiert habe.

Auch auf SPD-Seite sind die Vorbehalte gegen Schäuble ausgeprägt. Ihr Finanzexperte und Europapolitiker Dieter Spöri, heute Präsident der Europäischen Bewegung Deutschland (EBD), wirft ihm vor: »Er macht alles im Korridor der Machterhaltungspolitik der Angela Merkel.«[16] Und scheue daher die knallharte Konfrontation in der Sache mit der FDP. Spöri: »Er glaubt, dass das Durchhangeln irgendwann zu vollen Erfolgen führt.« Für Schäuble sei die

Europapolitik leider »eine abgeleitete Größe deutscher Re-
gional- und Koalitionspolitik«. Warum macht der Europäer Schäuble das mit? Spöri: »Er hat gar keine andere Option, weil die richtige Politik den Bruch der schwarz-gelben
Koalition nach sich ziehen würde.« Die FDP befinde sich
in einer so existenzgefährdeten Situation, dass sie über
nichts anderes mehr nachdenken könne als über die Frage:
Wie retten wir uns? Wo ist das Thema, mit dem wir uns
so profilieren, dass wir 2013 doch noch wieder über fünf
Prozent kommen? Daran mache sie auch ihr Nein zu den
Eurobonds und zur Finanztransaktionssteuer fest, beides
Aktionen, die viele Experten für fachpolitisch richtig und
europapolitisch für verantwortlich halten.

Was Schäuble indes weit mehr schmerzen dürfte als der
innenpolitische Widerstand der FDP gegen seine Europapolitik, sind emotionale Reaktionen gegen sie, wie sie etwa
in Griechenland bis heute zu beobachten sind. Der deutsche Druck auf massive Sparanstrengungen, etwa durch die
angedrohte Einsetzung eines »Sparkommissars«, wurde in
Athen empfunden, als agiere die Bundesrepublik wie ein
»Gauleiter« von einst. Es müssten ja nicht die Millionäre
bezahlen, klagen die griechischen Bürger, also nicht die
großen Steuerhinterzieher, sondern die kleinen armen
Schweine, die einer höheren Mehrwertsteuer nicht ausweichen könnten.

Das kann vom Europafreund Schäuble nur mit Schmerzen ertragen werden: Dass er zu einer verbalen Politik gezwungen ist, die Europa emotional spaltet und Hass gegen
ihn produziert. Und Fachmann, der er ist, dürfte er sehr
genau wissen, dass die deutsche Seite zu Beginn der Grie-
chenland-Krise falsch reagiert hat. Da erfolgte der Versuch,
eine geringere Staatsverschuldung Griechenlands allein
durch Sparmaßnahmen durchzusetzen. Auf innenpoliti-

schen Druck hin erst hat sich Schäuble zu spät zu der Aus-
gangsposition bewegen lassen, dass der Schuldenabbau nur
gelingt, wenn er mit einer konjunkturellen Aufwärtsent-
wicklung verknüpft wird. Doch Wachstum war zunächst
bei den Griechen nicht vorgesehen. So gesehen war Schäubles Politik in Sachen Griechenland und auch in Bezug auf
andere europäische Partnerstaaten in diesem Punkt ökono-
misch nicht stimmig.

Noch weniger überzeugend kommt sie an einem ganz
anderen inhaltlichen Punkt daher: »Griechenland muss sich
helfen lassen«, ruft er und fordert mehr Begeisterung der
griechischen Bürger, denen die Rente gestrichen wird, die
arbeitslos werden, deren Kinder ohne Frühstück in die
Schule müssen. Nur die mit Blick auf die Türkei völlig
überkandidelte Aufrüstungspolitik der griechischen Militärs bleibt weithin unangetastet. Mit der Türkei dürfen sich
die Generäle auch künftig einen selbstzerstörerischen Rüs-
tungswettlauf liefern, der einer der gewichtigsten Gründe
der griechischen Wirtschaftskrise ist. Athen kauft U-Boote,
Hubschrauber, Eurofighter, Fregatten. Dass die deutschen
Rüstungsexporte sich weltweit in den vergangenen Jahren
mehr als verdoppelt haben, wie das Friedensforschungsin-
stitut SIPRI festgestellt hat, und der deutsche Weltmarktan-
teil auf elf Prozent zwischen 2005 und 2009 gestiegen ist
(nur die USA und Russland exportierten mehr), dankt die
Bundesrepublik nicht zuletzt der griechischen Aufrüstung.
Für Milliarden Euro nahm Griechenland der deutschen
Rüstungsindustrie 13 Prozent der Ausfuhren ab – gefördert
mit Millionen Schmiergeldern an griechische Besteller. Von
den Gewinnen – vor allem der deutschen Schiffbauindus-
trie – profitiert auch der deutsche Bundesfinanzminister,
der auf diesem Wege dazu beiträgt, dass die griechischen
Steuerzahler radikal ausgepresst werden. Und das »Ge-

schäft« soll so trotz Eurokrise weitergehen dürfen. Unbeeindruckt zeigt sich die deutsche Politik davon, dass die
Thyssen-Krupp-Tochter Ferrostaal wegen Bestechung
griechischer Staatsbeamter zu einer Strafe von 140 Millionen Euro durch das Münchner Landgericht verurteilt worden ist. Sie flossen in die Kassen Schäubles. Auch der Deutsche Bundestag verkneift sich mit Blick auf Kanzlerin Merkel und ihren Finanzminister Schäuble ein Vetorecht bei
diesem florierenden Waffengeschäft, dem sich selbst die
SPD nicht in den Weg stellt. Die deutsche Regierung genehmigt alles. Dabei ist die griechische Armee von absurder
Größe: Mit 140 000 Soldaten für elf Millionen Griechen
dienen dort dreimal so viele Soldaten wie im Schnitt der
übrigen NATO-Länder. Auch jetzt noch ist der dreipro-
zentige Anteil des Militärs, gemessen am Bruttoinlandspro-
dukt, mehr als doppelt so hoch wie in Deutschland. Bei den
NATO-Ländern beträgt er im Schnitt 1,7 Prozent.

Wolfgang Schäuble ist kein Mensch, dem Gefühle in der
politischen Arbeit fremd sind. Deshalb dürfte es ihn sehr
geschmerzt haben, dass ihm der amerikanische Publizist
Tony Corn, einst Berater im US-Außenministerium, in einem von der »Frankfurter Allgemeinen«[17] nachgedruckten
Artikel über »Neue deutsche Illusionen« vorwarf, er und
Merkel betrachteten die Europapolitik als eine der Situation vor dem Ersten Weltkrieg vergleichbare Ausgangssitua-
tion, nicht militärischer, aber monetärer Natur. Die Klasse
der Unternehmer und Banker habe in der Bundesrepublik
die Rolle der preußischen Junker übernommen und die
Bundesbank die des Generalstabs. Und dann schreibt Corn,
unbeeindruckt von der Korrektheit historischer Tatsachen:
»Die politische Führung Deutschlands zeigt mit Angela
Merkel in der Rolle Bethmann Hollwegs und Wolfgang
Schäuble in der Ludendorffs denselben Mangel an Staats-

kunst wie am Vorabend des Ersten Weltkriegs.« (Nur für die jüngeren Leser: Am Vorabend des Ersten Weltkriegs war Ludendorff Kommandeur einer Infanteriebrigade und weit entfernt davon, als Generalquartiermeister in zentraler Verantwortung zu stehen.)

Ein Schäuble, der europapolitisch zurück will ins Kaiserreich unter Ausnutzung der deutschen Wirtschaftsmacht und der Position als zweitgrößte Exportnation der Welt? Ein Schäuble, vom selben Größenwahn befallen, wie er die deutschen Generäle zu Beginn des zwanzigsten Jahrhunderts umgetrieben hat? Schäuble neben Bethmann-Hollweg, dessen Mitschuld am Ersten Weltkrieg belegbar ist? Das ist völlig absurd. Schäuble auf das Klischee eines Erich Ludendorff herabzuziehen, des späteren Diktators in der Obersten Heeresleitung, ihn dergestalt als deutsches Klischee zu benutzen, als Person mit einem totalen Mangel an Politikverstand, davor muss der politische Pragmatiker Schäuble sehr in Schutz genommen werden. Er will ein einiges, wirtschaftlich stabiles Europa erreichen, nicht eine neue deutsche Vorherrschaft in Europa. Wer ihm anderes unterstellt, schreibt ihm per historische Analogie Irrsinn zu. Absurder geht es europolitisch nicht bei diesem Mann, auch wenn er sich vorhalten lassen muss, in Bezug auf Militärrüstung die griechische Regierung zu schonen.

Auf dem Leipziger CDU-Parteitag 2011 hat Schäuble noch einmal sein europapolitisches Glaubensbekenntnis abgelegt: »Wozu schaffen wir denn Europa? Wir sagen alle: In einer globalisierten Welt brauchen wir ein starkes handlungsfähiges Europa, damit wir unsere Vorstellungen, wie sich die Welt entwickeln soll und wie sie sich nicht entwickeln soll, verwirklichen können.« Und dort hat er auch gesagt, wie das konkret aussehen muss am Finanzstandort Deutschland. »Wir brauchen mehr Regulierung.« Unbeirrbar optimistisch blickt er nach vorn. »Bisher ist Europa aus jeder Krise gestärkt hervorgegangen, das wird auch dieses Mal der Fall sein.«[18] Unentschlossenheit und Halbherzigkeit kann man diesem Europäer nicht vorwerfen.

Der CDU/CSU-Fraktionsvorsitzende Volker Kauder sagt: »Europa war sein politisches Leben lang sein politischer Antrieb, das war sein Projekt.«[19] Bis heute stehe Schäuble unbeirrbar auf dem Standpunkt, Europa müsse erhalten werden, egal was es koste. Glücklich mache diesen Mann allein schon, dass er im Amte des Bundesfinanzministers noch einmal an Schritten in sein Europa hinein mitarbeiten könne. Kauder: »Mit dieser grenzüberschreitenden Arbeit findet sein politisches Leben, das mit Europa begonnen hat, einen für ihn schönen Abschluss.«

Abschluss? Vermutlich lässt sich das Europa, das Schäubles Hoffnungen tatsächlich voll entspricht, nicht so schnell erreichen, wie er es sich erhofft, nämlich zu seinen Lebzeiten. Die strukturellen Reformen haben erst begonnen, die Fehler, die einst bei der Konstruktion der Währungsunion und Einführung des Euro riskiert worden sind, können nur mühsam und Schritt für Schritt repariert werden.

Ein Schäuble sollte bei diesem Thema niemals den Reformdruck von seinen politischen Partnern nehmen, auch nicht bei Angela Merkel. Die grundsätzliche Leitlinie seiner Europapolitik steht bei Schäuble seit Jahrzehnten fest: »Ich bin schon immer ein überzeugter Anhänger der Politik der Europäischen Einigung. Jetzt kommt der zweite Teil. Man wird älter, wird kontemplativer, man denkt noch mehr nach. Das nationalstaatliche Modell hat sich erschöpft, davon bin ich immer mehr überzeugt. Eigentlich bereits mit dem Ausbruch des Ersten Weltkrieges. Wir müssen an etwas Neuem bauen. Ich bin an der französischen Grenze aufgewachsen. Mein Wahlkreis endet an der Stadtgrenze von Straßburg. Frankreich war für uns immer schon toll. Karl Lamers und ich haben uns mit den nächsten möglichen und notwendigen Schritten der europäischen Einigung ja schon in den neunziger Jahren beschäftigt. Damals war da auch so eine Phase, in der es viele Zweifler gab. Bis zur Wiedervereinigung waren Europa, die Vertiefung und die Erweiterung nicht so ein überragendes Gestaltungsthema, weil der Spielraum begrenzt war. Mit der Wiedervereinigung hat das ja völlig neue Dimensionen und Dynamik bekommen. Viele wollten eine mehr nationalstaatliche Rolle. Leute wie Kohl und ich waren auf einer anderen und einer gemeinsamen Wellenlänge. Man könnte durchaus auch sagen, dass ich ein Stück weit von ihm beeinflusst war, da fällt mir auch nichts aus der Krone.«

Am Ziel, dass das künftige Europa nicht mehr vom nationalstaatlichen Gedanken geprägt sein darf, lässt Schäuble nicht rütteln. Er erhofft sich, unbeeindruckt von den Widerständen gegen eine europäische Regierung, dass für Europa eine neue Form der Verteilung der Macht gefunden wird. »Man muss über das Monopol des Nationalstaats endlich hinauskommen. Der Nationalstaat kann in einer globalisierten Welt nicht mehr das leisten, was er eigentlich verspricht. Er ist in vielerlei Hinsicht zu klein. Die Bevölkerung ist immer noch auf den Nationalstaat fokussiert. Aber der Nationalstaat verschwindet im Zeitalter des globalen Internets in den Köpfen schneller, als man denkt.«

Noch präziser hat er diese Ziele und sein persönliches Engagement für Europa aus Anlass der offiziellen Ehrung mit dem Karlspreis skizziert. Schäuble, der ungern in der Öffentlichkeit seine Gefühle erkennen lässt, sprach von einer »außerordentlich bewegenden Stunde«, als ihm im Königssaal des Aachener Rathauses die Auszeichnung überreicht wurde. Er warb einmal mehr für ein starkes und demokratisches Europa, das er als zwingende Antwort auf die Globalisierung im 21. Jahrhundert einforderte.

Schäuble plädiert nicht – nach dem Vorbild der USA – für die »Vereinigten Staaten von Europa«, nicht für einen »europäischen Superstaat«. Er kämpft nicht für einen Ersatz der Nationalstaaten, sondern für eine Europäische Union als deren Ergänzung, in der sich die Vielfalt Europas widerspiegeln soll. Schäuble in Aachen: »Die politische Einheit Europas muss ein Gesicht bekommen.« In diesem Sinne forderte er einmal mehr die Direktwahl des Präsidenten der EU-Kommission durch die 500 Millionen EU-Bürger. Er soll die politische Spitze einer europäischen Exekutive repräsentieren.

Schäubles Vision des kommenden Europas ist auf das Machbare konzentriert, wie er es in der Vergangenheit seines eigenen politischen Lebens immer getan hat. Zu Recht würdigte ihn der luxemburgische Premierminister Jean-Claude Juncker als »großen Europäer«, für den der Euro nicht nur ein ökonomisches Instrument, sondern ein Friedensprojekt sei.

Wolfgang Schäuble ist ein deutscher Vorzeige-Europäer, der 1200 Jahre nach Karl dem Großen geboren wurde, aber auf dessen Spuren Politik macht. Die europäische Konzeption der deutschen Politik stammt von Schäuble und seinem Freund Karl Lamers, einen entscheidenden Beitrag leistete er persönlich durch das Aushandeln des deutsch-deutschen Einigungsvertrages, der der wichtigste Schritt war zur Überwindung der Ost-West-Teilung Europas.

Die Fortschreibung der Wirtschaftsunion Europa in eine Währungsunion ist Schäuble, wie Juncker sagte, »eine Herzensangelegenheit«. So gesehen wäre Schäuble auch die Idealbesetzung auf der Position des Euro-Gruppenchefs als Nachfolger von Juncker gewesen. Dass er das neue arbeitsreiche Amt mit seiner Aufgabe als Bundesfinanzminister trotz Rollstuhl hätte vereinen können, davon war er fest überzeugt.

Zweifler belehrt er mit drastischen Worten: »Ich denke, alle Menschen sind behindert. Wir Behinderte haben den Vorzug, dass wir es wissen.« Frankreichs Präsident Hollande hat das nicht von Schäubles Kandidatur zum Euro-Chef überzeugt. Seine Forderung, in diesem Fall müsse Schäuble den Posten des Bundesfinanzministers aufgeben, war wiederum für Kanzlerin Merkel nicht akzeptabel.

23. Kapitel
Wolfgang Schäuble:
Zwei Leben

Weshalb machte dieser Mann alles mit? Ließ all das mit sich machen? Weit mehr, als in ein normales politisches Leben passt. Er lebte, politisch betrachtet, zwei Leben, das zweite in der zusätzlichen Mühsal des Rollstuhls. Querschnittsgelähmt vom dritten Brustwirbel abwärts. Orientiert an seinem Satz: »Politik ist nun einmal ein gutes Stück erbarmungslos.«

Erbarmungsloser sich selbst gegenüber als Wolfgang Schäuble war bisher kaum ein deutscher Politiker. Vergleichbar beutete sich für die politische Arbeit allenfalls noch der Sozialdemokrat Kurt Schumacher trotz schwerer Versehrungen und Krankheiten aus. Schäuble war in seinem ersten politischen Leben der Mann hinter Helmut Kohl. Und im politischen Konfliktfall immer auch jener vor ihm. Mehr noch, er war Kanzler neben Kohl, denn ohne Schäuble wäre dessen Ära wohl schon um Jahre früher zu Ende gewesen. Erst ließ er sich von Kohl als Kronprinz missbrauchen, obwohl der nie die ernsthafte Absicht hatte, ihn an die Macht zu lassen. Dann riss der Kanzler den getreuen Schäuble auch noch in den Strudel seiner Parteispendenaffäre und der CDU-Schwarzgeldfinanzierung und brachte ihn – auch wegen eigener Fehler – um die Ämter des CDU-Vorsitzenden und des CDU/CSU-Fraktionsvorsitzenden.

Angela Merkel wiederum intrigierte in Schäubles zweitem Leben trickreich gegen ihn, um erst an den CDU-Vorsitz und danach zur eigenen Kanzlerschaft zu kommen. Ein zweites Mal taktierte sie bei der Neuwahl des Bundespräsidenten nach Johannes Rau mit der Person Schäuble, um dann nicht ihn, sondern Horst Köhler ins Amt zu bringen. Der politische Quereinsteiger, der erprobte Ministerialbeamte, in den politischen Machtrankünen aber unerfahrene Köhler passte besser in ihr Kalkül als der Politprofi Schäuble, den sie auf dem Präsidentenstuhl trotz seiner rein verfassungsrechtlich geringen Machtmöglichkeiten wohl fürchtete. Gerade er war dazu prädestiniert, mit seinem analytischen Potenzial in diesem formal machtarmen Amt durch sein Wort der Gesellschaft Orientierung zu geben. Dieser Schäuble durfte aber 2005 auch nicht Chef der Unionsfraktion werden, was möglich gewesen wäre. Zu stark an dieser Stelle, dürfte Angela Merkel befunden haben. Das ist die einzige plausible Erklärung. Dieser Schäuble hätte Führungsfunktion wahrnehmen können auch ohne formale verfassungsrechtliche Machtkompetenzen. Und auf der Linie dieser Logik offerierte sie 2005 dem politischen Schwergewicht Schäuble das Amt des Bundesinnenministers und zwängte damit den Mann, dessen intellektuelle Brillanz im Präsidialamt vielleicht zu sehr gestrahlt hätte, ins Korsett der Kabinettsdisziplin.

»Manchmal frage ich mich schon, warum tue ich mir das alles an«, sagte Wolfgang Schäuble einmal beim Blick zurück auf seine zwei Leben. Wenn er den Blick in seine Seele, den er in aller Regel nicht freigibt, doch einmal erlaubt, dann spricht er beim Rückblick auf sein politisches Leben am liebsten von Sisyphos, dem Helden der griechischen Mythologie, der niemals müde sein durfte, den Felsblock immer wieder den Hang hinaufzuschaffen. Der Mann, dessen Mühsal niemals zu Ende sein durfte, sei doch auch nur deshalb ein glücklicher Mensch gewesen, weil er nicht in jeder Lebenssituation nach Sinn und Gerechtigkeit gefragt habe, sagt Wolfgang Schäuble. Und gerne weicht der Mann mit den zwei so verschiedenen Lebenshälften in die Bemerkung aus, man dürfe »sich selbst nicht zu wichtig nehmen«. Seine Loyalität gelte eben nicht primär Personen, sondern zuallererst der Sache. So sehe er sein politisches Leben, obwohl durch das Attentat radikal zweigeteilt, keineswegs als Kette verpasster Chancen. »Man muss kein schlechtes Gewissen haben und muss sich über vieles nicht aufregen.«

Kurz nach dem Attentat vom 12. Oktober 1990, das ihn für die zweite Hälfte seines Lebens in den Rollstuhl zwang, sagte er einmal: »Ich habe meine Frau gefragt: Willst du wirklich eine zweite dramatische Veränderung aushalten, nämlich ein Leben ohne Politik?« Das wiederholt er heute nicht mehr. Räumt auf die Frage, ob er denn einen faustischen Pakt mit der Politik geschlossen habe, nur noch leichthin ein: »Ich lebe lieber mit Politik als ohne.« Auch das Wörtchen »politiksüchtig« lässt er deshalb für sich nicht gelten, allenfalls »politikbesessen« erlaubt er der eigenen Familie als unveränderliches Kennzeichen seiner Person. Und räumt zugleich offen ein: »Für einen wie mich ist der Rollstuhl mit Politik leichter zu ertragen als ohne.«

Die Frage, ob Politik nicht auch ein undankbares Geschäft sein könne, lässt er für sein eigenes Leben, vor und nach dem Attentat, nicht zu. »Wenn man politisch tätig ist, dann wird man darin auch Erfüllung finden, und so ist das dann eben auch kein undankbares Geschäft.« Dass Politik erbarmungslos sein kann, leugnet er hingegen nicht. Er musste es erfahren.

Wie nah er den Gedanken an ein Leben ohne Politik jemals an sich herangelassen hat, ist ungewiss. Ganz sicher jedenfalls: nie sehr nahe. »Es ist nicht schlecht, wenn einer,

der mal vorn stand, in der Mannschaft mitmacht«, rechtfer-
tigt er die vielen Opfer, die ihm im Spiel um die Macht persönlich zugemutet wurden, und sein vielfaches Weitermachen nach Niederlagen und Abstürzen. Eingeräumt hat er
diesen verhassten Gedanken öffentlich nur ein einziges
Mal, im Herbst 2010, als ihn ein Amtsjahr voller schier unerträglich schmerzhafter Beschwerden im Geschäft des
Bundesfinanzministers so zermürbt hatte, dass er den Ausstieg aus der Politik bedacht und Angela Merkel auch angeboten hat.[1] Die Fokussierung von öffentlicher Aufmerksamkeit auf bestimmte Personen könne zuweilen schon
sehr erbarmungslos sein, räumte er damals ein. Aber das
müsse man wissen, denn die »Regeln muss man auch vorher
kennen«.

Vorbei, vergessen. Auch in seiner engsten Umgebung
kann man es sich immer noch nicht vorstellen, dass er bei
der Bundestagswahl 2013 nicht mehr für den Bundestag
kandidiert. Erst unlängst scherzte Schäuble, inzwischen
wieder rundum fit, gegenüber einem Besucher auf die Frage, wann er denn in den politischen Ruhestand gehen wolle:
»An die zwanzig Jahre, denke ich, könnte ich schon noch
aktiv sein.«[2] So könnte es kommen. Wenigstens bis 2017
dürfte er auf jeden Fall dabei sein.

Der Rollstuhl ein Hindernis? Bei der Frage lächelt er und
antwortet mit Selbstkritik: »Ach nein, nur ungeduldiger hat
er mich gemacht, weil alles langsamer geht.« Ein nur schwer
erträglicher Zustand für einen Mann aus der badischen
Ecke der Republik, den ein protestantisch-preußisches
Pflichtgefühl antreibt. Er sei, sagt er, »im Kern eigentlich
nicht viel unglücklicher« als vor dem Attentat. Das Wort
»Attentat« meidet er strikt, spricht stets vom »Unfall«.
Dass ihn die Schüsse des Attentäters erst vom dritten Brustwirbel abwärts an lähmten, da sei auch Glück im Spiel ge-

wesen, sagt er. »Drei Millimeter höher, und ich könnte auch die Arme nicht mehr bewegen.« Ein Satz, typisch Schäuble. Kein Talent zum Selbstmitleid, weder im ersten noch im zweiten Leben. Mitleid will er nicht, kein Fünkchen. Denn er sagt wie ein Glaubensbekenntnis: »Mitleid ist keine tragfähige Grundlage für politische Beziehungen und Diskussionen.« Was ihn in der politischen Welt ganz oben wohl auch länger überleben ließ als jeden anderen. Der in schwierigen Lagen allenfalls alemannisch brummte: »Es kummt, wie's kummt.« Oder murmelte: »'s isch, wie's isch.«

Wolfgang Schäuble lebte zwei Leben im Sinne seiner politischen Philosophie. Sie besagt, dass die Menschen für die Lösung ihrer Probleme nur allzu gerne die Politik verantwortlich machen, ohne selbst ihren Beitrag zu den Lösungen zu leisten – und gleichzeitig von den Politikern immer weniger halten. Den Konflikt, der darin steckt, hat Schäuble ausgehalten, weil er der Versuchung widerstanden hat – gegenüber Kohl wie gegenüber Merkel –, sich selbst für eine unfehlbare Größe zu halten.

Welches seiner zwei politischen Leben zählt und wiegt für ihn im Rückblick mehr? Die Jahre unter und mit Helmut Kohl, unbestreitbar. Schäuble ist Mit-Vater der deutschen Einheit und der neuen deutschen Hauptstadt Berlin. Er hat in der entscheidenden Bundestagssitzung mit seiner Rede den Ausschlag für Berlin gegen Bonn gegeben. Die Wiedervereinigung war für ihn ein deutsches Wunder, auf das er ungebrochen stolz ist bis heute.

Und dann das Attentat, auch ein Teil des ersten politischen Lebens Schäubles. Jene Erfahrung, die ihn in den Rollstuhl zwang, prägt ihn bis heute. Seither warnen ihn seine Gefühle: Bleib immer gelassen, der Absturz kann jederzeit kommen. Stell dich darauf ein! Für ihn war dieser

Absturz die Parteispendenaffäre. Sie warf ihn aus einem
Hoch, in dem er sein politisches Lebensziel, die Kanzlerschaft, erreichbar nahe sah, in ein Tief hinein, in dem wohl
jeder andere die Politik aufgegeben hätte. Schäuble wurde
von Kohl auf einen Nebenkriegsschauplatz der politischen
Auseinandersetzung gezerrt, auf dem mit den üblen und il-
legalen Methoden der verfassungswidrigen Parteienfinanzierung gewissenlos gekämpft wurde. Und trotzdem sagt er
heute: »Ich habe in der Politik viel Erfüllung gefunden.«

Das gewiss. Aber er hat dafür auch einen schmerzlich hohen Preis bezahlen müssen. Erst bei Helmut Kohl, der sich
auf Schäubles Kosten halbwegs aus seinem Spendenschla-
massel buddelte, statt zu seiner Schwarzgeldaffäre als allein
Verantwortlicher zu stehen. Dann menschlich-politisch
noch enttäuschender im Präsidenten-Schacher der Angela
Merkel, bei dem sie eiskalt mit gezinkten Karten ihr Macht-
spiel mit Schäuble spielte. Ernsthaft hat sie eine Präsidentschaft Schäubles nie betrieben, sie wollte den ihr im Präsidialamt ungleich bequemer erscheinenden Horst Köhler an
ihrer Seite und nicht den autonomen Analytiker und unbe-
irrbaren Denker Wolfgang Schäuble. Statt nach dem etwas
seltsamen Rücktritt von Köhler dann doch noch Schäuble
zu holen, manövrierte sie erneut aus machtpolitischem
Egoismus Christian Wulff ins Präsidentenamt. So konnte
nach Roland Koch und Friedrich Merz noch der letzte aus
der Riege ihrer früheren Gegner und potenziellen Konkurrenten neutralisiert werden. Dass sie jemals eine besonders hohe Meinung vom niedersächsischen Ministerpräsidenten Wulff gehabt habe, wagt keiner ihrer Wegbegleiter
zu behaupten. Schäuble, der wahrscheinlich immer noch zu
haben gewesen wäre, lehnte sie weiterhin ab, weil nicht
genug anpassungsfähig. Den Wulff-Ärger mit einer Serie
von Stilbrüchen und kläglichen Formatlosigkeiten hätte ihr

Schäuble nicht bereitet. Aber die Lebensleistung Schäubles, seine moralische Integrität und seine politische Glaubwürdigkeit zählten nicht in Merkels Kalkül. Eigentlich erkannte Angela Merkel immer die Schwächen ihrer Mitstreiter, siehe den Rauswurf von Bundesumweltminister Norbert Röttgen. Jene von Christian Wulff wollte sie nicht sehen, weil ihr die Qualitäten eines Schäuble zu unbequem erschienen. Den Respekt vor dem höchsten Staatsamt hat sie konsequent verdrängt.

Schäuble selbst sieht diese Niederlage auf dem Weg ins Schloss Bellevue in der Gesamtbilanz seiner zwei Leben mit Gelassenheit: »Heute bin ich froh, dass ich nicht Bundespräsident geworden bin. Ich wäre dann nicht glücklicher, als ich heute bin.« Das ist nicht nur so dahergesagt. Wolfgang Schäuble hatte damals die Präsidentenfrage mit seiner Frau und seinen Kindern besprochen, und die Familie kam zu einem gemeinsamen Entschluss: »Wir werden uns der Sache nicht entziehen, aber wir werden hinterher alle miteinander weniger glücklich sein, als wir es jetzt sind.«

So könnte unter der Bilanz der zwei Leben des Wolfgang Schäuble stehen: Sie sind ihm doch geglückt, zumindest politisch. Zumal er jetzt noch die Chance erhalten hat, zu verwirklichen, was ihn stets angetrieben hat: das wiedervereinigte Deutschland in mehr Europa aufgehen zu lassen. Der Karlspreis, mit dem er ausgezeichnet wurde, hat ihn dafür belohnt. »Das macht mich glücklich«, sagt er.

Zwei Leben in einem, beide nach normalen politischen Maßstäben sehr erfolgreich. Aber ein durchweg glückliches Leben? Man muss ernsthaft zweifeln. Denn es gab Phasen, die er stets sorgsam verborgen hat, in denen er schwer trug an tiefster Frustration.

Etwa im Frühjahr 2005, als Gerhard Schröder im Amt des Kanzlers der rot-grünen Koalition Neuwahlen angekündigt hatte. Ein Gedanke trieb Schäuble in jenen Tagen um: Was mache ich jetzt? Wieder als Anwalt arbeiten? Politisch werde ich nichts mehr, sagte er sich, unter einem neuen Kanzler Schröder sowieso nicht, aber auch kaum unter einer Kanzlerin Merkel, zumal sie ihn ja schon bei der Wahl des Bundespräsidenten rücksichtslos mattgesetzt hatte. So trug sich Schäuble damals mit dem in seinem Fall schwer vorstellbaren Gedanken, ins Fernsehgeschäft umzusteigen, etwa als Moderator einer Talkshow. Aufmunternde Worte wie »Ach, die CDU/CSU gewinnt doch die Wahl, und dann werden Sie wieder Bundesminister«, beantwortete er einem Gesprächspartner aus der TV-Branche mit der resigniert-sarkastischen Bemerkung: »Ach, Sie haben keine Ahnung.« Auch der Gedanke, vielleicht wieder vom Stellvertreter ins Amt des CDU/CSU-Fraktionschefs aufsteigen zu können, überzeugte ihn nicht. Merkel suche lieber einen, sagte er, den sie jederzeit im Griff habe. Eine realistische Einschätzung, denn zu gut noch wird sich auch Merkel an die Zeit erinnert haben, da Schäuble nach Kohls Abgang die Fraktion geführt hatte.

Durch seine zwei politischen Leben dürfte Wolfgang Schäuble zwar zu einer der profiliertesten Figuren der Nachkriegsgeneration geworden sein. Ein bemerkenswertes Kompliment dazu kommt aus dem Mund von Altkanzler Helmut Schmidt, das er im Februar 2012 in der »Bild«-Zeitung veröffentlichte: »Angela Merkel hat das Risiko, einen ehrlichen Finanzminister zu haben. Insofern täuscht sie eine Kraft vor, die sie gar nicht hat.«

Eine bemerkenswert respektvolle Lebensbilanz des Wolfgang Schäuble zieht Bundesminister Peter Altmaier. »Es gibt keinen CDU-Politiker, der über einen derart lan-

gen Zeitraum von vierzig Jahren kontinuierlich an entscheidenden Weichenstellungen mitgewirkt hat.« Charakteris-
tisch für diesen Parteifreund sei, dass er zwar immer eine
sehr pointierte Meinung habe, zugleich aber für den intellektuellen Diskurs immer offen sein. »Er ist zu Gleiswech-
seln bereit«, sagt Altmaier, »weil die Triebfeder in ihm immer das Erkennen der tatsächlichen Verhältnisse war und
auch das Motiv, sie nicht hinzunehmen, sondern zu verändern.«

Die Historiker werden wohl über ihn einmal schreiben,
im Zuge der Wiedervereinigung habe er eine zentrale Rolle
gespielt. Doch die deutsche Einheit wird nicht mit seinem
Namen verbunden werden, sondern allein mit Helmut
Kohl. Für den habe er die Details ausgearbeitet. »Nur« die
Details …

In der Europapolitik könnte es ihm wieder so ergehen.
Ein überzeugter Europäer sei er gewesen, werden die Historiker vielleicht über ihn schreiben. Aber die Einheit Europas über den Euro zu bewerkstelligen, werden sie urtei-
len, sei Kohls grundsätzliche Idee und sein Verdienst gewesen. Und die Meisterung der Euro-Krise: natürlich vor
allem Merkels Werk – so sie denn gelingt. Schäuble? Wieder
nur der Zuarbeiter. So gesehen, hat er zentrale Ziele seines
doppelten Lebens nicht erreicht. Er ist auf die eine oder andere Weise stets hinters Licht geführt worden oder hat sich
hinters Licht führen lassen. Und das weiß Wolfgang
Schäuble, ein Mensch mit unbeirrbarer Selbstkritik, ganz
genau.

Er hat in seinem politischen Leben zu oft gute Miene
zum bösen Spiel gemacht. Und er hat in den entscheidenden Augenblicken nicht die Kraft gefunden, zu sagen:
Schluss, aus, das war's. Mit mir nicht, nicht mehr!

Zwar hat er sein Leben unter dem richtigen Grundsatz gelebt: Zuerst kommt im politischen Leben die Loyalität zur
Sache, nie die zur Person. Natürlich kann aus dieser Loyalität zur Sache auch die Loyalität zur Person erwachsen.
Doch das entbindet in zentralen Entscheidungsmomenten
nicht von harten Worten zur Person, der diese Loyalität
gilt: Helmut, so geht das nicht! Was sagt Schäubles Loyalität zu Angela Merkel aus, von der er sich immer wieder
durch den Appell an diese Loyalität in Mit-Haftung nehmen ließ? Sie hat ihn dafür vorgeführt, ihn zuweilen ernied-
rigt. Sie hat das Spiel mit ihm noch raffinierter betrieben als
Kohl. Die angemessene Antwort auf diese Frage ist bitter
für Schäuble: Seine Loyalität zeugt von Schwäche. In ihrem
kühlen Staats- und eiskalten Machtverständnis war Merkel
Schäuble von Anfang an überlegen. Ihn prägten und brems-
ten ein Pflichtgefühl und ein unerschütterliches Loyalitäts-
empfinden.

Sein fast schon genetisch geprägtes Verantwortungsemp-
finden zu diesem Staat und seinen Institutionen wird von
diesem Loyalitätsbewusstsein einbetoniert. Verstärkt wurde diese innere Situation durch die äußere Lage, in die er
mit dem Rollstuhl gestürzt worden war. Er hatte danach
keine Chance mehr, in einem anderen Beruf in vergleichbar
verantwortungsvoller Position zu arbeiten. »Eine fürchterliche Situation«, sagt einer der Freunde Schäubles und fügte
hinzu: »Er würde heute ohne Politik gar nicht mehr leben.«
Schäuble ist absolut institutionenloyal, und das führt in
letzter Konsequenz zu dem Standpunkt: Es ist eine zweit-
rangige Frage, wer ein hohes Amt wahrnimmt, Loyalität
zum Amt ist unbedingte Pflicht.

Dieses Buch versucht, das Bild Wolfgang Schäubles in seinen beiden politischen Leben so aufzuzeichnen, wie es in

die Zeitgeschichte gehört. Sein Freund Hans-Peter Repnik
hat einmal über diesen Mann gesagt, es sei ihm nie um die
Macht an sich gegangen. Stets habe er in der Macht zuerst
die Chance gesehen, etwas zu gestalten. Schäuble selbst sagt
dazu: »Das ist eine Beschreibung, in der ich mich ganz wie-
derfinde.« Das Attentat und der Rollstuhl danach ließen
ihm keine anderen, größeren Chancen mehr zu solcher Le-
bensverwirklichung. Aber sicher war auch: Ohne Politik
hätte er nicht leben können.

Vielleicht, dieses Urteil drängt sich auf, war er auch – mit
diesen Eigenschaften, mit diesem Schicksal – kein Mann für
die allererste Reihe der Politiker.

Anhang

Zeittafel zu Wolfgang Schäubles Lebensweg

Privat

Wolfgang Schäuble wird am 18. September 1942 in Freiburg als zweiter Sohn des Steuerberaters Karl Schäuble geboren. Er wächst auf in Hornberg im Schwarzwald.

1961
Schäuble macht Abitur am Gymnasium in Hausach im Schwarzwald.

1961–1966
Studium der Rechts- und Wirtschaftswissenschaften in Freiburg und Hamburg.

1966
Erstes juristisches Staatsexamen.

1966–1968
Assistent an der Universität Freiburg und Beauftragter des Rektors für politische Bildung.

1969
Heirat mit der Diplom-Volkswirtin Ingeborg Hensle; aus der Ehe stammen vier Kinder: Christine (geb. 1971), Hans-Jörg (geb. 1974), Juliane (geb. 1976), Anna (geb. 1981).

1970
Zweites juristisches Staatsexamen.

1971
Promotion; Thema: »Berufsrechtliche Stellung von Wirtschaftsprüfern in Wirtschaftsprüfungsgesellschaften«. Anschließend Eintritt in die Steuerverwaltung des Landes Baden-Württemberg als Regierungsrat beim Finanzamt Freiburg I.

1978-1984
Rechtsanwalt mit Zulassung beim Landgericht in Offenburg.

Politische Karriere

1961–1977
Mitglied der Jungen Union (JU) Südbaden.

1963
Ab Sommersemester Vorsitzender des Rings Christlich-
Demokratischer Studenten (RCDS) in Hamburg; ab 1964
RCDS-Vorsitzender in Freiburg.

1965
Eintritt in die CDU.

13. 12. 1969–3. 2. 1973
Bezirksvorsitzender der JU Südbaden.

13. 10. 1970 – 6. 5. 1983
Beisitzer im Bezirksvorstand der CDU Südbaden, seit 1982 Stellv. Vorsitzender des Bezirksvorstands.

1972
Am 19. November Wahl in den Deutschen Bundestag mit 53,2 Prozent der Erststimmen in seinem Wahlkreis Offenburg.

1972–1976
Ordentliches Mitglied im Ausschuss »Sport« der CDU/ CSU-Bundestagsfraktion und im Ausschuss für Bildung und Wissenschaft. Stellvertretendes Mitglied im Finanzausschuss

1976–1984
Vorsitzender des Bundesfachausschusses »Sport« der CDU.

1973
Ab dem 22. Juni Mitglied im Landesvorstand der CDU Baden-Württemberg.

1974–1978
Stellvertretender Vorsitzender des Evangelischen Arbeitskreises Baden.

1975–1984
Mitglied der Arbeitsgemeinschaft Europäischer Grenzregionen; Vorsitzender von 1979–1982.

1973
Berichterstatter der CDU/CSU-Fraktion im Steiner-Wienand-Ausschuss zur Untersuchung der Bestechungsaffäre

beim Misstrauensvotum gegen Willy Brandt. Schäuble stellt im Bundestag die Ergebnisse des Ausschusses aus Sicht der CDU dar.

1975–1984
Mitglied der Parlamentarischen Versammlung des Europarats.

1976
Erste Wiederwahl in den Bundestag am 3. Dezember mit 59,1 Prozent der Erststimmen im Wahlkreis Offenburg.

1976
Schäuble bekennt sich als Anhänger Helmut Kohls, des neuen Oppositionsführers im Bundestag.

1976–1980
Ordentliches Mitglied im Finanzausschuss und im Sportausschuss, zudem Stellvertretender Obmann der CDU/CSU-Fraktion im Bundestag-Finanzausschuss (bis 1981).

1978
Schäuble übernimmt die Aufgabe des Berichterstatters des Verteidigungsausschusses in der Spionage-Affäre »Lutze«. Renate Lutze, Sekretärin im Verteidigungsministerium, wird vorgeworfen, jahrelang für die DDR spioniert zu haben.

1980
Am 5. Oktober wird Schäuble zum dritten Mal in den Bundestag gewählt, mit 55,8 Prozent der Erststimmen im Wahlkreis Offenburg.

1980–1983
Ordentliches Mitglied im Sportausschuss, im Ausschuss für Wahlprüfung, Immunität und Geschäftsordnung, Mitglied des Gemeinsamen Ausschusses, stellvertretendes Mitglied im Auswärtigen Ausschuss.

1981
Auf Vorschlag von Helmut Kohl wird Schäuble zu einem der Parlamentarischen Geschäftsführer der CDU/CSU-Bundestagsfraktion gewählt.

1981–1982
Vorsitzender der Kommission zur Behandlung von Fragen der Zusammenarbeit zwischen dem Europäischen Parlament und dem Bundestag.

1982
Nach dem erfolgreichen Misstrauensvotum gegen SPD-Kanzler Helmut Schmidt wird Schäuble am 4. Oktober 1982 zum Ersten Parlamentarischen Geschäftsführer der Unions-Fraktion gewählt.

1983
Am 6. März wird Schäuble im Wahlkreis Offenburg zum vierten Mal in den Bundestag gewählt. Erststimmenergebnis: 62,4 Prozent.
Ab Mai ist er stellvertretender Vorsitzender des CDU-Bezirksverbands Südbaden.

1984
Am 15. November wird Schäuble zum Bundesminister für besondere Aufgaben und Chef des Kanzleramtes berufen. Er rückt zum engsten Mitarbeiter Kohls auf und bekommt

»echten« Ministerrang im Bundeskabinett. Er vertritt das
Bundeskabinett auch im Ältestenrat.

1984–1989
Als Bundesminister für besondere Aufgaben ist Schäuble
und Chef des Kanzleramts ist er in dieser Zeit federführend
für die Deutschlandpolitik zuständig.

1984
Schäuble scheitert mit seinem Plan, allen Flick-Spenden-
sündern eine Amnestie zu gewähren.

1985
Erstes Treffen mit Alexander Schalck-Golodkowski, Chef
der Kommerziellen Koordinierung (KoKo) der DDR, sein
wichtigster Gesprächspartner zum Thema innerdeutsche
Beziehungen.

1987
Vorbereitung des ersten Staatsbesuchs des DDR-Staatsrats-
vorsitzenden Erich Honecker in der Bundesrepublik.

1987
Am 25. Januar wird Schäuble bei der Wahl zum Bundestag
wiedergewählt. Erststimmen: 58,6 Prozent.

1988
Treffen Schäubles mit Honecker und DDR-Außenminister
Fischer in Ostberlin.

1989–1991
Am 21. April 1989 wird Schäuble für den amtsmüden Fritz
Zimmermann (CSU) zum Bundesminister des Innern beru-

fen. Seine wichtigsten Aufgaben: ein neues Ausländerrecht und Datenschutzgesetze für den Sicherheitsbereich. Im September 1989 wird er auf dem CDU-Bundesparteitag in Bremen in den Bundesvorstand der Partei gewählt.

1990

Schäuble nimmt zentrale Aufgaben bei der Verwirklichung der deutschen Einheit wahr: im Kabinettsausschuss »Deutsche Einheit«, im Arbeitskreis »Staatsstrukturen«, in der Konferenz der Innenminister des Bundes und der Länder über Fragen der polizeilichen Zusammenarbeit mit der DDR und im Ausschuss »Deutsche Einheit«, der im Mai 1990 eingesetzt wird.

Am 29. Mai trifft er sich mit DDR-Staatssekretär Günther Krause und übergibt ihm das Papier »Grundstrukturen des Staatsvertrags zur Herstellung der deutschen Einheit«. Ein zweites Diskussionspapier über den Beitritt der DDR zur Bundesrepublik wird von Schäuble am 23. Juni Krause übergeben. Am 6. Juli kommt es in Ostberlin zur ersten Verhandlungsrunde über den Einigungsvertrag. Am 30. Juli geben Schäuble und Krause bekannt, dass sie sich auf ein Rahmenkonzept zu einem gesamtdeutschen Wahlvertrag geeinigt haben, der dann am 3. August von Krause und Schäuble unterzeichnet wird. Im September wird der Einigungsvertrag im Bundestag und in der DDR-Volkskammer sowie im Bundesrat abschließend beraten und tritt am 3. Oktober 1990 in Kraft.

1990

Schäuble wird auf dem ersten gemeinsamen Parteitag der CDU Deutschlands am 2. Oktober mit 890 von 965 Stimmen wieder in den CDU-Bundesvorstand gewählt.

1990
Am 12. Oktober wird Schäuble Opfer eines psychisch kranken Attentäters bei einer Wahlveranstaltung in Oppenau nahe Offenburg. Drei Schüsse lähmen ihn vom dritten Brustwirbel abwärts, seither ist er auf den Rollstuhl angewiesen.

1990
Bei der ersten gesamtdeutschen Bundestagswahl wird Schäuble in seinem Wahlkreis Offenburg mit dem Rekordergebnis von 64,3 Prozent der Erststimmen wiedergewählt.

1991
Schäuble wird am 25. November zum Vorsitzenden der CDU/CSU-Bundestagsfraktion gewählt.

1991
Der Bundestag debattiert die Frage, ob Berlin in Zukunft Bundeshauptstadt und Sitz der Regierung sein soll. Die Rede Schäubles in dieser Debatte gilt seither als entscheidend dafür, dass Berlin im Bundestag eine knappe Mehrheit bekam. Schäuble veröffentlicht sein Buch »Der Vertrag. Wie ich über die deutsche Einheit verhandelte«. Er wird außerdem mit dem Großkreuz des Verdienstordens der Bundesrepublik ausgezeichnet. Ihm wird das Goldene Mikrophon als »Redner des Jahres 1991« verliehen, und er wird Ehrendoktor der Universität Erlangen-Nürnberg.

1994
Schäuble wird bei der Bundestagswahl mit 58,3 Prozent wiedergewählt.

1996

Als Verantwortlicher der CDU-Kommission »Zukunft des Steuersystems« veröffentlicht Schäuble das Reformpapier »Tarif 2000 – weniger Steuern, mehr Arbeitsplätze«, in dem die Senkung der direkten Steuern vorgeschlagen wird.

1997

Kanzler Kohl erklärt nach einem CDU-Parteitag in Leipzig, dass er in Schäuble seinen Amtsnachfolger sehe, er aber bei der Bundestagswahl 1998 erneut als Kandidat mit der Absicht antreten werde, volle vier Jahre im Amt zu bleiben.

1998

Die CDU/CSU verliert die Bundestagswahl klar, Kohl reicht seinen Rücktritt als CDU-Chef ein, Schäuble wird zu seinem Nachfolger gewählt und auch im Amt als Fraktionsvorsitzender bestätigt. Sein Programm: Die CDU müsse die »große integrierende Volkspartei der Mitte« bleiben. Schäubles Wahlergebnis : 52,6 Prozent.

1999

Die CDU-Spendenaffäre fliegt auf, der frühere CDU-Vorsitzende Kohl räumt ein, dass er abseits der offiziellen Parteikonten eine Schwarzgeldkasse geführt hat. Schäuble und die Inzwischen zur CDU-Generalsekretärin aufgerückte Angela Merkel verpflichten sich, diese Affäre in allen Details aufzuklären. Merkel schlägt Ende Dezember in der FAZ, ohne Schäuble vorab zu informieren, vor, Kohl wegen der Schwarzgeldaffäre den CDU-Ehrenvorsitz abzuerkennen. Schäuble stimmt zu.

2000

Am 10. Januar erreicht die Affäre auch Schäuble. Er räumt ein, im Jahr 1994 vom Waffenhändler Karlheinz Schreiber einmal ein Spende über 100 000 D-Mark für die CDU bekommen zu haben. Wenig später gibt er zu, dass im Jahr 1995 ein weiteres Treffen mit Schreiber stattgefunden hat. Die damalige CDU-Schatzmeisterin Brigitte Baumeister zweifelt Schäubles Darstellung der Übergabe der Spende an, es entstehen Zweifel an seiner Glaubwürdigkeit, zumal er im Bundestag die Entgegennahme von Geld aus den Händen Schreibers offiziell geleugnet hatte. Am 16. Februar erklärt Schäuble, dass er bei den anstehenden Neuwahlen des CDU-Vorsitzes und des Fraktionsvorsitzes nicht mehr kandidieren werde. Neuer Fraktionschef wird der Abgeordnete Friedrich Merz am 29. Februar, Angela Merkel rückt am 10. April zur CDU-Chefin auf. Schäuble bleibt Mitglied des CDU-Präsidiums. Er bewertet die Affäre in einer TV-Sendung als »Intrige mit kriminellen Elementen«. In dem Buch »Mitten im Leben« stellte er seine Sicht der Affäre und der CDU-Krise, die zum völligen Bruch seiner Beziehung zu Helmut Kohl führte, ausführlich dar. Im September 2000 bittet Schäuble im Bundestag um Verzeihung dafür, »dass unter der Verantwortung der CDU Gesetze gebrochen wurden«. Den Bundestag bittet er um Entschuldigung dafür, dass er im Dezember 1999 einen Teil der Wahrheit über seinen Kontakt zu Schreiber verschwiegen hatte.

2002

Bei der Bundestagswahl 2002 erreicht Schäuble in Offenburg 52,9 Prozent.

2002–2005

Schäuble ist stellvertretender Vorsitzender der CDU/CSU-Fraktion und arbeitet als Verantwortlicher für die Außen- und Sicherheitspolitik.

2003–2004

Nach dem Verzicht von Bundespräsident Johannes Rau auf eine zweite Amtszeit bietet Angela Merkel Schäuble an, das Amt mit ihm zu besetzen. Nach internem Widerstand von FDP und CSU gegen den Kandidaten Schäuble wechselt Merkel, ohne Schäuble rechtzeitig zu informieren, auf Horst Köhler als Kandidaten für das Amt um.

2005

Schäuble ist im »Kompetenzteam« Merkels im Bundestagswahlkampf 2005. 2005 ist Schäuble – 50,5 Prozent der Erststimmen – der zuständige Mann für die Europapolitik. Außenminister kann er nicht werden, weil die SPD dieses Amt in der Großen Koalition mit der CDU/CSU beansprucht. Merkel macht Schäuble zum Bundesinnenminister, wobei er mit der Islam Konferenz und der Integration der Zuwanderer aus der Welt des Islam einen überraschenden Schwerpunkt setzt.

Bei der Bundestagswahl 2005 erreicht er 50,5 Prozent in seinem Wahlkreis.

2009

Nach der Bundestagswahl 2009 wird Schäuble im Oktober Nachfolger von Peer Steinbrück als Bundesminister der Finanzen. Zuvor war er lange als Nachfolger des deutschen EU-Kommissars Günter Verheugen gehandelt worden. Außenminister konnte er wieder nicht werden, da die FDP jetzt dieses Amt beanspruchte.

Schäubles Wahlergebnis: mit 47,2 Prozent das bisher schwächste Ergebnis im seinem Wahlkreis Offenburg. Er ist jetzt der Einzige, der schon in der 11. Legislaturperiode (1972) im Bundestag saß.

Gesprächspartner

Als Gesprächspartner über den politischen Lebensweg Wolfgang Schäubles stellten sich neben dem Porträtierten selbst zur Verfügung:

Peter Altmaier, Walter Bajohr, Andreas Frank, Philipp Jenninger, Bruno Kahl, Volker Kauder, Markus Kerber, Dirk Koch, Karl Lamers, Hans-Peter Repnik, Oskar Lafontaine, Gerd Langguth, Walid Nakschbandi, Ingeborg Schäuble, Thomas Schäuble, Dieter Schulte, Hermann Otto Solms, Thomas Strobl, Horst Teltschik, Theo Waigel.

Literatur

Baumeister, Brigitte / mit Dietmar Brück: Welchen Preis hat die Macht? Eine Frau zwischen Kohl und Schäuble. Die Ex-Schatzmeisterin und die schwarzen Kassen der CDU. München 2004

Busche, Jürgen: Helmut Kohl. Anatomie eines Erfolgs. Berlin 1998

Clough, Patricia: Helmut Kohl. Ein Porträt der Macht. München 1998

Deupmann, Ulrich: Wolfgang Schäuble. Das Portrait. München 1992

Dreher, Klaus: Helmut Kohl. Leben mit Macht. Stuttgart 1998

Dreher, Klaus: Kohl und die Konten. Eine schwarze Finanzgeschichte. Stuttgart und München 2002

Filmer, Werner / Schwan, Heribert: Helmut Kohl. Düsseldorf und Wien 1985

Filmer, Werner / Schwan, Heribert: Wolfgang Schäuble. Politik als Lebensaufgabe. München 1992

Filmer, Werner / Schwan, Heribert: Oskar Lafontaine. Düsseldorf, Wien und New York 1990

Geißler, Heiner: Zeit, das Visier zu öffnen. Köln 1998

Hermani, Gabriele: Die Deutsche Islam Konferenz 2006 – 2009. Der Dialogprozess mit den Muslimen in Deutschland im öffentlichen Diskurs. Berlin 2010

Kilz, Hans Werner / Preuss, Joachim: Flick. Die gekaufte Republik. Hamburg 1983

Klein, Hans (Hrsg.): Die Bundeskanzler. 2. Auflage, Berlin 1994

Kohl, Helmut: Ich wollte Deutschlands Einheit. Dargestellt von Kai Diekmann und Ralf Georg Reuth. 2. Auflage, Berlin 1996

Kohl, Helmut: Mein Tagebuch 1998–2000. München 2000

Kohl, Helmut: Erinnerungen 1930–1982. München 2004

Krause-Burger, Sibylle: Wer uns jetzt regiert. Die Bonner Szene nach der Wende. Stuttgart 1984

Krause-Burger, Sibylle: Die neue Elite. Topmanager und Spitzenpolitiker aus der Nähe gesehen. Düsseldorf 1995

Langguth, Gerd: Angela Merkel. 3. Auflage, München 2005

Langguth, Gerd: Angela Merkel. Aufstieg zur Macht. Biografie. Aktualisierte und erweiterte Neuausgabe, München 2007

Langguth, Gerd: Kohl, Schröder, Merkel. Machtmenschen. München 2009

Leyendecker, Hans / Prantl, Heribert / Stiller, Michael: Helmut Kohl, die Macht und das Geld. Göttingen 2000

Merkel, Angela: Mein Weg. Angela Merkel im Gespräch mit Hugo Müller-Vogg. Hamburg 2004

Pflüger, Friedbert: Ehrenwort, das System Kohl und der Neubeginn. München 2000

Pruys, Karl Hugo: Helmut Kohl. Die Biographie. Berlin 1995

Reitz, Ulrich: Wolfgang Schäuble. Die Biographie. Bergisch Gladbach 1996

Schäuble, Wolfgang: Der Vertrag. Wie ich über die deutsche Einheit verhandelte. Stuttgart 1991

Schäuble, Wolfgang: Und sie bewegt sich doch. Berlin 1998

Schäuble, Wolfgang: Mitten im Leben. München 2000

Schäuble, Wolfgang: Scheitert der Westen? Deutschland und die neue Weltordnung. München 2003

Schönbohm, Wulf: Parteifreunde. Leipzig 1998

Schröder, Martin: Die Attentate auf Oskar Lafontaine und Wolfgang Schäuble. Studienarbeit. München 2008

Vogel, Hans-Jochen: Meine Bonner und Berliner Jahre. München 1996

Wiedemeyer, Wolfgang: Helmut Kohl. Porträt eines deutschen Politikers. Bad Honnef 1975

Zudeick, Peter: »Ich bejahe diese Frage mit Ja«. Die famosen Leistungen unserer Damen und Herren Politiker. Frankfurt / Main 2011

Anmerkungen

Nicht nachgewiesene Zitate Wolfgang Schäubles stammen aus einem der zahlreichen über die Jahre geführten Gespräche mit dem Autor.

2. Kapitel
Paranoide Schizophrenie: Der Täter

1   Stern Nr. 43 vom 18. 10. 1990, »Leute wie ich kriegen nie eine Chance.«
2   Stern Nr. 19 vom 2. 5. 1991, »Vom ›Staatsterror gefoltert‹«
3   Stern Nr. 45 vom 31. 10. 1990, »Spritzen statt Therapie«

3. Kapitel
Der Vertrag: Arbeit am Krankenbett

1   Koch zum Autor
2   Koch zum Autor
3   Koch zum Autor
4   Wolfgang Schäuble, Der Vertrag, S. 284

4. Kapitel
Leben mit dem Rollstuhl:
Interview mit Ingeborg Schäuble

1   Ulrich Reitz, Wolfgang Schäuble, 1996, S. 408
2   Ulrich Reitz, Wolfgang Schäuble, 1996, S. 405
3   Filmer / Schwan, Wolfgang Schäuble, 1992, S. 61

5. Kapitel
Nach dem Attentat: »Voll politikfähig«

1   Der Spiegel vom 16. 12. 2011

6. Kapitel
Für Berlin!: Schäuble dreht die Stimmung

1   Kauder zum Autor
2   Kauder zum Autor
3   Süddeutsche Zeitung, 18. Juni 2011, S. 2
4   Berliner Morgenpost, 19. Juni 2011

7. Kapitel
Kohls Wehner: Erstmals Fraktionsvorsitzender

1   Fritzenkötter zum Autor
2   Stern, 9. Januar 1997

9. Kapitel
Kampfgruppe Kohl: Der Beginn einer Karriere

1   Helmut Kohl, Erinnerungen 1930–1982
2   Helmut Kohl, Mein Tagebuch, 1998–2000, S. 38
3   Helmut Kohl, Mein Tagebuch 1998–2000, S. 40
4   Schulte zum Autor
5   Schulte zum Autor
6   Repnik zum Autor
7   Repnik zum Autor
8   Repnik zum Autor
9   Spöri zum Autor
10 Repnik zum Autor
11 Jenninger zum Autor
12 Schulte zum Autor
13 Schulte zum Autor
14 Jenninger zum Autor
15 Repnik zum Autor
16 Jenninger zum Autor
17 Jenninger zum Autor
18 Repnik zum Autor
19 Spöri zum Autor
20 Filmer / Schwan, Wolfgang Schäuble, Politik als Lebensaufgabe, S. 106

10. Kapitel
Abkanzler: Starker Mann in der Fraktion

1   Wörner zum Autor
2   Filmer / Schwan, Wolfgang Schäuble, Politik als Lebensaufgabe, S. 106
3   Waigel zum Autor
4   Waigel zum Autor
5   Waigel zum Autor
6   Waigel zum Autor
7   Waigel zum Autor
8   Waigel zum Autor
9   Waigel zum Autor
10 Waigel zum Autor
11 Waigel zum Autor
12 Waigel zum Autor
13 Waigel zum Autor
14 Repnik zum Autor
15 Repnik zum Autor
16 Repnik zum Autor

11. Kapitel
Nebenkanzler: Minister im Kanzleramt

1   Filmer / Schwan, Wolfgang Schäuble, Politik als Lebensaufgabe, S. 112
2   Teltschik zum Autor
3   Teltschik zum Autor
4   Teltschik zum Autor
5   Teltschik zum Autor
6   Teltschik zum Autor
7   Teltschik zum Autor
8   Teltschik zum Autor

12. Kapitel
Sisyphos: Nachfolger Helmut Kohls

1   Helmut Kohl, Mein Tagebuch, S. 13
2   Helmut Kohl, Mein Tagebuch, S. 13
3   Wolfgang Schäuble, Mitten im Leben, S. 27
4   Heiner Geißler, Zeit, das Visier zu öffnen, S. 32
5   Wolfgang Schäuble, Mitten im Leben, S. 32

6   Helmut Kohl, Mein Tagebuch, S. 25
7   Wolfgang Schäuble, Mitten im Leben, S. 35
8   Wolfgang Schäuble, Mitten im Leben, S. 43
9   Geißler zum Autor

13. Kapitel
Vatermörderin: Merkels Putsch gegen Kohl

1   Bajohr zum Autor
2   Bajohr zum Autor
3   Zeit online vom 23. 12. 2009, »Ein Jahrzehnt Merkel-Putsch«
4   Repnik zum Autor

14. Kapitel
Geldkoffer: Die Lüge seines Lebens

1   Wolfgang Schäuble, Mitten im Leben, S. 203
2   Klaus Dreher, Kohl und die Konten, S. 166
3   Der Spiegel, Nr. 38, 2000, S. 40

15. Kapitel
Spendernamen: Das Ende einer Freundschaft

1   Helmut Kohl, Mein Tagebuch, S. 165 f.; Schäuble, Mitten im Leben, S. 234 f.
2   Langguth, Kohl, Schröder, Merkel, S. 139

16. Kapitel
Kohleones Hofstaat: Die Fraktion nach der Affäre

1   Friedbert Pflüger, Ehrenwort, Das System Kohl und der Neubeginn
2   Merz zum Autor
3   Merz zum Autor
4   Merz zum Autor
5   Merz zum Autor
6   Merz zum Autor
7   Merz zum Autor
8   Wulf Schönbohm, Parteifreunde, 1990

17. Kapitel
Beinahe Präsident: Als Kandidat missbraucht

1 Langguth zum Autor
2 Strobl zum Autor
3 Repnik zum Autor
4 Schäuble, Scheitert der Westen, 2003, S. 43
5 Der Spiegel, Nr. 40, 2003, S. 54
6 Merz zum Autor
7 Kahl zum Autor

18. Kapitel
Beißhemmung: Schäuble und Lafontaine

1 Lafontaine / Schäuble im Stern, Nr. 16, 8. April 2009
2 Lafontaine / Schäuble im Stern, Nr. 16, 8. April 2009
3 Wolfgang Schäuble, Mitten im Leben, 2000, S. 21
4 Lafontaine zum Autor

19. Kapitel
2010: Ein lausiges Jahr

1 Stern, Nr. 31, 28. Juli 2011
2 Alle Zitate von Schäuble zum Autor
3 Ulrich Lücke, Bonner Generalanzeiger, 29.9. 2010
4 Ingeborg Schäuble zum Autor
5 Thomas Schäuble zum Autor

20. Kapitel
Fast ein Ehrenmufti. Deutsche Islam Konferenz

1 FAZ, 29. 9. 2006
2 Die Welt, 30. 10. 2006
3 Gabriele Hermani, Die Deutsche Islam Konferenz, 2010
4 Die Zeit, 8. April 2009
5 Gabriele Hermani, Die Deutsche Islam Konferenz, S. 129
6 Jörg Lau, Zeit online, 25. 6. 2009
7 Gabriele Hermani, Die Deutsche Islam Konferenz, S. 130
8 Gabriele Hermani, Die Deutsche Islam Konferenz, S. 128

9   FAZ, 30. 4. 2009
10   Nakschbandi zum Autor

21. Kapitel
Geldwäsche: Ein verpuffter Skandal

1   Frank zum Autor
2   Frank zum Autor

22. Kapitel
Europäer: Schäubles Lebensthema

1   Aus der Begründung der Verleihung
2   Aus der Begründung der Verleihung
3   Strobl zum Autor
4   Aus der Begründung der Verleihung
5   Aus der Begründung der Verleihung
6   Schäuble-Lamers-Papier, September 1994
7   Rede am Tag der Einheit, Frankfurter Paulskirche, 3. Oktober 2011
8   Rede vor der Europäischen Bewegung Deutschland (EBD), 16. Juni 2009
9   Leipziger Volkszeitung, 11. Januar 2012
10   Solms zum Autor
11   Rede Schäubles im Bundestag, Haushaltsdebatte, 29. April 2008
12   Rede vor der EBD
13   Lamers zum Autor
14   Lamers zum Autor
15   Solms zum Autor
16   Spöri zum Autor
17   FAZ vom 2. Januar 2012
18   Die Zeit, 29. 9. 2011
19   Kauder zum Autor

23. Kapitel
Wolfgang Schäuble: Zwei Leben

1   Stern, Nr. 41, 7.10.2010
2   Dieter Wonka, Leipziger Volkszeitung, 20.4.2012

Bildnachweis

Seite 1   Agentur Focus/Konrad R. Müller;
Seite 2   Laurence Chaperon/Schäuble privat;
Seite 3   Laurence Chaperon/Schäuble privat;
Seite 4   Laurence Chaperon/Schäuble privat;
Seite 5   Laurence Chaperon
Seite 6   W. Schäuble privat;
Seite 7   imago/bonn-sequenz;
Seite 8   W. Schäuble privat;
Seite 9   imago/bonn-sequenz;
Seite 10   dpa/Picture-Alliance/Peter Kneffel;
Seite 11   Picture Press/Cornelius Meffert/Stern;
Seite 12   Picture Press/Cornelius Meffert/Stern;
Seite 13   Picture Press/Cornelius Meffert/Stern;
Seite 14   dpa/Picture-Alliance;
Seite 15   dpa/Picture-Alliance;
Seite 16   Laurence Chaperon/Schäuble privat;
Seite 17   Agentur Focus/Konrad R. Müller;
Seite 18   Laurence Chaperon;
Seite 19   dpa/Picture-Alliance/Michael Jung;
Seite 20   ddp Images/AP Photo/Markus Schreiber:
Seite 21   Georges Gobet/AFP/Getty Images;
Seite 22   Laurence Chaperon/Schäuble privat
Seite 23   Picture Press/Volker Hinz/Stern;
Seite 24   Konrad R. Müller/Agentur Focus;

Namenregister